Français

GUIDE PRATIQUE

Première édition 1996
Nouvelle édition 2002

Linguarama Publications
Oceanic House
89 High Street
Alton
Hants GU34 1LG

ISBN 0 906256 15 1

Imprimé en Grande Bretagne
par Ashford Colour Press, Gosport, Hampshire

© Linguarama Publications

Table des Matières

Grammaire

Les Verbes au Présent
1. Être — 2
2. Avoir — 8
3. Il y a — 12
4. Les Verbes Usuels au Présent — 16
5. Faire — 28
6. Mettre — 32
7. Prendre — 36
8. Pouvoir — 40
9. Vouloir — 42
10. Falloir — 44
11. Devoir. Contraste Devoir/Falloir — 46
12. Savoir et Connaître — 50
13. Les Verbes Pronominaux (Se...) — 56
14. L'Emploi du Présent (de l'Indicatif) — 60

La Structure de la Phrase
15. La Phrase Négative — 66
16. Questions et Réponses avec *Être* — 74
17. Les Trois Formes de Question — 78
18. Les Mots Interrogatifs — 84

Les Articles
19. Les Articles Définis: *Le/La/Les* — 90
20. Les Articles Indéfinis: *Un/Une/Des* — 94
21. Les Articles Partitifs: *Du/De la/De l'/Des* — 96

Les Prépositions

22.	Où? Les Prépositions de Lieu	100
23.	Les Prépositions de Lieu Composées	106
24.	La Préposition *À*	110
25.	La Préposition *De*	114
26.	La Préposition *En*	118

Les Adjectifs

27.	Les Adjectifs Possessifs: *Mon/Ton/Son*	122
28.	Les Adjectifs Démonstratifs: *Ce/Cet/Cette/Ces*	126
29.	Les Adjectifs Qualificatifs	128
30.	L'Expression de la Comparaison	132
31.	Le Superlatif	138

Les Adverbes

32.	Le Temps, la Fréquence, l'Habitude	144
33.	L'Expression de la Quantité	148
34.	Les Adverbes de Manière	154

Les Pronoms

35.	On	158
36.	Les Pronoms Personnels: *Me/Te/Le/Lui*	162
37.	La Place des Pronoms Directs et Indirects	166
38.	Les Pronoms Toniques: *Moi/Toi/Lui...*	170
39.	Les Adjectifs Indéfinis: *Quelqu'un/Quelque chose/Quelque part*	174
40.	Y et En	180

Le Futur, l'Impératif, le Passé

41.	Le Futur Proche	184
42.	Le Futur Simple	188
43.	L'Impératif	192
44.	Le Participe Passé	196
45.	Le Passé Composé	200

Notions Diverses

46.	Les Nombres	206
47.	L'Heure	210
48.	Les Dates. L'Expression du Temps	214
49.	Mesures, Poids et Formes	218

Actes de Parole

50.	Registre de Langue	226
51.	Saluer et Prendre Congé	228
52.	Se Présenter et Faire les Présentations	236
53.	Offrir, Accepter et Refuser	242
54.	Demander un Renseignement et Remercier	248
55.	Inviter et Répondre à une Invitation	254
56.	S'Excuser	262
57.	Exprimer ses Goûts et ses Préférences	266
58.	Demandes Polies	272
59.	Exprimer l'Obligation et l'Interdiction	276
60.	Exprimer la Permission	280
61.	Opinions, Accord et Désaccord	284
62.	Demander et Donner des Directions	290
63.	Communiquer au Restaurant	298
64.	Communiquer à l'Hôtel	308

Français des Affaires

65.	Communiquer au Téléphone: Prendre Contact	318
66.	Communiquer au Téléphone: Messages	324
67.	Décrire ses Responsabilitiés	330
68.	Faire des Projets d'Avenir	338
69.	Faire une Présentation	342

Exercices

1-3.	Être, Avoir et Il y a	350
4.	Les Verbes Usuels au Présent	356
5-7.	Faire, Mettre et Prendre	361
8-11.	Pouvoir, Vouloir, Falloir et Devoir	365
12.	Savoir et Connaître	367
13.	Les Verbes Pronominaux (Se...)	370

14.	L'Emploi du Présent de l'Indicatif	373
15.	La Phrase Négative	376
16.	Questions et Réponses avec *Être*	380
17.	Les Trois Formes de Question	384
18.	Les Mots Interrogatifs	387
19-21.	Les Articles	390
22-23.	Les Prépositions de Lieu et les Prépositions de Lieu Composées	395
24-26.	Les Prépositions *À*, *De* et *En*	398
27-28.	Les Adjectifs Possessifs et les Adjectifs Démonstratifs	403
29.	Les Adjectifs Qualificatifs	407
30-31.	L'Expression de la Comparaison et le Superlatif	411
32-34.	La Fréquence, l'Habitude, la Quantité et les Adverbes de Manière	416
35.	On	421
36-37.	Les Pronoms Personnels et la Place des Pronoms	422
38.	Les Pronoms Toniques	426
39.	Les Adjectifs Indéfinis: *Quelqu'un/Quelque chose/Quelque part*	429
40.	Y et En	432
41.	Le Futur Proche	436
42.	Le Futur Simple	438
43.	L'Impératif	441
45.	Le Passé Composé	444
51-65.	Actes de Parole	448
66-68.	Communiquer au Téléphone	460

Corrigés 463

Lexique 477

Notions de Grammaire

Notions de grammaire

Le verbe
Dans la phrase, il exprime l'action.

Exemple:

Paul 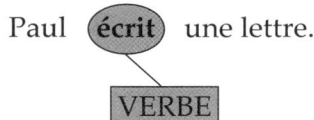 une lettre.

En français, la terminaison du verbe change en fonction de la personne.

Verbes réguliers: Ceux qui suivent une règle de conjugaison ordinaire et régulière.

Verbes irréguliers: Ceux qui ne suivent pas la règle de conjugaison ordinaire et dont la terminaison varie arbitrairement.

Le nom
C'est un objet, une personne ou un concept abstrait: la ville, le médecin, la réunion. En français, les noms sont de genre masculin ou féminin et de nombre singulier ou pluriel.

Exemple:

Il y a beaucoup de livres dans ma chambre.

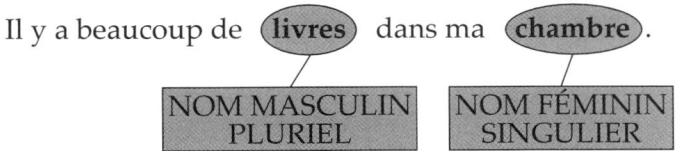

L'adjectif (qualificatif)

C'est un mot qui, quand il est lié à un nom, exprime une qualité. Il s'accorde en genre et en nombre avec le nom qu'il qualifie.

Exemple:

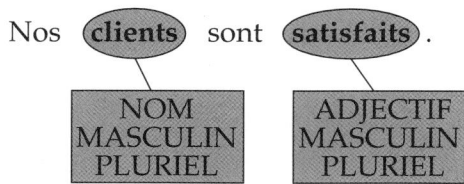

Le pronom

C'est un mot qui remplace un nom.

Les pronoms sujet: je, tu, il, elle, on, nous, vous, ils, elles.

Exemple:

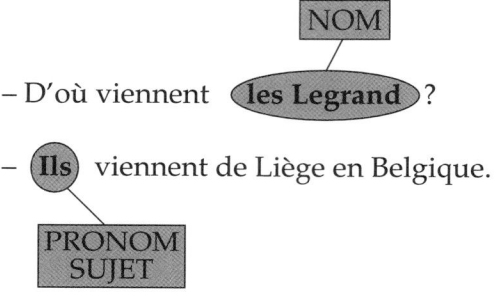

- D'où viennent les Legrand?
- Ils viennent de Liège en Belgique.

Les pronoms personnels d'objet direct: me, te, la, le, nous, vous, les

Exemple:

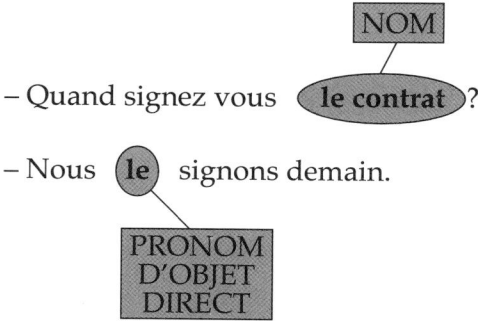

- Quand signez vous le contrat?
- Nous le signons demain.

Les pronoms d'objet indirect: me, te, lui, nous, vous, leur

Exemple:

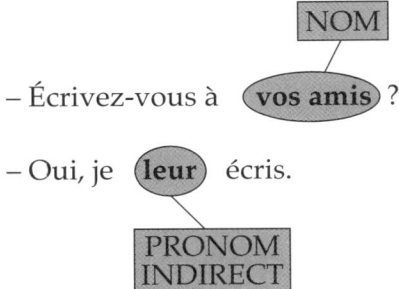

– Écrivez-vous à vos amis ?
– Oui, je leur écris.

L'article

Placé devant le nom qu'il détermine, il marque le genre (masculin ou féminin) et le nombre (singulier ou pluriel).

Exemple:

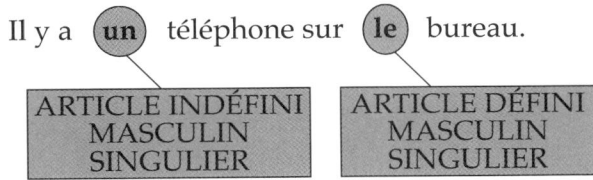

Il y a un téléphone sur le bureau.

Les articles définis: le, l', la, les
Les articles indéfinis: un, une, des
Les articles partitifs: du, de l', de la, des

L'adverbe

C'est un mot qui ajoute une détermination à une phrase, un verbe, un adjectif, un adverbe.

Exemple:

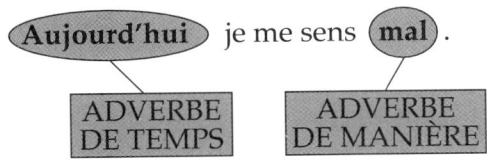

Aujourd'hui je me sens mal.

La préposition

C'est un mot qui relie plusieurs éléments de la phrase.

Les plus communes sont: à, de, en, dans, sur.

Exemple:

Nous allons 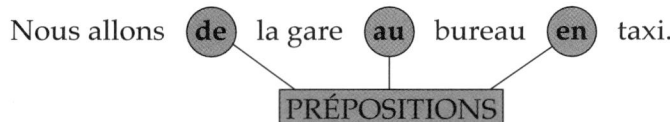 la gare   bureau   taxi.

Usage des symboles

Ce symbole indique une irrégularité ou un point important, il signale un risque d'erreur.

N.B.
Apporte un complément d'information d'ordre grammatical ou lexical.

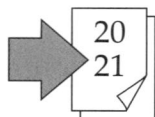

Ceci est un renvoi à un ou plusieurs chapitres du livre ayant un rapport direct ou indirect avec le point étudié.

Ces symboles représentent les genres masculin et féminin, ils s'appliquent aux personnes et aux divers éléments de la grammaire, exemple: les adjectifs démonstratifs.

NE DITES PAS, DITES
Ceci aidera l'étudiant à identifier les fautes les plus courantes et l'incitera à relire plus attentivement le chapitre.

Nous remercions Dany Lhomme pour sa collaboration à la rédaction de cet ouvrage.

Grammaire

1 Être

Nationalité, origine

> Nous ne **sommes** pas américains, nous **sommes** anglais.

Autres exemples

Ils habitent à Johannesbourg, ils **sont** sud-africains.
Je **suis** français, je **suis** parisien.
Carmen **est** espagnole et Andreas **est** allemand.
Tu **es** d'Edimbourg, alors tu **es** écossais.
Vous **êtes** italien?

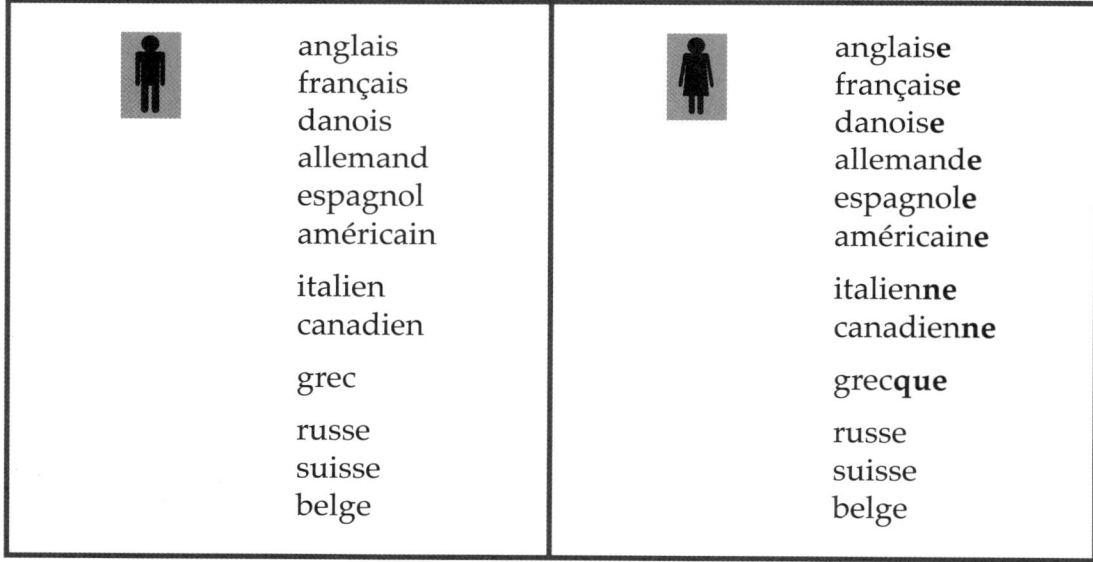

	anglais		anglais**e**
	français		français**e**
	danois		danois**e**
	allemand		allemand**e**
	espagnol		espagnol**e**
	américain		américain**e**
	italien		italie**nne**
	canadien		canadie**nne**
	grec		grec**que**
	russe		russe
	suisse		suisse
	belge		belge

GRAMMAIRE

Profession, fonction

> Elle **est** médecin.

Autres exemples

Je **suis** comptable et il **est** ingénieur-chimiste.
Nous **sommes** employés de banque, nous travaillons à la même agence.
Pierre et Jean **sont** fonctionnaires, ils travaillent pour le Ministère de la Défense.
Je vous présente Jean-Jacques et Marie-Louise, ils **sont** comptables.
Monsieur Rocard **est** directeur.
Vous **êtes** chef de projet?

– Qu'est-ce que vous faites comme travail?
– Je **suis** analyste financier.

Elle **est** médecin.

	directeur		directeur / direct**rice**
	étudiant		étudiant**e**
	musicien		musicien**ne**
	serveur		serveu**se**
	médecin		médecin

Les professions s'accordent avec le sujet en genre et en nombre, comme les adjectifs.
Il **est** infirm**ier**.
Elles **sont** infirm**ières**.

LES VERBES AU PRÉSENT

Être + adjectifs

Votre bureau **est** sombre, mais il **est** confortable.

Autres exemples
Ils **sont** contents d'habiter à Paris?
Vos produits ne **sont** pas chers et ils **sont** très solides.
Votre frère **est** marié ou célibataire?
Nicole, tu **es** malade?
Notre société **est** internationale.
Ces ordinateurs **sont** très performants.

Les adjectifs s'accordent en genre et en nombre avec le nom.

ÊTRE

je	**suis**	
tu	**es**	
il	**est**	
elle	**est**	en retard
nous	**sommes**	
vous	**êtes**	
ils	**sont**	
elles	**sont**	

Voir aussi le chapitre 29, *Les Adjectifs Qualificatifs*.

C'est, il est

> **C'est** le formulaire de stage.

C'est le formulaire d'inscription pour le stage.

Autres exemples

C'est George Dufoix. **C'est** un homme célèbre, **il est** très riche!
C'est ma première leçon de ski. **C'est** difficile et **c'est** fatigant!
C'est mon patron sur la photo à gauche, **il est** membre du conseil d'administration.
Cet homme est remarquable, **c'est** un génie!
Ce sont les formulaires d'inscription pour le stage, **ils sont** disponibles dans mon bureau.

– Où est la secrétaire?
– **Elle est** dans le bureau du Directeur.

C'est est neutre, il présente une personne, une chose, une idée ou une opinion.
Regardez cette bouteille, elle est chère. (*un fait*)
C'est vrai, **c'est** cher. (*une opinion*)

LES VERBES AU PRÉSENT

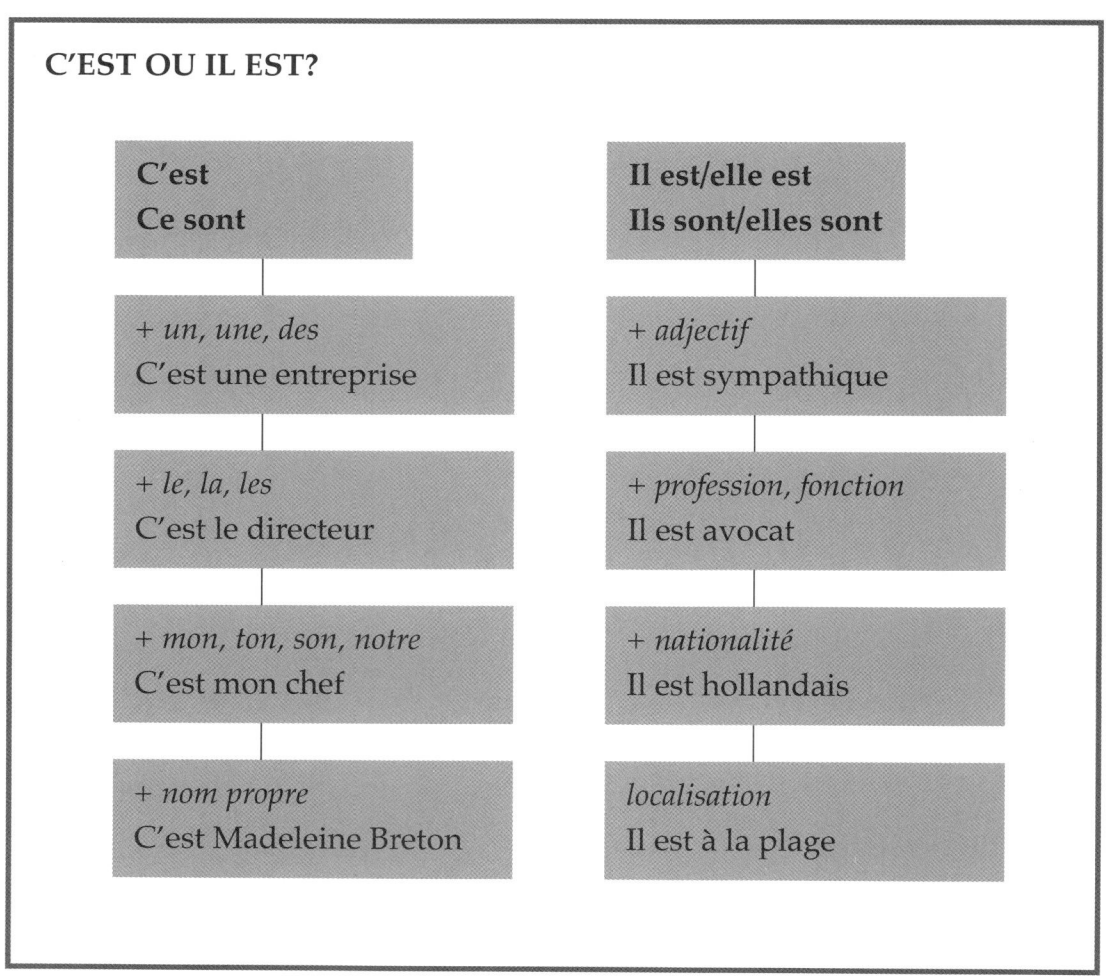

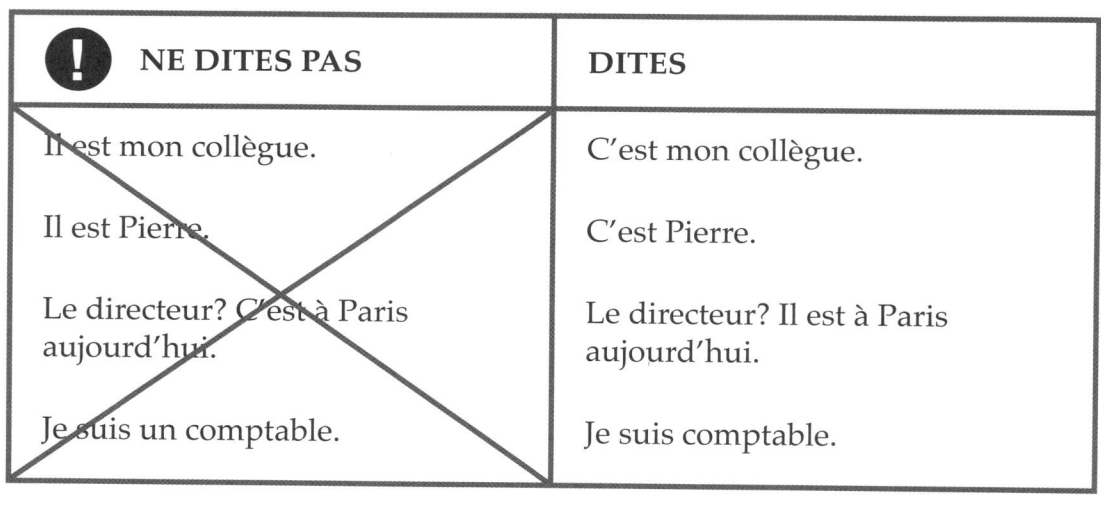

2 Avoir

Expression de la possession

– Vous **avez** un diplôme?
– Oui, j'**ai** le baccalauréat.
– Vous **avez** un permis de conduire?
– Non, je n'**ai** pas de permis de conduire.
– Vous **avez** des références?
– Oui, j'**ai** des références, les voilà.

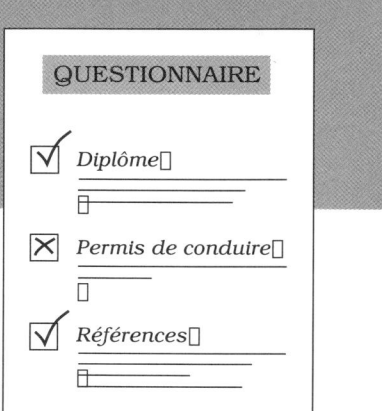

Autres exemples

Les Lenoir **ont** une grande maison à la campagne.
Est-ce que vous **avez** du travail?
Il **a** 43 (*quarante-trois*) ans. Quel âge **avez**-vous?
Combien d'enfants **a**-t-elle?
Nous n'**avons** pas d'ordinateur.
Vous **avez** l'adresse de Paul?

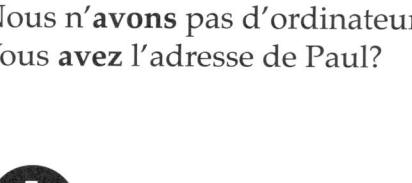

*L'âge, en français, s'exprime avec le verbe **avoir**.*
Exemple: Elle **a** 17 (*dix-sept*) ans.

GRAMMAIRE

Usages idiomatiques

> Je suis fatiguée, j'**ai sommeil**.

Je suis fatiguée, j'**ai sommeil**.

Autres exemples

La réunion **a lieu** le 10 (*dix*) avril.
Elle **a l'air** triste.
Ton nouveau collègue **a l'air** sympathique.

– La capitale du Canada, c'est Montréal.
– Vous **avez tort**, c'est Ottawa.

– Vous **avez l'air** malade. Où **avez**-vous **mal**?
– J'**ai mal** à la tête et à la gorge.

– Vous **avez faim**?
– Vous voulez manger quelque chose?

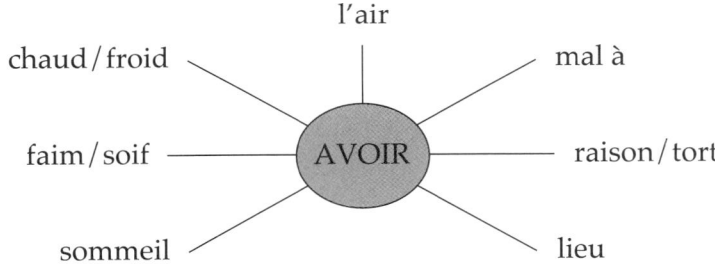

LES VERBES AU PRÉSENT

Locutions verbales (avoir... de)

> Ce matin, je n'**ai** pas **envie de** travailler! Je suis fatigué, et j'**ai besoin de** repos.

Autres exemples

Vous **n'avez pas le droit de** fumer dans les bureaux.
Je n'aime pas ce film, j'**ai horreur de la** violence!
Pour entrer à l'université, on **a besoin du** baccalauréat.

– **De** quoi est-ce que j'**ai besoin** pour téléphoner en France?
– Vous **avez besoin d'une** télécarte ou **de** pièces de monnaie.

– **De** quelle diplôme a-t-on **besoin** pour enseigner dans un lycée?
– On **a besoin d'**un diplôme appelé le C.A.P.E.S.

– Où **avez**-vous **envie d'**aller en vacances cette année?
– Nous **avons envie d'**aller en Italie.

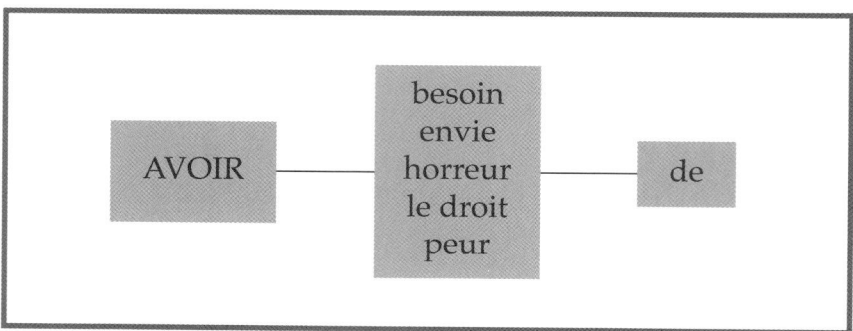

AVOIR

j'	ai	
tu	as	
il	a	
elle	a	un bureau à Paris
nous	avons	
vous	avez	
ils	ont	
elles	ont	

LES VERBES AU PRÉSENT

3 *Il y a*

Emploi

> (Notre immeuble)
> La réception et les ascenseurs se trouvent au rez-de-chaussée. Au premier étage, **il y a** le bureau du P.D.G. et les bureaux des directeurs. Au deuxième, **il y a** 30 (*trente*) personnes dans une grande salle de travail. Au sous-sol, **il y a** un parking réservé aux employés.

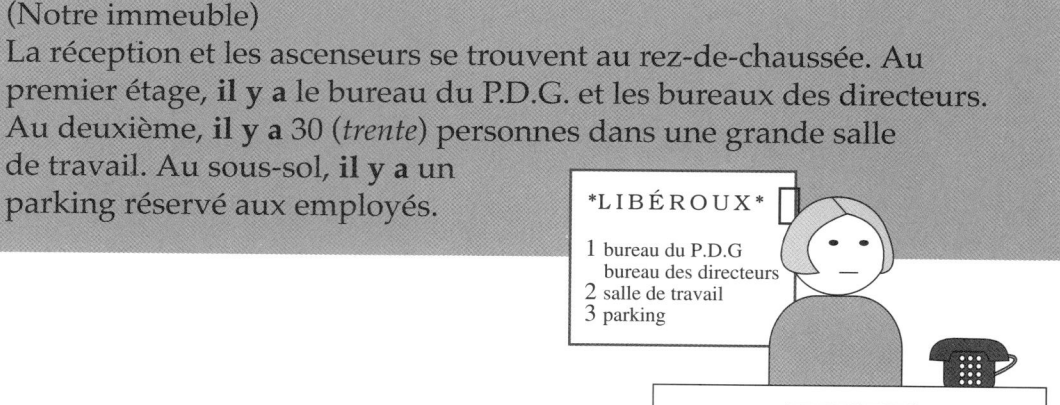

Au premier étage, **il y a** le bureau du P.D.G. et les bureaux des directeurs. Au deuxième, **il y a** 30 (*trente*) personnes dans une grande salle de travail.

Autres exemples

Il y a 250 000 (*deux cent cinquante mille*) habitants dans notre ville.
Il y a beaucoup de restaurants à Paris.
Il y a peu de circulation en ville la nuit.
Il y a beaucoup de jours fériés en mai.
Il y a le chauffage central dans cet appartement?
Il y a beaucoup de monde dans les rues le samedi.

Il y a	*singulier* **une** émission intéressante sur TF1
	pluriel 2 000 employés dans cette société

P.D.G. Le P.D.G. est le président directeur général d'une société.
TF1. Télé France 1, une chaîne de télévision.

Forme négative

Il n'y a pas de téléphone dans cette salle.

Autres exemples
Il n'y a pas de métro à cause de la grève.
Il n'y a pas d'ascenseur dans mon immeuble.
Il n'y a pas de magasins près de chez-moi.

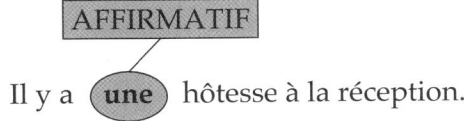
Il y a (**une**) hôtesse à la réception.

Il (**n'**) y a (**pas d'**) hôtesse à la réception.

LES VERBES AU PRÉSENT

AFFIRMATIF	NÉGATIF
Il y a un une des	Il **n'**y a **pas de** Il **n'**y a **pas d'**
Il y a du de la de l'	Il **n'**y a **pas de** Il **n'**y a **pas d'**
Il y a le la l' les	Il **n'**y a **pas le** Il **n'**y a **pas la** Il **n'**y a **pas l'** Il **n'**y a **pas les**

Questions

Combien d'employés y a-t-il dans votre entreprise?

Autres exemples
Est-ce qu'il y a une salle de réunion à cet étage?
Il y a des syndicats dans votre pays?
Est-ce qu'il y a la climatisation dans les chambres?
Y a-t-il un restaurant près d'ici?

Combien d'employés y a-t-il dans votre entreprise?

Voir aussi chapitre 17, *Les Trois Formes de Question*.

Est-ce qu'il y a **Y a-t-il** **Il y a**	la télévision dans les chambres?

4 *Les Verbes Usuels au Présent*

Verbes réguliers (verbes en *-er*)

> Moi le matin, j'**arrive** au bureau à 9h00 (*neuf heures*). Avec mes collègues nous **travaillons** jusqu'à midi et demi. Tous les employés **déjeunent** ensemble à la cantine jusqu'à 14h00 (*quatorze heures*).
> Le soir je **rentre** vers 18h00 (*dix-huit heures*).

Autres exemples

J'**écoute** la radio tous les matins.
Pascal **parle** deux langues étrangères.
Nous **dînons** vers neuf heures du soir.
En fin de semaine ma femme **joue** au tennis.
Il n'**aime** pas la musique moderne.
Tu ne **déjeunes** pas aujourd'hui?
À quelle heure est-ce que la réunion **commence**?

– Où **habitez**-vous?
– J'**habite** à Dijon.

Le matin, j'**arrive** au bureau à 9h00 (*neuf heures*).

Verbes usuels:			
aimer	arriver	déjeuner	demander
dîner	donner	écouter	fermer
habiter	jouer	manger	parler
penser	regarder	téléphoner	travailler

GRAMMAIRE

VERBES RÉGULIERS EN -*ER*

je	travaill**e**	
tu	travaill**es**	
il	travaill**e**	
elle	travaill**e**	le dimanche
nous	travaill**ons**	
vous	travaill**ez**	
ils	travaill**ent**	
elles	travaill**ent**	

Verbes réguliers en -*er*: particularités orthographiques

FORME NORMALE	FORME IRRÉGULIÈRE
Nous **achetons** nos fruits et légumes au marché.	Ils **achètent** leurs fruits et légumes au marché.

Autres exemples

Quel modèle **préférez**-vous?	Quel modèle est-ce que tu **préfères**?
Nous nous **levons** à six heures tous les jeudis.	Elle **se lève** à six heures tous les jeudis.
Je **commence** à travailler à huit heures.	Nous **commençons** à travailler à huit heures.
Vous **payez** votre loyer au début du mois.	Je **paie** mon loyer au début du mois.
Ils **mangent** au restaurant de l'entreprise.	Nous **mangeons** au restaurant de l'entreprise.

LES VERBES AU PRÉSENT

VERBES RÉGULIERS EN -ER: PARTICULARITÉS ORTHOGRAPHIQUES

	APPELER		**ACHETER**
j'	appe**ll**e	j'	ach**è**te
tu	appe**ll**es	tu	ach**è**tes
il	appe**ll**e	il	ach**è**te
elle	appe**ll**e	elle	ach**è**te
nous	appelons	nous	achetons
vous	appelez	vous	achetez
ils	appe**ll**ent	ils	ach**è**tent
elles	appe**ll**ent	elles	ach**è**tent

	SE LEVER		**PRÉFÉRER**
je	me l**è**ve	je	préf**è**re
tu	te l**è**ves	tu	préf**è**res
il	se l**è**ve	il	préf**è**re
elle	se l**è**ve	elle	préf**è**re
nous	nous levons	nous	préférons
vous	vous levez	vous	préférez
ils	se l**è**vent	ils	préf**è**rent
elles	se l**è**vent	elles	préf**è**rent

	COMMENCER	**PAYER**	**MANGER**
je	commence	pa**i**e	mange
tu	commences	pa**i**es	manges
il	commence	pa**i**e	mange
elle	commence	pa**i**e	mange
nous	commen**ç**ons	payons	mang**e**ons
vous	commencez	payez	mangez
ils	commencent	pa**i**ent	mangent
elles	commencent	pa**i**ent	mangent

Verbes réguliers en *-ir* (modèle *finir*)

> Quand vous **choisissez** FINEXPERTS, vous **investissez** bien votre argent nous **garantissons** un intérêt de huit pour cent net.

Autres exemples

Il **remplit** un formulaire.
Nos enfants **réussissent** toujours leurs examens.
Pourquoi n'**établissez**-vous pas une usine en Asie?

– Tu **finis** à quelle heure?
– Je **finis** à sept heures tous les soirs.

Verbes usuels:

accomplir	agrandir	choisir	établir
faiblir	finir	fournir	garantir
grossir	investir	maigrir	réfléchir
remplir	réussir	rougir	

VERBES RÉGULIERS EN *-IR*

je	fin**is**	
tu	fin**is**	
il	fin**it**	
elle	fin**it**	à dix heures
nous	fin**issons**	
vous	fin**issez**	
ils	fin**issent**	
elles	fin**issent**	

LES VERBES AU PRÉSENT

Verbes réguliers en -re (modèle *vendre*)

> – À qui **vendez**-vous ces produits?
> – Nous **vendons** nos produits aux sociétés de distribution en grande surface.

Autres exemples

Pouvez-vous répéter s'il vous plaît, je vous **entends** mal.
Les standardistes **répondent** aux appels téléphoniques de 8h00 (*huit heures*) à 18h00 (*dix-huit heures*).
Ils **attendent** le train.
Elle **met** un manteau en hiver.

Verbes usuels:			
attendre	confondre	entendre	mettre
perdre	rendre	répondre	vendre

VERBES RÉGULIERS EN -*RE*

je	ven**s**	
tu	ven**s**	
il	ven**d**	
elle	ven**d**	des produits de beauté
nous	ven**ons**	
vous	ven**ez**	
ils	ven**dent**	
elles	ven**dent**	

GRAMMAIRE

Verbes irréguliers usuels

> La secrétaire **va** à la poste tous les jours à seize heures.

La secrétaire **va** à la poste tous les jours à seize heures.

Autres exemples

Aller
Après le travail, je **vais** au cinéma ou au théâtre.
Comment **allez**-vous aujourd'hui?
Je **vais** en stage de formation à partir du deux mars.
Les hommes d'affaires **vont** souvent à l'étranger.

Boire
Nous ne **buvons** jamais de bière à table.
Tu **bois** un verre avec nous?
Les enfants **boivent** du chocolat au petit déjeuner.

– Vous ne **buvez** pas votre café?
– Non, il est froid.

Dire
Le Directeur **dit** toujours 'bonjour' à tous les employés.
Pardon, je n'entends pas, qu'est-ce que vous **dites**?
L'offre est intéressante, **je** ne **dis** pas non.

Venir
Tu **viens** avec nous au restaurant?
Vos invités **viennent** à quelle heure ce soir?
Vous **venez** au bureau en voiture ou en métro?
Nous sommes allemands, nous **venons** tous les deux de Leipzig.

LES VERBES AU PRÉSENT

INFINITIF EN -ER

PARLER
je	parl**e**
tu	parl**es**
il	parl**e**
elle	parl**e**
nous	parl**ons**
vous	parl**ez**
ils	parl**ent**
elles	parl**ent**

TÉLÉPHONER
je	téléphon**e**
tu	téléphon**es**
il	téléphon**e**
elle	téléphon**e**
nous	téléphon**ons**
vous	téléphon**ez**
ils	téléphon**ent**
elles	téléphon**ent**

Autres exemples:
aimer, demander, habiter, travailler...

INFINITIF EN -IR (MODÈLE FINIR)

CHOISIR
je	chois**is**
tu	chois**is**
il	chois**it**
elle	chois**it**
nous	choisis**sons**
vous	choisis**sez**
ils	choisis**sent**
elles	choisis**sent**

RÉUSSIR
je	réuss**is**
tu	réuss**is**
il	réuss**it**
elle	réuss**it**
nous	réussis**sons**
vous	réussis**sez**
ils	réussis**sent**
elles	réussis**sent**

Autres exemples:
finir, fournir, investir, remplir...

INFINITIF EN -RE (MODÈLE VENDRE)

METTRE
je	met**s**
tu	met**s**
il	met
elle	met
nous	met**tons**
vous	met**tez**
ils	met**tent**
elles	met**tent**

RÉPONDRE
je	répond**s**
tu	répond**s**
il	répond
elle	répond
nous	répond**ons**
vous	répond**ez**
ils	répond**ent**
elles	répond**ent**

Autres exemples:
attendre, entendre, perdre, vendre...

INFINITIF EN -IR (MODÈLE SORTIR)

SORTIR		PARTIR	
je	sor**s**	je	par**s**
tu	sor**s**	tu	par**s**
il	sor**t**	il	par**t**
elle	sor**t**	elle	par**t**
nous	sort**ons**	nous	part**ons**
vous	sort**ez**	vous	part**ez**
ils	sort**ent**	ils	part**ent**
elles	sort**ent**	elles	part**ent**

Autres exemples:
consentir, mentir, sentir...

INFINITIF EN -UIRE

CONDUIRE		PRODUIRE	
je	condui**s**	je	produi**s**
tu	condui**s**	tu	produi**s**
il	condui**t**	il	produi**t**
elle	condui**t**	elle	produi**t**
nous	condui**sons**	nous	produi**sons**
vous	condui**sez**	vous	produi**sez**
ils	condui**sent**	ils	produi**sent**
elles	condui**sent**	elles	produi**sent**

Autres exemples:
construire, détruire, réduire, traduire...

INFINITIF EN -NIR

TENIR		VENIR	
je	**tiens**	je	**viens**
tu	**tiens**	tu	**viens**
il	**tient**	il	**vient**
elle	**tient**	elle	**vient**
nous	**tenons**	nous	**venons**
vous	**tenez**	vous	**venez**
ils	**tiennent**	ils	**viennent**
elles	**tiennent**	elles	**viennent**

Autres exemples:
devenir, obtenir, se souvenir

LES VERBES AU PRÉSENT

AUTRES VERBES

ALLER

je	**vais**
tu	**vas**
il	**va**
elle	**va**
nous	**allons**
vous	**allez**
ils	**vont**
elles	**vont**

S'ASSEOIR

je	**m'assieds**
tu	**t'assieds**
il	**s'assied**
elle	**s'assied**
nous	**nous asseyons**
vous	**vous asseyez**
ils	**s'asseyent**
elles	**s'asseyent**

ATTEINDRE

j'	**atteins**
tu	**atteins**
il	**atteint**
elle	**atteint**
nous	**atteignons**
vous	**atteignez**
ils	**atteignent**
elles	**atteignent**

AVOIR

j'	**ai**
tu	**as**
il	**a**
elle	**a**
nous	**avons**
vous	**avez**
ils	**ont**
elles	**ont**

BOIRE

je	**bois**
tu	**bois**
il	**boit**
elle	**boit**
nous	**buvons**
vous	**buvez**
ils	**boivent**
elles	**boivent**

CONNAÎTRE

je	**connais**
tu	**connais**
il	**connaît**
elle	**connaît**
nous	**connaissons**
vous	**connaissez**
ils	**connaissent**
elles	**connaissent**

Autres exemples:
naître, paraître

AUTRES VERBES

DEVOIR
je	**dois**
tu	**dois**
il	**doit**
elle	**doit**
nous	**devons**
vous	**devez**
ils	**doivent**
elles	**doivent**

DIRE
je	**dis**
tu	**dis**
il	**dit**
elle	**dit**
nous	**disons**
vous	**dites**
ils	**disent**
elles	**disent**

DORMIR
je	**dors**
tu	**dors**
il	**dort**
elle	**dort**
nous	**dormons**
vous	**dormez**
ils	**dorment**
elles	**dorment**

ÉCRIRE
j'	**écris**
tu	**écris**
il	**écrit**
elle	**écrit**
nous	**écrivons**
vous	**écrivez**
ils	**écrivent**
elles	**écrivent**

Autres exemples:
décrire, inscrire

ÊTRE
je	**suis**
tu	**es**
il	**est**
elle	**est**
nous	**sommes**
vous	**êtes**
ils	**sont**
elles	**sont**

FAIRE
je	**fais**
tu	**fais**
il	**fait**
elle	**fait**
nous	**faisons**
vous	**faites**
ils	**font**
elles	**font**

AUTRES VERBES

LIRE

je	**lis**
tu	**lis**
il	**lit**
elle	**lit**
nous	**lisons**
vous	**lisez**
elles	**lisent**
elles	**lisent**

Autres exemples:
élire, relire

MOURIR

je	**meurs**
tu	**meurs**
il	**meurt**
elle	**meurt**
nous	**mourons**
vous	**mourez**
ils	**meurent**
elles	**meurent**

OUVRIR

j'	**ouvre**
tu	**ouvres**
il	**ouvre**
elle	**ouvre**
nous	**ouvrons**
vous	**ouvrez**
ils	**ouvrent**
elles	**ouvrent**

Autres exemples:
découvrir, offrir

POUVOIR

je	**peux**
tu	**peux**
il	**peut**
elle	**peut**
nous	**pouvons**
vous	**pouvez**
ils	**peuvent**
elles	**peuvent**

PRENDRE

je	**prends**
tu	**prends**
il	**prend**
elle	**prend**
nous	**prenons**
vous	**prenez**
ils	**prennent**
elles	**prennent**

Autres exemples:
apprendre, comprendre

RECEVOIR

je	**reçois**
tu	**reçois**
il	**reçoit**
elle	**reçoit**
nous	**recevons**
vous	**recevez**
ils	**reçoivent**
elles	**reçoivent**

Autres exemples:
apercevoir, concevoir

AUTRES VERBES	
SAVOIR je **sais** tu **sais** il **sait** elle **sait** nous **savons** vous **savez** ils **savent** elles **savent**	**VOIR** je **vois** tu **vois** il **voit** elle **voit** nous **voyons** vous **voyez** ils **voient** elles **voient** *Autres exemples:* prévoir, revoir
VOULOIR je **veux** tu **veux** il **veut** elle **veut** nous **voulons** vous **voulez** ils **veulent** elles **veulent**	**FALLOIR** il **faut** **PLEUVOIR** il **pleut**

5 Faire

Activités liées au travail

(À l'aéroport)
– Isabelle! Qu'est-ce que tu **fais** à Paris?
– Je suis là pour **faire** une présentation. Et toi, qu'est-ce que tu **fais** ici?
– Je **fais** un reportage.

Je suis là pour **faire** une présentation. Et toi, qu'est-ce que tu **fais** à Paris?

Autres exemples

Pour chaque vente de produits, il faut **faire** une facture.
Le Président **fait** un discours.
Je dois **faire** un voyage d'affaires à Madrid lundi après-midi.
Nos enfants **font** du sport.

– Qu'est-ce qu'il **fait**, Richard?
– Il est chef d'entreprise.

– Qu'est-ce que vous **faites** comme travail?
– Je suis comptable.

```
        une étude de marché
une présentation           un voyage d'affaires
un discours    ( FAIRE )   une facture
du théâtre                 un reportage
```

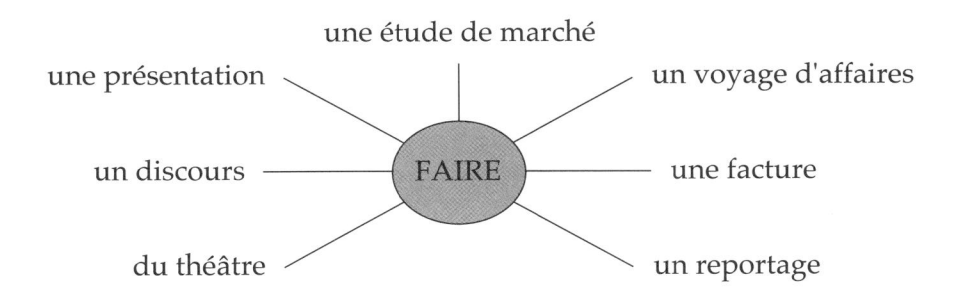

Activités sportives/loisirs

> En France, les écoliers **font** du sport trois heures par semaine.

Autres exemples

Vous **faites** du ski chaque année?
Notre fille **fait** de la danse moderne.
En France, beaucoup d'hommes d'affaires **font** du golf.

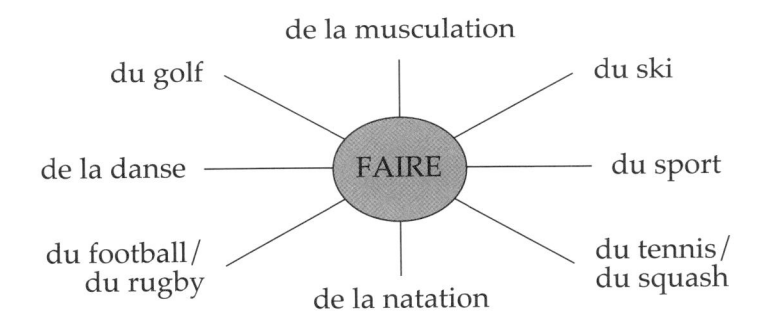

```
         de la musculation
du golf                    du ski
de la danse    ( FAIRE )   du sport
du football/               du tennis/
du rugby                   du squash
         de la natation
```

!

*Ne confondez pas **faire du tennis** et **jouer au tennis**.*
(Jouer au football, au rugby, au golf, au squash.)

LES VERBES AU PRÉSENT

Temps, météorologie

En hiver, **il fait** froid.

Autres exemples

Il fait beau aujourd'hui.
Nous ne pouvons pas partir, **il fait** mauvais temps.
Les jours de tempête **il fait** beaucoup de vent!

En hiver, **il fait** froid.

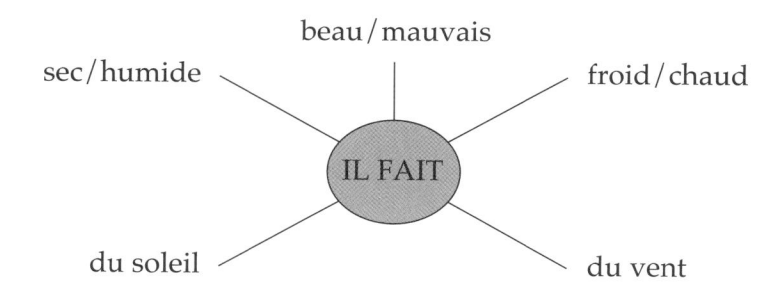

```
           beau/mauvais
sec/humide      |      froid/chaud
         \     |     /
          ( IL FAIT )
         /     |     \
du soleil      |      du vent
```

Prix

– Ça **fait** combien?
– Ça **fait** deux euros.

Autres exemples

Est-ce que vous **faites** une réduction de 10% (*dix pour cent*) pour les achats supérieurs à 200 (*deux cents*) euros?

Deux menus à 20 (*vingt*) euros, une eau minérale, ça **fait** 42 (*quarante-deux*) euros en tout.

Divers

> Regardez, il est 17h00 (*dix-sept heures*), il **fait** déjà nuit!

Autres exemples

Vous venez **faire** une promenade?
Faites attention, s'il vous plaît!
Nous **faisons** le plein d'essence au supermarché, c'est moins cher.
Pierre parle bien anglais, mais il **fait** parfois des fautes de grammaire.

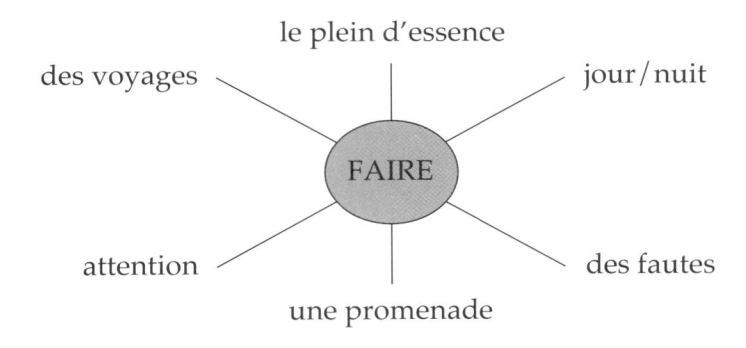

```
          le plein d'essence
des voyages  |   jour/nuit
          \  |  /
          FAIRE
          /  |  \
attention    |   des fautes
          une promenade
```

FAIRE

je	**fais**	
tu	**fais**	
il	**fait**	
elle	**fait**	du sport
nous	**faisons**	
vous	**faites**	
ils	**font**	
elles	**font**	

LES VERBES AU PRÉSENT

6 Mettre

Vêtements, accessoires

> Les visiteurs **mettent** des blouses blanches pour visiter les laboratoires.

Autres exemples
Elle ne **met** jamais de bijoux.
Il **met** un costume pour aller travailler.
Mets tes gants, il fait froid!
Quand il pleut, je **mets** un imperméable.
Pour visiter l'usine, il faut **mettre** un casque et des chaussures de sécurité.

Les visiteurs **mettent** des blouses blanches pour visiter les laboratoires.

METTRE
- un chapeau / un casque
- une chemise
- une cravate
- des chaussures
- des gants
- des lunettes
- des bijoux
- un costume

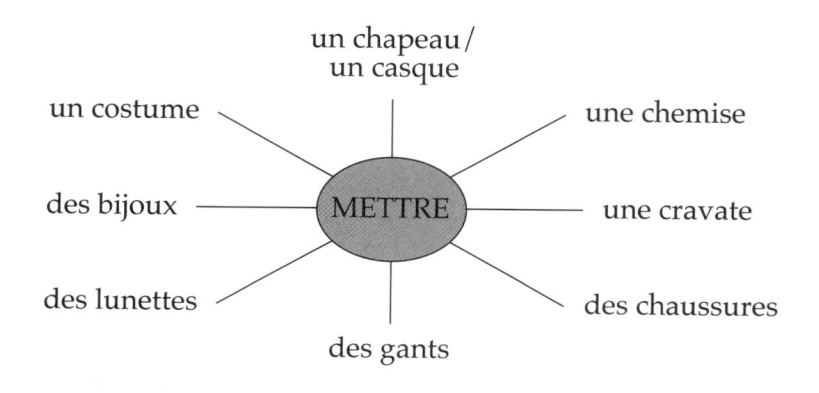

> *Dans tous ces exemples on peut remplacer **mettre** par **porter**.*
> Elle ne **porte** jamais de bijoux.

Boissons et aliments

> Ne **mettez** pas d'eau dans mon whisky!

Autres exemples

Les anglais **mettent** toujours du lait dans leur thé.
Je ne **mets** pas de sucre dans mon café.
On **met** du champagne dans un Kir Royal.
Qu'est-ce que vous **mettez** dans ce cocktail?

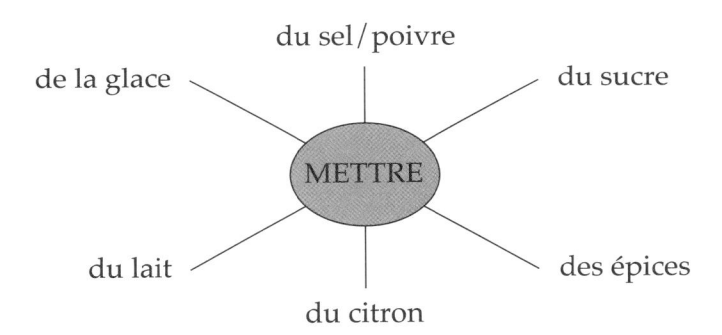

```
         du sel/poivre
de la glace    |    du sucre
         \    |    /
          METTRE
         /    |    \
du lait        |    des épices
          du citron
```

Temps – durée

> – On **met** combien de temps pour aller du centre-ville à l'aéroport?
> – On **met** trente minutes en voiture.

Autres exemples

Nous **mettons** en général deux heures pour installer ces appareils.
Les trains Eurostar **mettent** trois heures pour aller de Londres à Paris.

– Combien de temps **mettez-vous** pour venir au bureau?
– Je **mets** une heure en train.

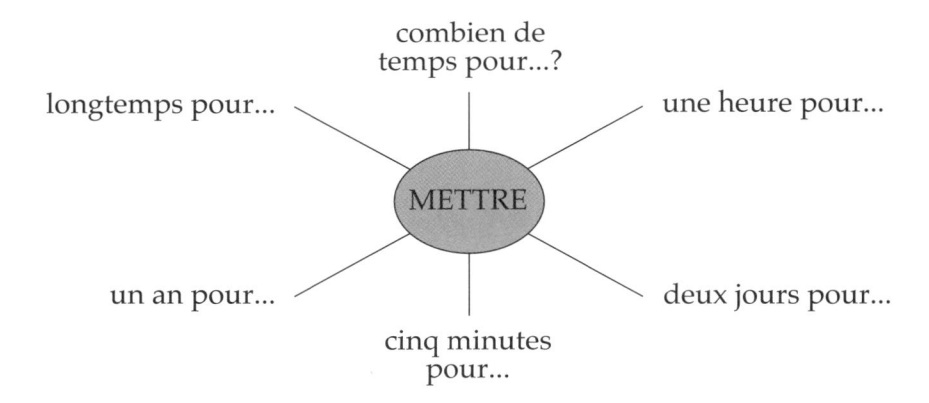

```
        combien de
        temps pour...?
longtemps pour...           une heure pour...
              METTRE
un an pour...               deux jours pour...
        cinq minutes
        pour...
```

Placer, poser

– Où voulez-vous **mettre** cette armoire?
– Près de la fenêtre.

Autres exemples

Mettez une croix dans la case correspondante et signez au bas de la page.
Nicole! **Mettez** ce dossier dans le classeur, s'il vous plaît.
Mettons son cadeau sur la table!
Tu **mets** le magnétoscope sous la télévision?

– Où est-ce que je dois **mettre** ces factures?
– **Mettez**-les dans le deuxième tiroir de gauche!

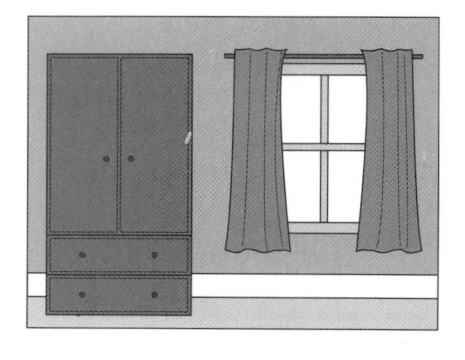

– Où voulez-vous **mettre** cette armoire?
– Près de la fenêtre.

*Le verbe **mettre** peut être suivi d'autres prépositions de lieu (**devant**, **derrière**...).*

GRAMMAIRE

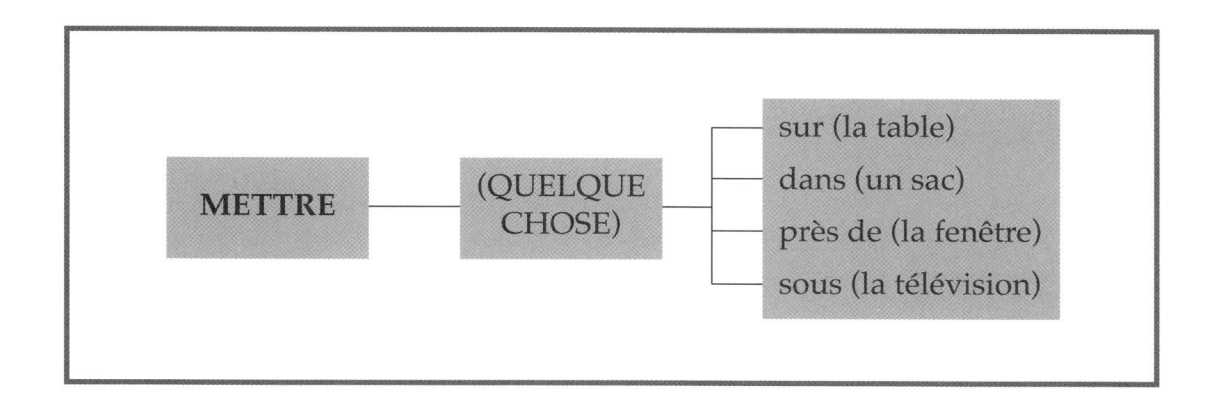

METTRE — (QUELQUE CHOSE) — sur (la table) / dans (un sac) / près de (la fenêtre) / sous (la télévision)

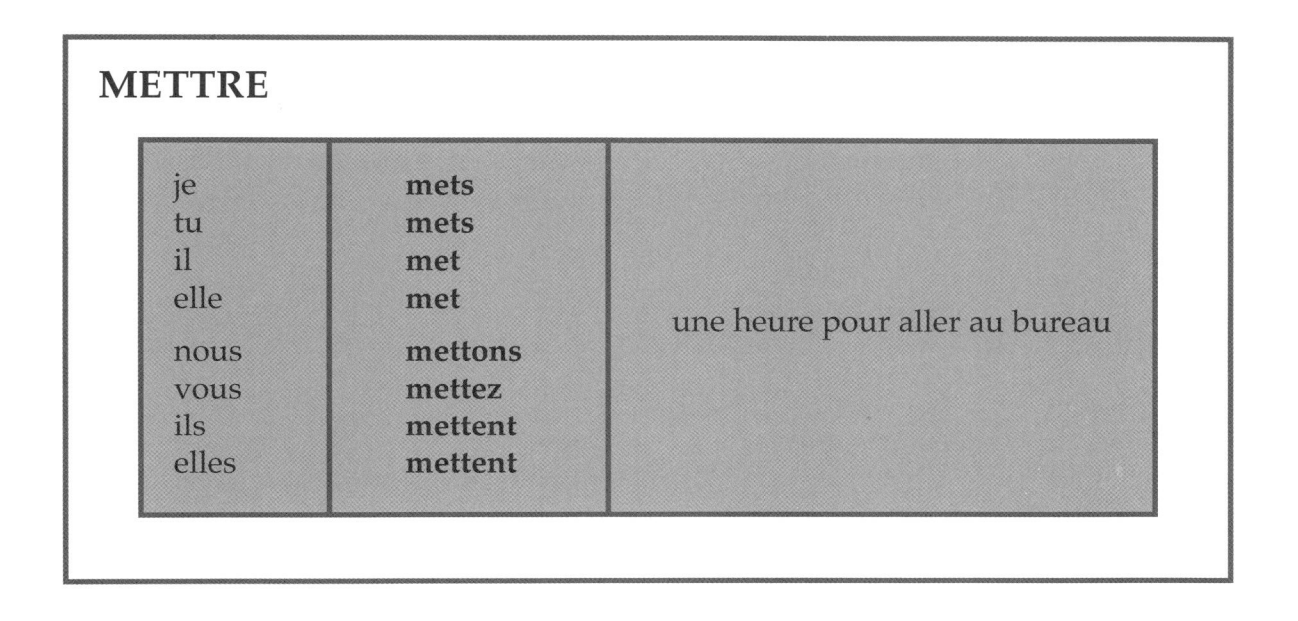

METTRE

je	**mets**	
tu	**mets**	
il	**met**	
elle	**met**	une heure pour aller au bureau
nous	**mettons**	
vous	**mettez**	
ils	**mettent**	
elles	**mettent**	

LES VERBES AU PRÉSENT

7 Prendre

Aliments, boissons, repas

(Au café)
– Monsieur, qu'est-ce que vous **prenez**?
– Je vais **prendre** un thé.
– Nature ou avec du lait?
– Avec du lait, s'il vous plaît.

Autres exemples

Le matin, je **prends** le petit déjeuner chez moi.
Tu **prends** un verre avec nous?
Vous **prenez** du café ou du thé?
Le dimanche, nous **prenons** toujours l'apéritif.

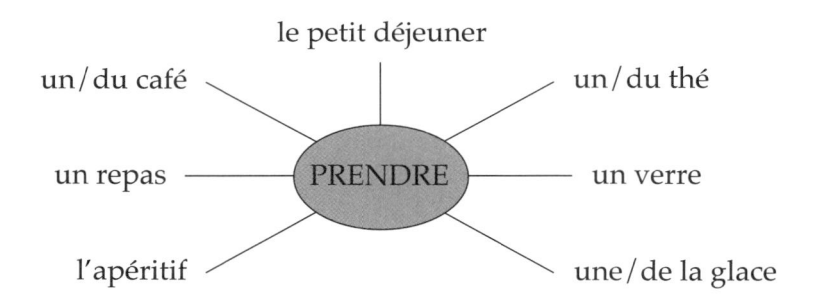

```
              le petit déjeuner
un/du café           |           un/du thé
         \           |           /
un repas  ——————  PRENDRE  ——————  un verre
         /           |           \
l'apéritif           |           une/de la glace
```

Prendre un verre = *boire quelque chose, dans un café, dans un bar, chez des amis, chez soi.*

36   GRAMMAIRE

Transports

Les enfants **prennent** l'autocar pour aller à l'école.

Les enfants **prennent** l'autocar pour aller à l'école.

Autres exemples

Je ne **prends** jamais ma voiture pour aller travailler.
Nous **prenons** l'avion à Orly ce soir.
Il **prend** un taxi parce qu'il est en retard.
Je vais **prendre** le train pour aller à Paris.

– Comment allez-vous de l'aéroport au centre-ville?
– Je **prends** le R.E.R.

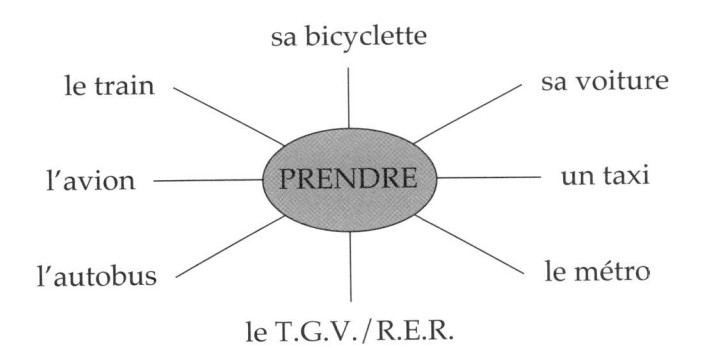

PRENDRE
- sa bicyclette
- sa voiture
- un taxi
- le métro
- le T.G.V. / R.E.R.
- l'autobus
- l'avion
- le train

Le T.G.V. = *Train à Grande Vitesse*
Le R.E.R. = *Réseau Express Régional, trains reliant Paris (zone urbaine) à la banlieue.*

LES VERBES AU PRÉSENT

Divers

– Vous **prenez** un bain ou une douche le soir?
– Je **prends** une douche.

Autres exemples

Avec cet appareil, je **prends** des photos superbes.
Nos employés **prennent** des cours de français deux fois par semaine.
La secrétaire **prend** des notes pendant la réunion.
Je **prends** mes vacances en août chaque année, je vais toujours en Espagne.
Si vous avez mal aux dents, **prenez** un rendez-vous chez le dentiste.

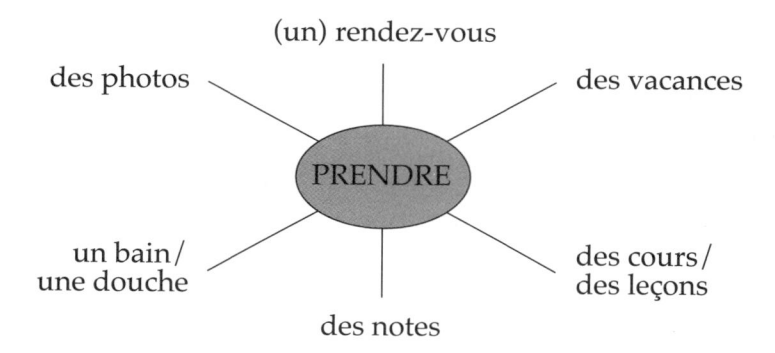

```
                (un) rendez-vous
    des photos         |          des vacances
              \        |        /
               \       |       /
                ( PRENDRE )
               /       |       \
              /        |        \
    un bain/           |          des cours/
    une douche      des notes     des leçons
```

On dit: 'Je prends mes vacances en août' *mais*, 'Je passe mes vacances en Espagne'.

PRENDRE

je	**prends**	
tu	**prends**	
il	**prend**	
elle	**prend**	des photos
nous	**prenons**	
vous	**prenez**	
ils	**prennent**	
elles	**prennent**	

8 Pouvoir

Demander la permission. Donner l'autorisation

– Non, vous ne **pouvez** pas fumer, vous êtes dans une zone non-fumeur.

Autres exemples

Monsieur! Vous ne **pouvez** pas entrer dans ce bâtiment sans pièce d'identité, c'est interdit!
Je **peux** avoir une brochure, s'il vous plaît?
Est-ce que je **peux** envoyer une télécopie?

– Où est-ce qu'on **peut** garer sa voiture dans le quartier?
– Vous **pouvez** la garer devant la Préfecture.

défense de fumer

Vous ne **pouvez** pas fumer, vous êtes dans une zone non-fumeur.

Demander un service

Est-ce que vous **pouvez** répéter, s'il vous plaît?

Autres exemples

Tu **peux** ouvrir la fenêtre, s'il te plaît?
Pouvez-vous m'aider? Je suis perdu!
Est-ce que quelqu'un **peut** me renseigner?

Exprimer la possibilité, la capacité

> Je ne **peux** pas venir à 16h00 (*seize heures*), j'ai un autre rendez-vous.

Autres exemples

Nous ne **pouvons** pas skier à cause de la tempête.
Vous **pouvez** aller au parking de la rue Lenoir. Je **peux** vous expliquer le chemin.

– Est-ce qu'on **peut** rester une nuit de plus ?
– Oui, c'est possible, la chambre est libre.

– Je ne **peux** pas conduire, j'ai mal au pied, je dois prendre l'autobus.
– Mais, je **peux** vous déposer, si vous voulez.

– Ma voiture est toujours chez le garagiste. Tu **peux** m'emmener au bureau ?
– Oui, bien sûr.

❗

*Le verbe **pouvoir** est toujours suivi d'un verbe à l'infinitif.*

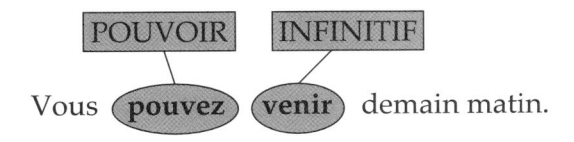

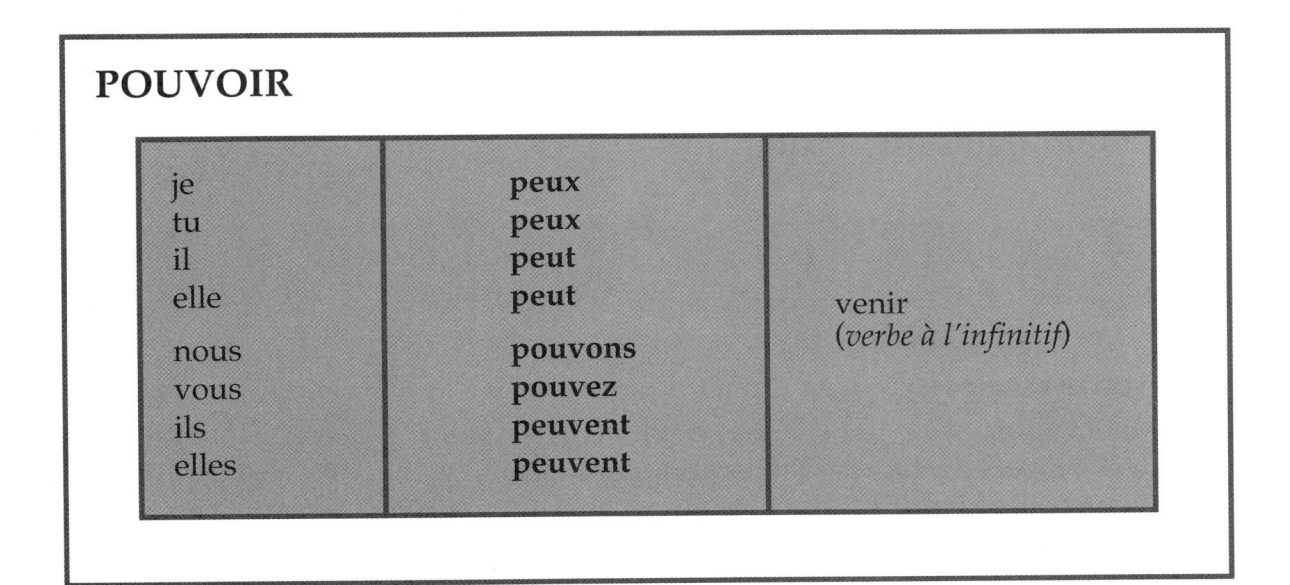

POUVOIR   INFINITIF
Vous (**pouvez**) (**venir**) demain matin.

POUVOIR

je	peux	
tu	peux	
il	peut	
elle	peut	venir
nous	pouvons	(*verbe à l'infinitif*)
vous	pouvez	
ils	peuvent	
elles	peuvent	

LES VERBES AU PRÉSENT

9 Vouloir

Offrir, inviter, accepter

— **Voulez**-vous un café?
— Oui, je **veux** bien merci.

Autres exemples

Est-ce que vous **voulez** boire quelque chose?

Est-ce que vous **voulez** prendre le petit déjeuner dans votre chambre?

— Est-ce que tu **veux** venir avec nous au cinéma?
— Oui, d'accord, je **veux** bien.

Voulez-vous un café?

Exprimer la volonté, l'intention

Nous **voulons** déménager pour nous installer à la campagne.

Autres exemples

Vous **voulez** payer par chèque ou par carte de crédit?
Je ne **veux** pas retourner en France pour l'instant.
Nous **voulons** partir très tôt demain matin, pour arriver de bonne heure à l'aéroport.
Nos clients **veulent** visiter notre usine.
Mme Lemond **veut** vous voir.

GRAMMAIRE

Demande polie: je voudrais

> Je **voudrais** une chambre pour deux personnes pour une nuit, s'il vous plaît.

Autres exemples
Je **voudrais** 'Le Nouvel Observateur', s'il vous plaît.
Je **voudrais** une bière pression, s'il vous plaît.
Je **voudrais** parler à Pierre, s'il vous plaît.
Je **voudrais** une place non-fumeur.
Je **voudrais** des renseignements sur votre société.

N.B.
*Je **voudrais** (forme de politesse). (Conditionnel présent du verbe vouloir.)*

*Le verbe **vouloir** est souvent suivi d'un verbe à l'infinitif.*

VOULOIR — INFINITIF
Je **veux** **envoyer** un échantillon à mon client.

VOULOIR

je	**veux**	aller au bureau
tu	**veux**	*(verbe à l'infinitif)*
il	**veut**	
elle	**veut**	
nous	**voulons**	
vous	**voulez**	du vin
ils	**veulent**	*(nom)*
elles	**veulent**	

LES VERBES AU PRÉSENT

10 Falloir

Donner des instructions

> Il **faut** lire la notice avant d'utiliser l'ordinateur.

Autres exemples

Pour aller à la gare, il **faut** traverser la place et prendre la deuxième à gauche.
Pour l'aéroport, il **faut** prendre le R.E.R. ligne B.
Avant de quitter le bureau, il **faut** débrancher les ordinateurs et éteindre les lumières.
Il ne **faut** pas partir sans fermer le bureau à clef.

Il **faut** lire la notice avant d'utiliser l'ordinateur.

– Comment est-ce qu'**il faut** faire pour téléphoner à l'étranger de ma chambre?
– **Il faut** composer le zéro zéro et ensuite **il faut** faire l'indicatif du pays et le numéro.

Exprimer la nécessité, le besoin

> Il **faut** une télécarte pour téléphoner d'une cabine.

Autres exemples

Pour faire des crêpes, il **faut** du lait, des oeufs, de la farine, du beurre et du sucre, il ne **faut** pas de sel.
Il ne **faut** pas d'expérience pour ce travail.
Boire ou conduire? Il **faut** choisir.

Exprimer l'obligation légale

Pour conduire, il **faut** un permis et une assurance.

Autres exemples

Est-ce qu'il **faut** un visa pour aller en Inde?
Pour recevoir les allocations chômage, il **faut** être inscrit à l'Agence Nationale Pour l'Emploi (l'ANPE).
Pour ouvrir un compte en banque, if **faut** une pièce d'identité.

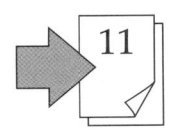

Voir aussi le chapitre 11, *Devoir*.

FALLOIR

+	il faut	**de l'argent** pour vivre (+ *nom*) **écouter** les conseils du médecin (+ *verbe à l'infinitif*)
−	il ne faut pas	**de passeport** pour voyager en Europe (+ *nom*) **boire** quand on conduit (+ *verbe à l'infinitif*)

LES VERBES AU PRÉSENT

11 Devoir. Contraste Devoir/Falloir

Obligation personnelle

> Je **dois** prendre mon parapluie, il va pleuvoir.

Je **dois** prendre mon parapluie, il va pleuvoir.

Autres exemples

On **doit** finir ce rapport avant six heures.
Dans ce pays, les salariés **doivent** déclarer leurs revenus chaque année.
Pour être compétitifs, nous **devons** baisser nos prix.
Excusez-moi, je **dois** me dépêcher, mon train part dans dix minutes.

– Pourquoi **dois**-tu suivre ce régime?
– Je veux maigrir un peu.

– Où est-ce qu'**on doit** aller?
– **On doit** aller à l'aéroport chercher Madame Roux.

– Je voudrais faire des études en France, qu'est-ce que je **dois** faire?
– Il faut remplir un dossier d'inscription, mais avant vous **devez** obtenir une équivalence du baccalauréat.

GRAMMAIRE

Exprimer la supposition

> La secrétaire n'est pas venue aujourd'hui, elle **doit** être malade.

Autres exemples

Il est en retard! Il **doit** être bloqué dans la circulation.
Ils sont très riches, ils **doivent** payer beaucoup d'impôts!
Cette société a renvoyé cent employés. Ils **doivent** avoir de gros problèmes financiers.

– Quelle heure est-il?
– Je n'ai pas de montre, mais à mon avis, il **doit** être environ dix heures.

*Le verbe **devoir** est suivi d'un verbe à l'infinitif:*

DEVOIR   INFINITIF

Je **dois** **rencontrer** Monsieur Lemaître cet après-midi.

DEVOIR

je	**dois**	
tu	**dois**	
il	**doit**	
elle	**doit**	préparer un dossier
nous	**devons**	(*verbe à l'infinitif*)
vous	**devez**	
ils	**doivent**	
elles	**doivent**	

LES VERBES AU PRÉSENT

Devoir/falloir: contraste

DEVOIR	IL FAUT
Je **dois** sortir acheter du lait, je n'en ai plus.	Il **faut** sortir de l'immeuble, une alerte vient d'être donnée.

Autres exemples

Je **dois** remplir ma déclaration de revenus avant la fin de la semaine.	Il **faut** envoyer sa déclaration d'impôts avant le 3 (*trois*) février.
Nous **devons** faire réparer notre voiture, elle est en panne.	Il **faut** faire réviser sa voiture régulièrement.
Ils **doivent** renouveler leur contrat d'assurance en janvier.	Il **faut** renouveler ses contrats d'assurance tous les ans.

N.B.
Devoir exprime l'obligation personnelle.
Falloir exprime l'obligation générale.

❗

On doit et il faut expriment tous les deux l'obligation générale. On doit fait partie du registre familier.
On doit avoir 18 (*dix-huit*) ans pour voter.
Il faut avoir 18 ans pour voter.

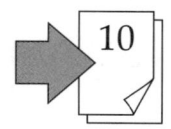

➡️ 10

Voir aussi le chapitre 10, *Falloir*.

12 *Savoir et Connaître*

Savoir + phrase subordonnée

> Je ne **sais** pas quel dessert choisir.

Autres exemples

Nos clients **savent** que le magasin est fermé à Noël.
Il est fou! Il ne **sait** pas ce qu'il dit!
Tu **sais** quand nous serons payés?
Savez-vous pourquoi l'avion est en retard?
Savez-vous si Monsieur Moreau peut me recevoir maintenant?
Je ne **sais** pas s'il est anglais ou américain.

– **Savez**-vous à quelle heure commence la réunion?
– Non, je ne **sais** pas.

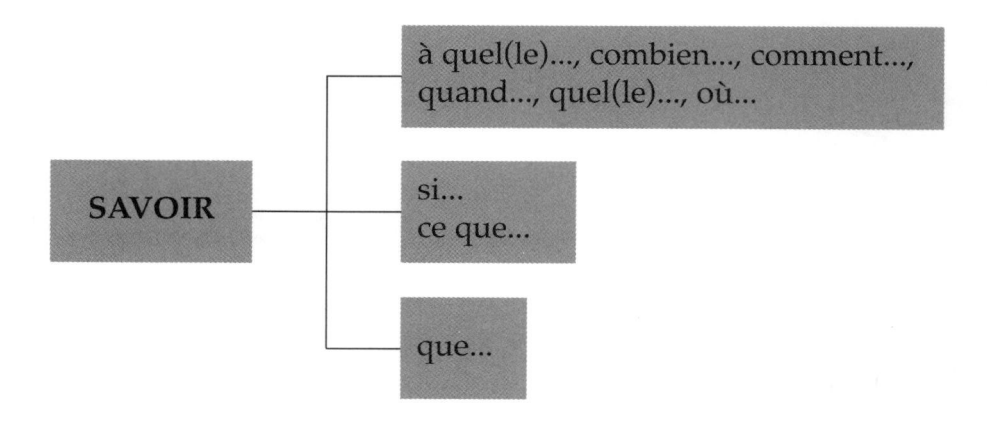

Je ne **sais** pas quel dessert choisir.

SAVOIR
- à quel(le)..., combien..., comment..., quand..., quel(le)..., où...
- si...
  ce que...
- que...

GRAMMAIRE

Savoir + verbe à l'infinitif

> Je **sais** nager depuis l'âge de cinq ans.

Autres exemples

Pierre ne **sait** pas conduire.

– Tu **sais** jouer du violon?
– Oui, mais j'en joue rarement.

– Vous **savez** faire marcher le télécopieur?
– Oui, je **sais**, je vais vous montrer.

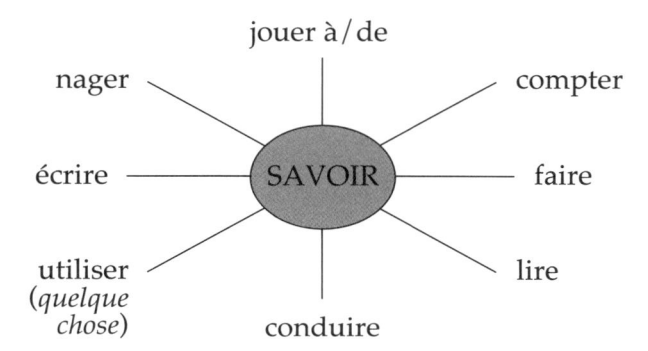

```
        jouer à/de
nager              compter
écrire   SAVOIR    faire
utiliser           lire
(quelque
 chose)  conduire
```

❗

*Savoir + l'infinitif veut dire **être capable par l'apprentissage ou l'habitude**.*

Savoir – usages idiomatiques (registre familier)

> Tu **sais**? Je suis muté à San Francisco!

Autres exemples

Cette banque est proche de la faillite. Les journaux n'en parlent pas, mais tout le monde le **sait**.

LES VERBES AU PRÉSENT

Tu **sais** la nouvelle? Je pars habiter en Martinique!
Mes enfants **savent** cette chanson par coeur.

– Vous **savez** quelque chose sur cette affaire?
– Non, je ne **sais** rien.

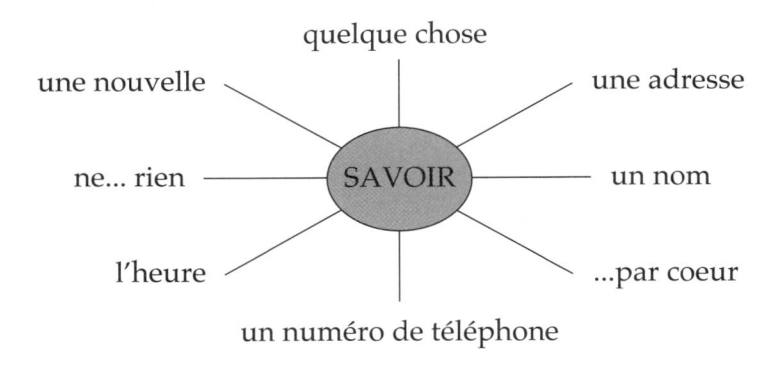

```
          quelque chose
une nouvelle  |  une adresse
              |
ne... rien — SAVOIR — un nom
              |
l'heure       |  ...par coeur
        un numéro de téléphone
```

!

*A l'oral, on commence quelquefois sa phrase par **tu sais** ou **vous savez** surtout pour exprimer son point de vue.*

– Que penses-tu de l'astrologie?
– **Tu sais**, moi, l'astrologie, je n'y crois pas beaucoup.

– Quelle est votre opinion sur cet homme politique?
– **Vous savez**, moi je ne parle pas de politique!

SAVOIR

je	sais	**quand** commence la réunion?
tu	sais	(*mot*
il	sait	*interrogatif*)
elle	sait	
nous	savons	**jouer** au bridge
vous	savez	(*verbe à*
ils	savent	*l'infinitif*)
elles	savent	

❗ NE DITES PAS	DITES
~~Je connais qu'il vient demain.~~	Je **sais** qu'il vient demain.
~~Vous savez Monsieur Schmidt?~~	Vous **connaissez** Monsieur Schmidt?
~~Vous savez la direction pour Paris?~~	Vous **savez** comment on va à Paris?

Connaître quelqu'un

Nous ne **connaissons** pas encore nos voisins.

Autres exemples

Je **connais** bien Monsieur Morel, le directeur des finances.
Monsieur Claudel, vous **connaissez** notre chef comptable, Monsieur Cottret?
Le Directeur du Personnel ne **connaît** pas tous les employés de l'entreprise.

Connaître quelque chose

– Vous **connaissez** Paris?
– Je **connais** très bien Paris. J'y habite depuis 20 ans.

Un endroit

J'ai été représentant à Alger, je **connais** bien les pays du Maghreb.
Nous **connaissons** mal notre pays, nous allons toujours à l'étranger!
Tu **connais** un bon restaurant près d'ici?

– Vous **connaissez** le Val de Loire?
– Oui, un peu.

LES VERBES AU PRÉSENT

Un domaine

Pour réussir à ce poste, il faut **connaître** le marché américain.
Il est compétent, il **connaît** bien son métier.
Je ne **connais** rien à l'informatique!
Notre société **connaît** parfaitement le domaine de l'assurance.
Nous **connaissons** bien l'oeuvre de Marcel Proust.

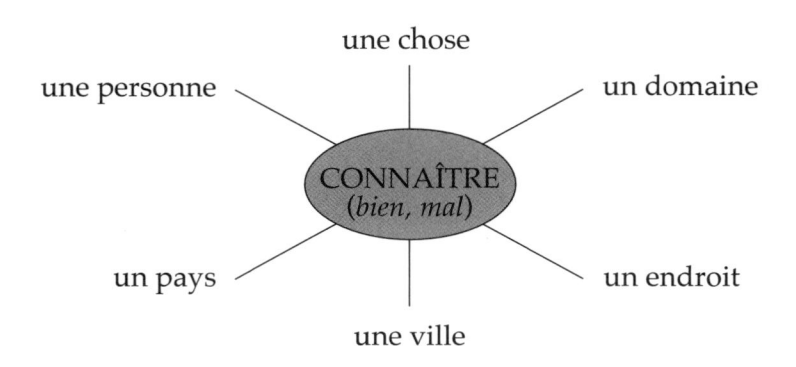

```
              une chose
une personne            un domaine
         CONNAÎTRE
         (bien, mal)
un pays                 un endroit
              une ville
```

CONNAÎTRE

je	**connais**	
tu	**connais**	
il	**connaît**	
elle	**connaît**	les exigences de nos clients
nous	**connaissons**	
vous	**connaissez**	
ils	**connaissent**	
elles	**connaissent**	

❗ NE DITES PAS	DITES
Je connais pourquoi il est fâché.	Je **sais** pourquoi il est fâché.
Oui, je connais!	Oui, je **sais**.
Vous connaissez bon Paris?	Vous **connaissez** bien Paris?
Je sais son frère.	Je **connais** son frère.

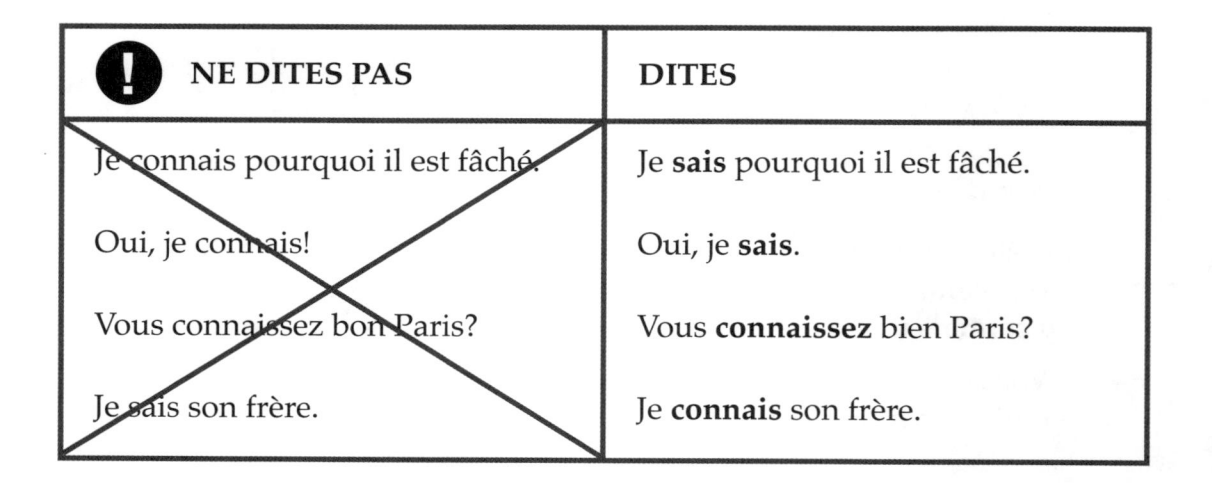

GRAMMAIRE

Savoir et connaître. Contraste

> Je **sais** qui est le directeur mais je ne le **connais** pas.

Autres exemples

Je **connais** Jean mais je ne **sais** pas d'où il vient.
Il **connaît** la littérature française et pourtant il ne **sait** pas qui est Camus!

– **Savez**-vous où est l'hôtel Impérial?
– Oui, je **connais** bien le quartier.

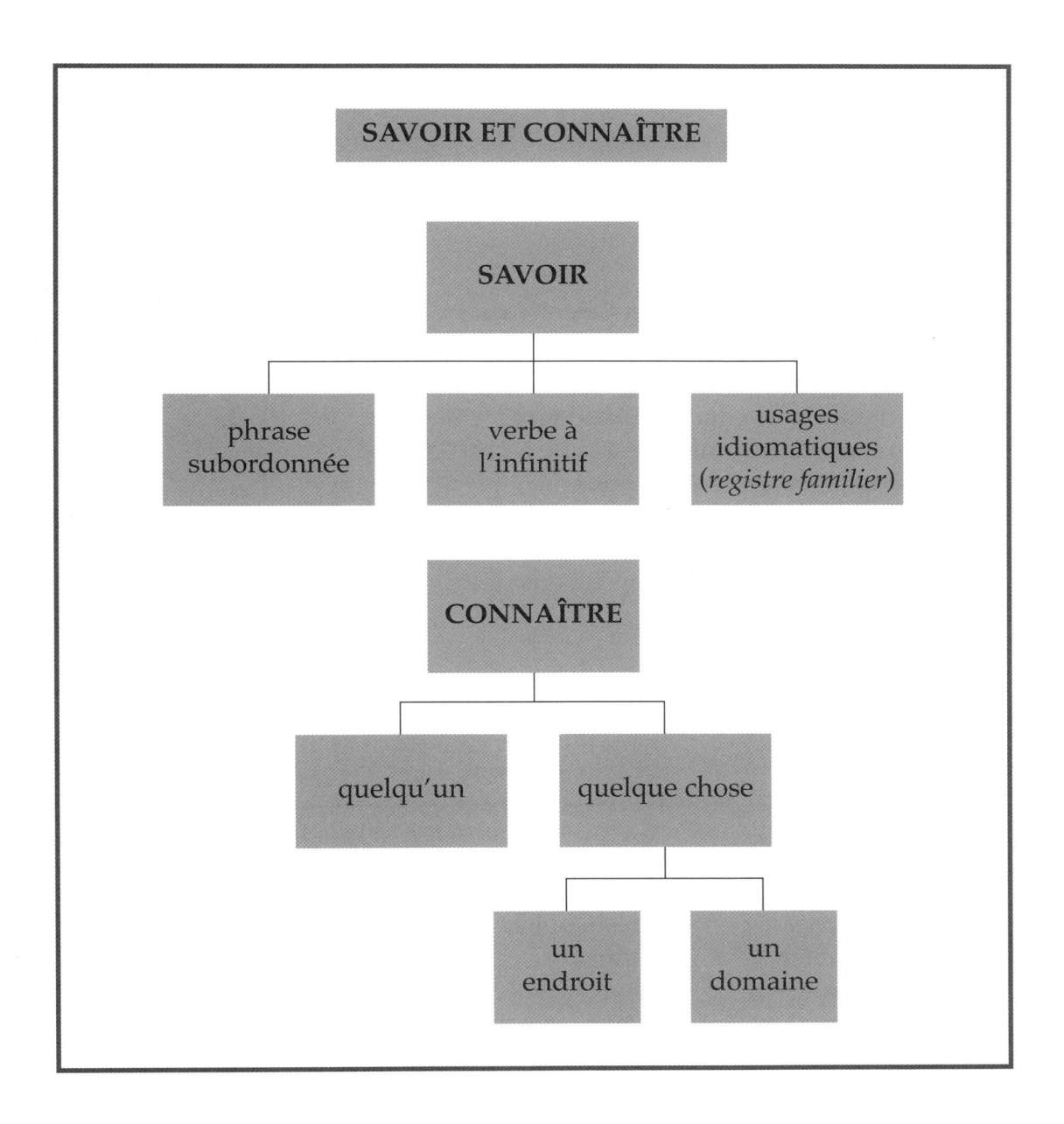

SAVOIR ET CONNAÎTRE

SAVOIR
- phrase subordonnée
- verbe à l'infinitif
- usages idiomatiques (*registre familier*)

CONNAÎTRE
- quelqu'un
- quelque chose
  - un endroit
  - un domaine

LES VERBES AU PRÉSENT

13 Les Verbes Pronominaux (Se...)

À sens réfléchi, activités quotidiennes

> Nous **nous réveillons** à six heures et demie. Ma femme Nicole **se lève** la première. Elle prépare le petit déjeuner. Elle **se douche, se maquille** et **s'habille** très vite. Pendant que je **me rase**, elle réveille les enfants.

Autres exemples

Carole ne **se lève** pas avant dix heures.
Est-ce que tu **te couches** tôt ou tard?
Nous **nous asseyons** tous à table à 13h00 (*treize heures*) pour le repas de midi.
Il faut **se dépêcher** parce que nous sommes en retard.
Je **me brosse** les dents trois fois par jour.

Je **me brosse** les dents trois fois par jour.

Verbes usuels:

s'asseoir	se brosser (*les cheveux, les dents*)	se coiffer
se coucher	se déshabiller	se dépêcher
se doucher	s'endormir	s'habiller
se laver	se lever	se maquiller
se raser	se réveiller	

GRAMMAIRE

À sens réfléchi, autres situations

> – Comment **s'appelle** la nouvelle secrétaire?
> – Elle **s'appelle** Jeanne-Marie Matisse.

Autres exemples

Nous **nous intéressons** aux marchés asiatiques.
Vous **souvenez-vous** de vos vacances en Afrique?
Je **m'ennuie** au bureau quand il n'y a pas beaucoup de travail.
Le bureau du Directeur **se trouve** au deuxième étage.

Verbes usuels:

s'appeler	s'ennuyer	s'intéresser
se rappeler	se souvenir	se trouver
s'installer	se servir	

LES VERBES RÉFLÉCHIS

je	me	lave	
tu	te	laves	
il	se	lave	
elle	se	lave	les cheveux
nous	nous	lavons	
vous	vous	lavez	
ils	se	lavent	
elles	se	lavent	

LES VERBES AU PRÉSENT

À sens réciproque

– Ils ne **se parlent** plus depuis mardi.
– Pourquoi? Ils **se disputent** souvent?

Autres exemples

Ils **se marient** en juin.
Elles **se téléphonent** tous les jours.
Nous **nous croisons** chaque jour dans le couloir.
Où est-ce que les responsables **se rencontrent** le matin?

Verbes usuels:

s'associer	se croiser	se dire
se disputer	s'embrasser	se marier
se parler	se rencontrer	se téléphoner

Les verbes réfléchis et non-réfléchis

Réfléchi   Elle **se regarde**.
Non-réfléchi   Elle **regarde** la télévision.

Elle **se regarde**.

Elle **regarde** la télévision.

Autres exemples

Réfléchi

Je **me lave** avec du savon et de l'eau.

Elle **se réveille** à sept heures.

Nous **nous préparons** avant un examen.

Elle **s'habille** avant le petit déjeuner.

Non-réfléchi

Après dîner je **lave** la vaisselle.

Elle **réveille** les enfants à sept heures.

Nous **préparons** le repas de Noël.

Elle **habille** les enfants.

Les verbes réciproques et non-réciproques

Réfléchi   Nous **nous téléphonons** de temps en temps.
Non-réfléchi   Nous **téléphonons** à nos clients régulièrement.

Autres exemples

Réciproque

Les français **s'embrassent** pour se saluer.

Les directeurs **se rencontrent** à la réunion.

Nos équipes **s'associent** pour plus d'efficacité.

Non-réciproque

Elle **embrasse** son enfant.

Michel **rencontre** ses collègues.

J'**associe** Jean-Luc au projet.

!

Le sujet d'un verbe pronominal à sens réciproque est toujours au pluriel. Exemple:
Pierre et Nathalie s'écrivent souvent.
(Pierre écrit à Nathalie, Nathalie écrit à Pierre.)

14 L'Emploi du Présent (de l'Indicatif)

Vérité générale, définition, proverbe, état

– Où **se trouve** le bureau de M. Durand?
– Au troisième étage.

– Où **se trouve** le bureau de M. Durand?
– Au troisième étage.

Autres exemples

'S.A.' **veut** dire 'Société Anonyme'.
Canberra **est** la capitale de l'Australie.
L'argent ne **fait** pas le bonheur.
Concorde **va** de Paris à New York en quatre heures.
– Quelle date **sommes**-nous?
– Nous **sommes** le deux juillet.

Action en cours d'accomplissement

– Qu'est-ce que vous **cherchez**?
– Je **cherche** mon parapluie.

Autres exemples

– Allô, Sylvie? D'où **appelles**-tu?
– J'**appelle** de la gare.

– Qu'est-ce que tu **fais**, Nicolas?
– Je **rédige** mon curriculum vitae.

– Que **font** tous ces gens dans la rue?
– Ils **manifestent**, ils **réclament** une augmentation de salaire.

Sens futur

Votre billet est prêt, vous prenez le vol AF321 demain soir à 10h00 (*dix heures*), vous **arrivez** à New York à 14h00 (*quatorze heures*) heure locale.

Autres exemples

Je t'**emmène** au restaurant demain soir, nous **allons** à 'l'Élysées Lenôtre'.
La délégation espagnole **arrive** jeudi matin.
Je dois aller au bureau de poste, je **reviens** dans vingt minutes.

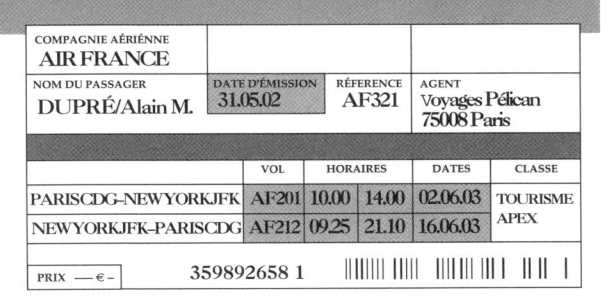

COMPAGNIE AÉRIENNE **AIR FRANCE**			
NOM DU PASSAGER DUPRÉ/Alain M.	DATE D'ÉMISSION 31.05.02	RÉFÉRENCE AF321	AGENT Voyages Pélican 75008 Paris

	VOL	HORAIRES	DATES	CLASSE
PARISCDG-NEWYORKJFK	AF201	10.00	14.00	02.06.03	TOURISME
NEWYORKJFK-PARISCDG	AF212	09.25	21.10	16.06.03	APEX
PRIX —€—	359892658 1			

Vous **arrivez** à New York à 14h00.

Habitude, répétition

Je **prends** toujours le métro pour aller au bureau, c'est rapide.

Autres exemples

Nous **écoutons** la radio tous les matins.
Tous les dimanches, ils **font** une promenade en forêt.
Il **va** en voyage d'affaires tous les deux mois.
Nous **faisons** du ski tous les ans.
Pierre **arrive** tout le temps en retard.

Action qui a commencé dans le passé

> Elle **travaille** au siège social depuis dix ans.

Autres exemples

Nous **habitons** cette maison depuis notre enfance.

Il y a des années qu'il **est** malade.

– Vous **apprenez** le français depuis longtemps?
– Depuis trois mois.

!

Depuis indique que l'action a son origine dans le passé et qu'elle continue au moment de la narration.

Analyses, résumés, commentaires, critiques

> Ce documentaire **est** consacré au problème de la pollution.

Autres exemples

Cet article **décrit** l'évolution économique des pays sud-asiatiques.

Notre étude de marché **prouve** qu'il existe une demande pour ce genre de produit.

Dans son livre l'auteur **peint** un portrait satirique de notre société.

Ce documentaire **est** consacré au problème de la pollution.

Condition

> Si tu ne **vas** pas à cette soirée, nous n'irons pas non plus.

Autres exemples

S'il **fait** beau demain, nous **irons** à Versailles.
Les employés pourront-ils acheter des actions si vous **augmentez** le capital de la société?
En vacances, s'il **pleut**, les enfants **jouent** au Nintendo.

Hypothèse

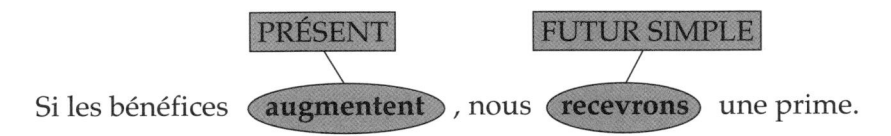

Si les bénéfices **augmentent** (PRÉSENT), nous **recevrons** (FUTUR SIMPLE) une prime.

Habitude

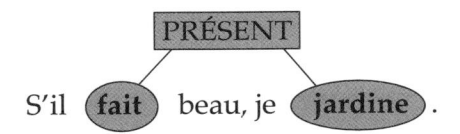

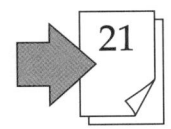

S'il **fait** beau, je **jardine**. (PRÉSENT)

| Si | + | Présent | + | Futur | *(Hypothèse)* |
| Si | + | Présent | + | Présent | *(Habitude)* |

Voir chapitre 21, *Le Futur Simple*.

LES VERBES AU PRÉSENT

Être en train de

– Que fait Nathalie?
– Elle **est en train de** réviser pour les examens.

Autres exemples

Regardez! Les étagères **sont en train de** s'écrouler!

– Est-ce que je peux vous parler?
– Pouvez-vous patienter dix minutes, je **suis en train de** finir une lettre.

– Où en êtes-vous dans vos projets?
– Nous **sommes en train de** lancer notre campagne publicitaire.

***En train de** est une forme permettant d'insister sur la description d'une action au présent.*

L'EMPLOI DU PRÉSENT

Emploi	Exemples
Vérité générale	L'eau **bout** à cent degrés.
Action en cours	Je **regarde** la télévision.
Sens futur	Demain soir, nous **allons** au cinéma.
Habitude	Il **se lève** chaque matin à sept heures.
Action qui a commencé dans le passé	Ils **sont** en France depuis quatre mois.
Analyses, critiques	Ce rapport ne **donne** pas de prévisions pour l'année prochaine.
Condition	Si nous **partons** maintenant, nous arriverons à l'heure.

15 La Phrase Négative

Non

– Jean est au bureau?
– **Non**, il est en vacances cette semaine.

– Jean est au bureau?
– **Non**, il est en vacances cette semaine.

Autres exemples

Elle ne connaît pas la Corse, **moi non plus**.

Le champagne se boit frais **mais non** glacé.

Ces articles peuvent être échangés **mais non** remboursés.

– J'aime beaucoup le rugby, et vous?
– **Moi, non**.

– Voulez-vous un café?
– **Non, merci**.

N.B.

Non est la réponse négative à une question.

Moi non plus est le contraire de moi aussi.

Mais non... exprime l'opposition.

GRAMMAIRE

Ne... pas

> Il **ne** sait **pas** utiliser l'ordinateur.

Autres exemples

Marie **n'**est **pas** venue travailler ce matin, elle est peut-être malade.
Le conseiller financier a suggéré de **ne pas** vendre nos actions.

– Voulez-vous boire quelque chose?
– Non merci, je **n'**ai **pas** soif.

– Les fruits sont chers en France, n'est-ce pas?
– Ce **n'**est **pas** vrai, ils sont généralement bon marché.

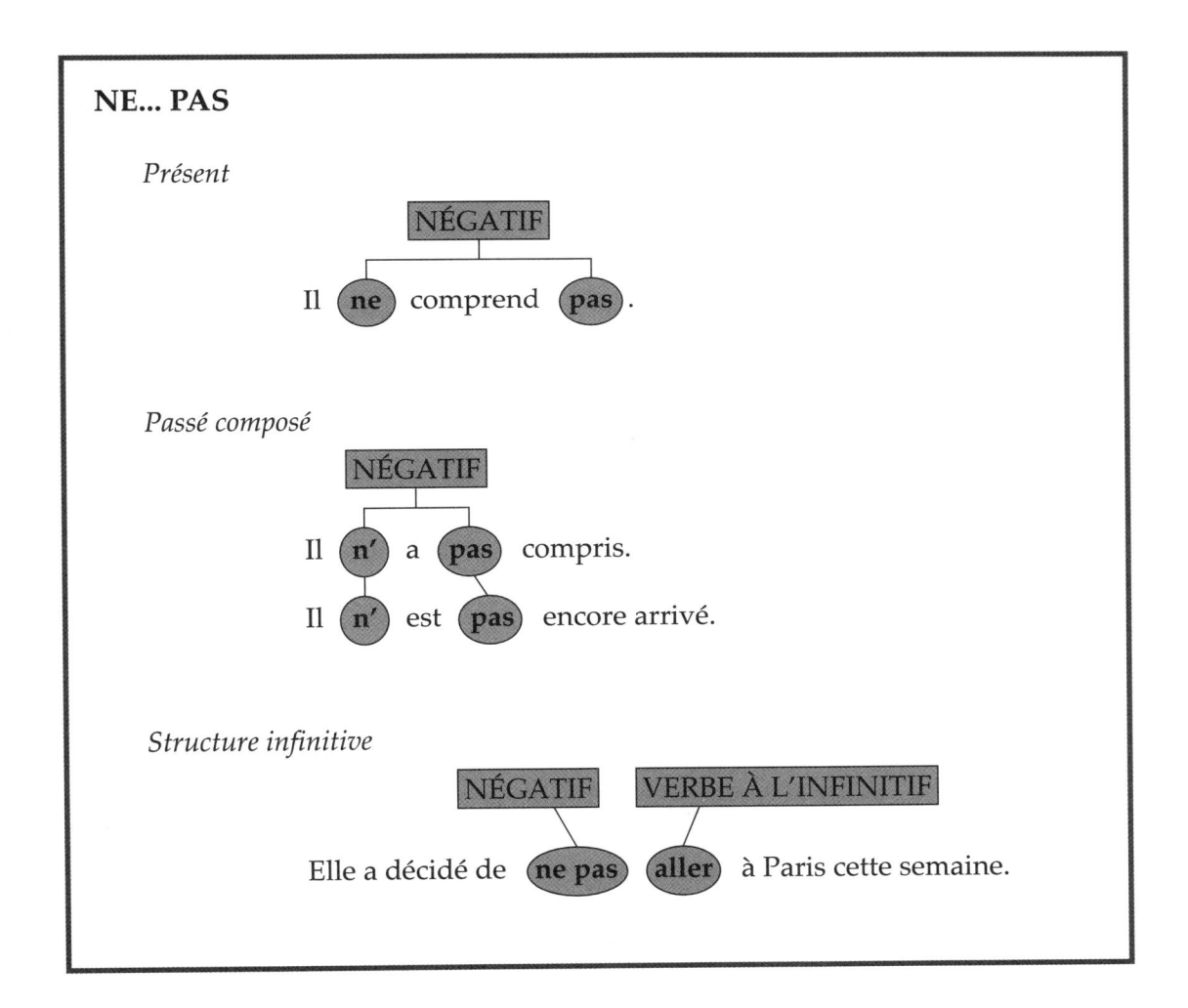

NE... PAS

Présent

NÉGATIF

Il **ne** comprend **pas**.

Passé composé

NÉGATIF

Il **n'** a **pas** compris.

Il **n'** est **pas** encore arrivé.

Structure infinitive

NÉGATIF — VERBE À L'INFINITIF

Elle a décidé de **ne pas** **aller** à Paris cette semaine.

LA STRUCTURE DE LA PHRASE

Ne... plus

– Pierre est-il encore dans la salle de réunion?
– Non, il **n'**y est **plus**.

Autres exemples

Nous **ne** voulons **plus** retourner à la montagne en janvier, il y fait trop froid.

Nous **n'**habitons **plus** à Grenoble depuis l'année dernière.

– Travaillez-vous toujours pour la même banque?
– Non, je **n'**y travaille **plus** depuis longtemps.

– Pierre est-il encore dans la salle de réunion?
– Non, il **n'**y est **plus**.

NE... PLUS

Ne... plus est la négation de **toujours** ou **encore**.

Présent

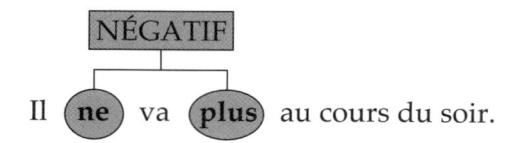

NÉGATIF

Il **ne** va **plus** au cours du soir.

Passé composé

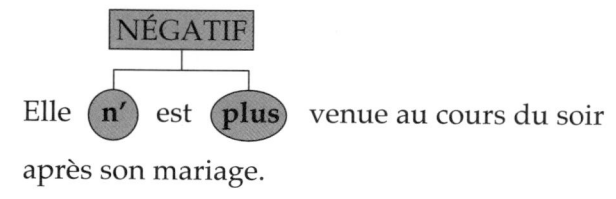

NÉGATIF

Elle **n'** est **plus** venue au cours du soir après son mariage.

GRAMMAIRE

Ne... pas encore

– Jean-Paul, tu viens?
– Tout à l'heure, je **n'**ai **pas encore** fini.

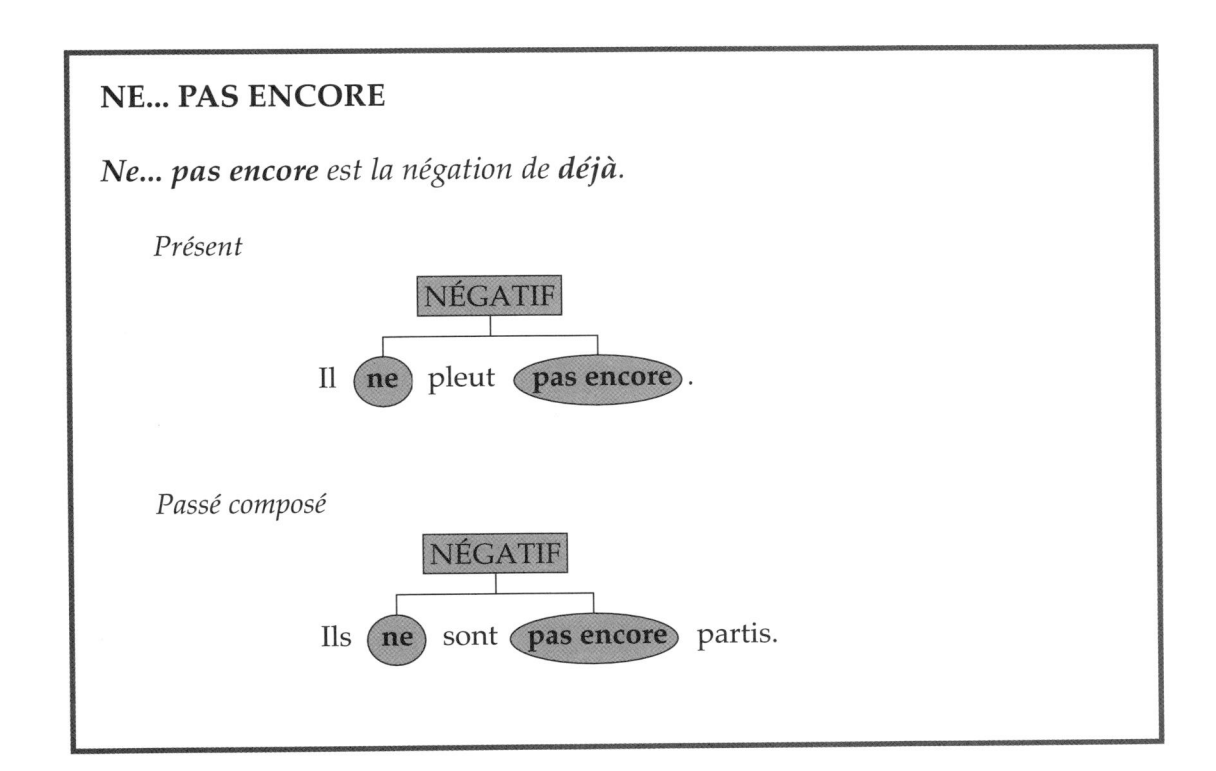

Autres exemples

– Avez-vous déjà publié vos résultats?
– Non, **pas encore**.

– Avez-vous reçu votre bulletin de salaire?
– Non, je **ne** l'ai **pas encore** reçu.

– Avez-vous contacté Monsieur Dupuis?
– **Pas encore**.

– Jean-Paul, tu viens?
– Tout à l'heure, je **n'**ai **pas encore** fini.

NE... PAS ENCORE

Ne... pas encore est la négation de *déjà*.

Présent

NÉGATIF

Il (**ne**) pleut (**pas encore**).

Passé composé

NÉGATIF

Ils (**ne**) sont (**pas encore**) partis.

LA STRUCTURE DE LA PHRASE

Ne... jamais

> Je **ne** déjeune **jamais**.

Autres exemples

– Vous allez souvent à l'étranger?
– Non, je **n'**y vais **jamais**.

– As-tu déjà visité le Musée d'Orsay?
– Non, **jamais**.

– Vos employés arrivent-ils souvent en retard?
– Non, ils **n'**arrivent **jamais** en retard, ou du moins très rarement.

N.B.
*Il est courant de répondre simplement **Non, jamais** au lieu de répéter la phrase complète.*

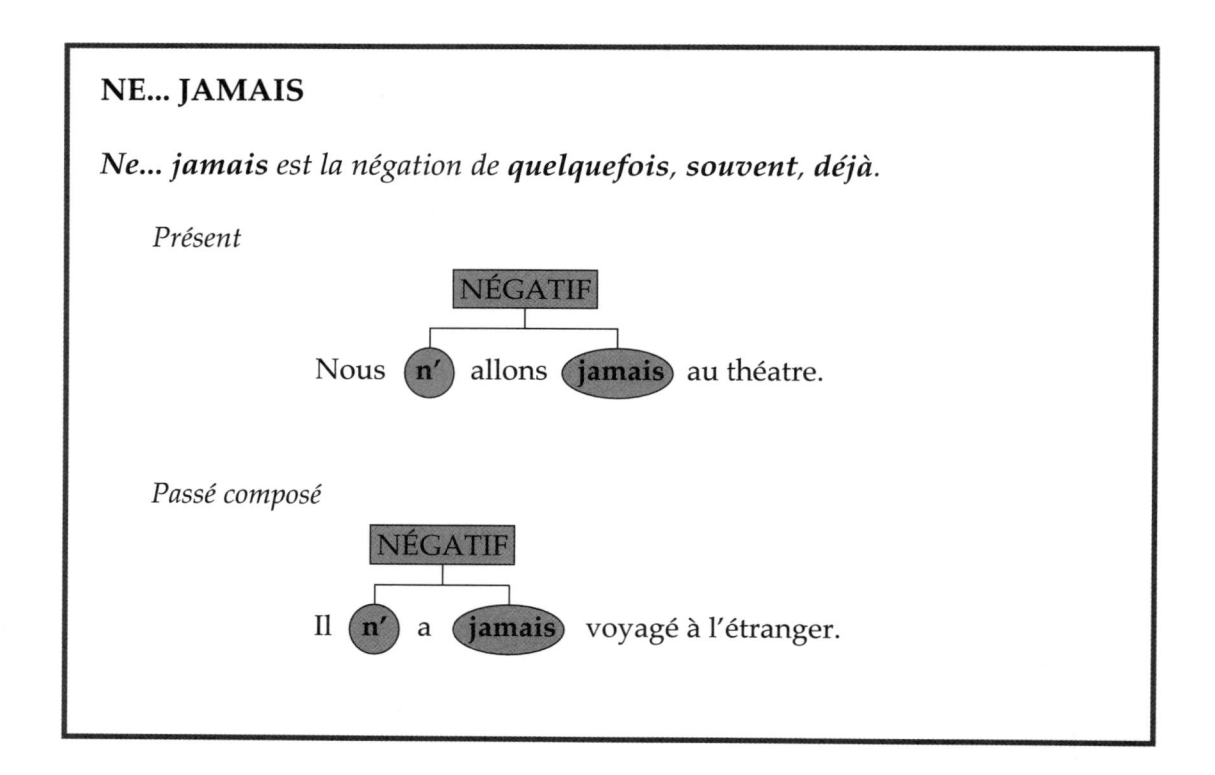

NE... JAMAIS

Ne... jamais est la négation de **quelquefois**, **souvent**, **déjà**.

Présent

NÉGATIF

Nous **n'** allons **jamais** au théatre.

Passé composé

NÉGATIF

Il **n'** a **jamais** voyagé à l'étranger.

> *Ne... jamais* et *ne... pas encore* sont tous les deux une réponse négative à la question *...déjà...?* :
>
> *Ne... jamais* veut dire **pas une seule fois**.
>
> *Ne... pas encore* veut dire **peut-être un jour**.

Avez-vous déjà visité notre usine?	Non, je ne l'ai jamais visitée.
	Non, je ne l'ai pas encore visitée.

Pas de

> Nous **n'**avons plus **d'**eau minérale.

Nous **n'**avons plus **d'**eau minérale.

Autres exemples

Je veux acheter ce tableau mais je **n'**ai **pas d'**argent.

Je **n'**ai **pas de** voiture. Ce n'est pas nécessaire à Paris.

Vous **n'**avez **pas encore** trouvé **de** logement? Vous pouvez peut-être essayer en banlieue?

– A-t-il des enfants?
– Non, il **n'**a **pas d'**enfants.

LA STRUCTURE DE LA PHRASE

PAS DE

Pas de... est le négatif des articles indéfinis (un, une, des) et partitifs (du, de la, de l').

	AFFIRMATIF	NÉGATIF		
Articles indéfinis	un une des	**ne**	(...pas) (...jamais) (...plus) (...pas encore)	**de**
Articles partitifs	du de la de l'			
Articles définis	le la l' les	**ne**	(...pas) (...jamais) (...plus) (...pas encore)	**le/la/l'/les**

Présent	**+**	AFFIRMATIF Nous avons des clients à l'étranger.
	−	NÉGATIF Nous **n'**avons **pas de** clients à l'étranger. Nous **n'**avons **plus de** clients à l'étranger. Nous **n'**avons **pas encore de** clients à l'étranger.
Passé composé	**+**	AFFIRMATIF Il a acheté un ordinateur.
	−	NÉGATIF Il **n'**a **pas** acheté d'ordinateur. Il **n'**a **jamais** acheté d'ordinateur. Il **n'**a **pas encore** acheté d'ordinateur.

Ne... que

Les américains **n'**ont **que** deux semaines de vacances par an.

Autres exemples

Dépêchez-vous, nous **n'**avons **que** deux jours pour finir ce projet!
J'ai faim, je **n'**ai mangé **qu'**une orange ce matin.

– Tu peux me prêter dix euros?
– Je regrette, je **n'**ai **que** cinq euros.

– Acceptez-vous la carte American Express?
– Je regrette, nous **n'**acceptons **que** la carte Visa.

NE... QUE

*Ne... que exprime une restriction, il peut être remplacé par **seulement**.*

Présent

NÉGATIF

Il **n'** a **que** vingt-huit jours en février.

(*forme affirmative*) Il y a **seulement** vingt-huit jours en février.

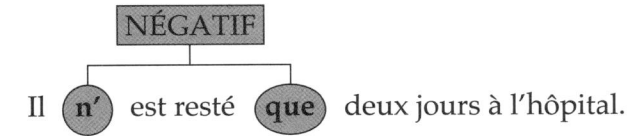

Passé composé

NÉGATIF

Il **n'** est resté **que** deux jours à l'hôpital.

(*forme affirmative*) Il est resté **seulement** deux jours à l'hôpital.

16 Questions et Réponses avec *Être*

Est-ce que?

– Le 18 (*dix-huit*) rue du Fiacre, 75014 (*soixante-quinze mille quatorze*), **est-ce que** c'est votre adresse?
– Oui, c'est mon adresse.

Le 18 (*dix-huit*) rue du Fiacre, 75014 (*soixante-quinze mille quatorze*), **est-ce que** c'est votre adresse?

Autres exemples

– **Est-ce que** c'est votre journal? — – Non, ce n'est pas mon journal.

– Le 01 45 15 20 27 (*zéro un, quarante-cinq, quinze, vingt, vingt-sept*), **est-ce que** c'est votre numéro de téléphone? — – Oui, c'est mon numéro de téléphone.

– **Est-ce que** ce sont des clients de la société? — – Oui, ce sont des clients de la société.

– **Est-ce que** vous êtes anglais? — – Non, je ne suis pas anglais.

– **Est-ce qu'**il est agent de police? — – Non, il n'est pas agent de police. Il est vigile.

– **Est-ce que** Jacques et Pierre sont français? — – Non, ils ne sont pas français, ils sont canadiens.

GRAMMAIRE

Est-ce que	vous avez un ordinateur chez vous?	
Est-ce que c'est	la voiture/le stylo	de Monsieur Bertrand?
Est-ce que ce sont	les lettres/les enfants	

Qu'est-ce que c'est?

– **Qu'est-ce que c'est**?
– C'est le rapport des ventes.

Autres exemples
– **Qu'est-ce que c'est**?
– C'est une console de jeux.

– **Qu'est-ce que c'est**?
– C'est notre nouveau site internet.

– **Qu'est-ce que c'est**?
– Ce sont des disquettes.

Qu'est-ce que c'est?	C'est (un agenda)
	Ce sont (des agendas)

LA STRUCTURE DE LA PHRASE

Qui est-ce? Qui sont...?

> – **Qui est-ce?**
> – C'est mon chef, Monsieur Vincent.

Autres exemples

– **Qui est-ce**? – C'est notre fille, Jeanne.

– **Qui est-ce**? – C'est le chef comptable.

– **Qui sont**-ils? – Ce sont des stagiaires.

– **Qui sont** ces personnes? – Ce sont les auditeurs du groupe.

QUI EST-CE?/QUI SONT...?	
Qui est-ce?	C'est mon chef de service
Qui sont-ils?	Ce sont mes amis
Qui sont ces personnes?	Ce sont les délégués du personnel

❗ NE DITES PAS	DITES
~~Qui c'est?~~	**Qui est-ce?**
~~Il est mon directeur.~~	**C'est** mon directeur.
~~C'est des amis.~~	**Ce sont** des amis.

GRAMMAIRE

LA STRUCTURE DE LA PHRASE

17 Les Trois Formes de Question

L'inversion verbe-sujet (formelle)

– **Travaillez-vous** à Paris?
– Oui, près de la Tour Eiffel.

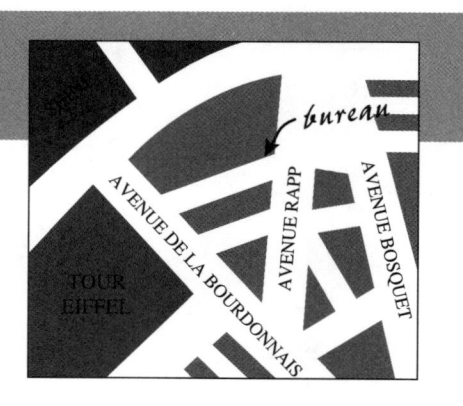

– **Travaillez-vous** à Paris?
– Oui, près de la Tour Eiffel.

Question fermée (la réponse est **oui** ou **non**)
As-tu un téléphone portable?
Connaissez-vous Monsieur Cabannes?
Parle-t-il français?

Question ouverte (la réponse n'est ni **oui** ni **non**)
– Où **habitez-vous** à Londres?
– À Kensington.

– De quel pays **venez-vous**?
– Je suis polonais, je viens de Cracovie.

– À quelle heure **commençons-nous** demain?
– À neuf heures.

– Pourquoi **apprennent-ils** le français?
– Pour travailler en France.

L'INVERSION VERBE-SUJET

*Question fermée (réponse **oui** ou **non**)*

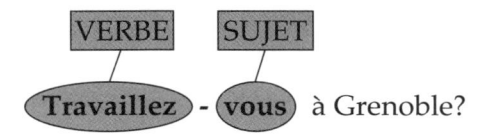

```
       VERBE    SUJET
    Travaillez - vous  à Grenoble?
```

Question ouverte

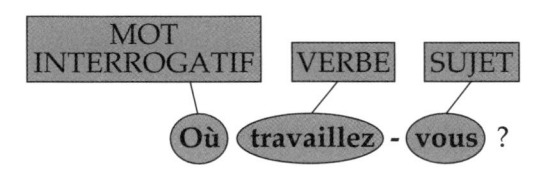

```
      MOT
   INTERROGATIF   VERBE   SUJET
      Où        travaillez - vous ?
```

*A la troisième personne singulier (il, elle, on) on ajoute un **t** entre le verbe et le sujet quand le verbe se termine par **une voyelle**.*

Exemples:
Va-t-il au bureau en voiture?
Écoute-t-elle de la musique?
A-t-on le temps de visiter le château?
A quelle heure **a-t-il** rendez-vous avec Charles?

*La forme **verbe + je** (par exemple, sais-je) est très rare. Elle existe seulement pour certains verbes, tels que **avoir** (ai-je?), **être** (suis-je?), **dire** (dis-je?), **aller** (vais-je?), **devoir** (dois-je?) et **pouvoir** (puis-je?). La forme inversion verbe-sujet est considérée comme extrêmement formelle, mais reste la façon la plus élégante de poser des questions.*

LA STRUCTURE DE LA PHRASE

Est-ce que (standard)

– **Est-ce que** vous avez des amis ici?
– Non, pas vraiment.

Question fermée (la réponse est **oui** ou **non**)
Est-ce que je peux emprunter votre stylo?
Est-ce qu'il rencontre souvent des clients?
Est-ce que vous connaissez notre chef de marketing?
Est-ce qu'ils sont venus ici hier?

Question ouverte (la réponse n'est ni **oui** ni **non**)
– **De quel** pays **est-ce qu'**il vient?
– Il vient d'Espagne.

– **Pourquoi est-ce qu'**elle a annulé la réunion?
– Je ne sais pas.

– **Dans combien de temps est-ce qu'**ils finissent leur travail?
– Dans trois heures.

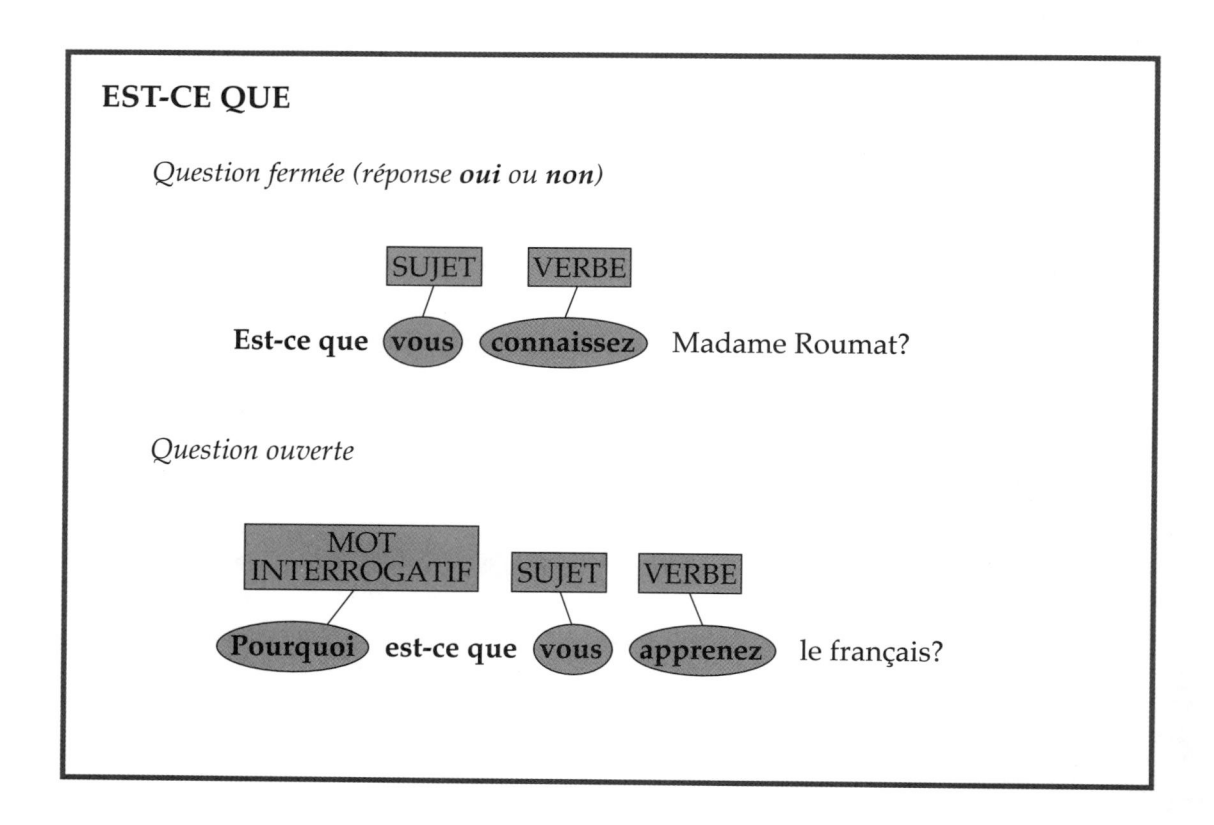

EST-CE QUE

Question fermée (réponse oui ou non)

Est-ce que (vous)[SUJET] (connaissez)[VERBE] Madame Roumat?

Question ouverte

(Pourquoi)[MOT INTERROGATIF] est-ce que (vous)[SUJET] (apprenez)[VERBE] le français?

La question intonative (informelle/familière)

> – J'organise une petite fête samedi soir, **vous voulez** venir?
> – Oui, je veux bien, c'est gentil.

Question fermée (la réponse est **oui** ou **non**)
Elle travaille chez vous?
Nous sommes arrivés en avance?
Vous parlez allemand?
Il est hollandais?

Question ouverte (la réponse est une information)

– **Tu fais** quoi dans la vie?
– Je suis musicien.

– **C'est qui?**
– C'est Jeanne.

– **Tu pars** quand?
– Dans trente minutes.

– **Vous habitez** où à Paris?
– Près de la Gare du Nord.

– **Vous vous appelez** comment?
– Gérard, Gérard Berthier.

– **Vous voulez** combien de timbres?
– J'en voudrais cinq.

– **Tu fais** quoi dans la vie?
– Je suis musicien.

N.B.
*La question informelle est impossible avec **quel** et elle est difficile avec **pourquoi**.*

!

*Que devient **quoi** dans la question informelle.*
Exemple:
Que manges-tu   =   Tu manges quoi?
*La forme intonative **quoi** n'est pas élégante.*

LA STRUCTURE DE LA PHRASE

EST-CE QUE

*Question fermée (réponse **oui** ou **non**)*

Est-ce que nous sommes en retard?

(Intonative/informelle) Nous sommes en retard?↗

Question ouverte

Quand est-ce que vous partez?
Quand partez-vous?

(Intonative/informelle) Vous partez quand?↗

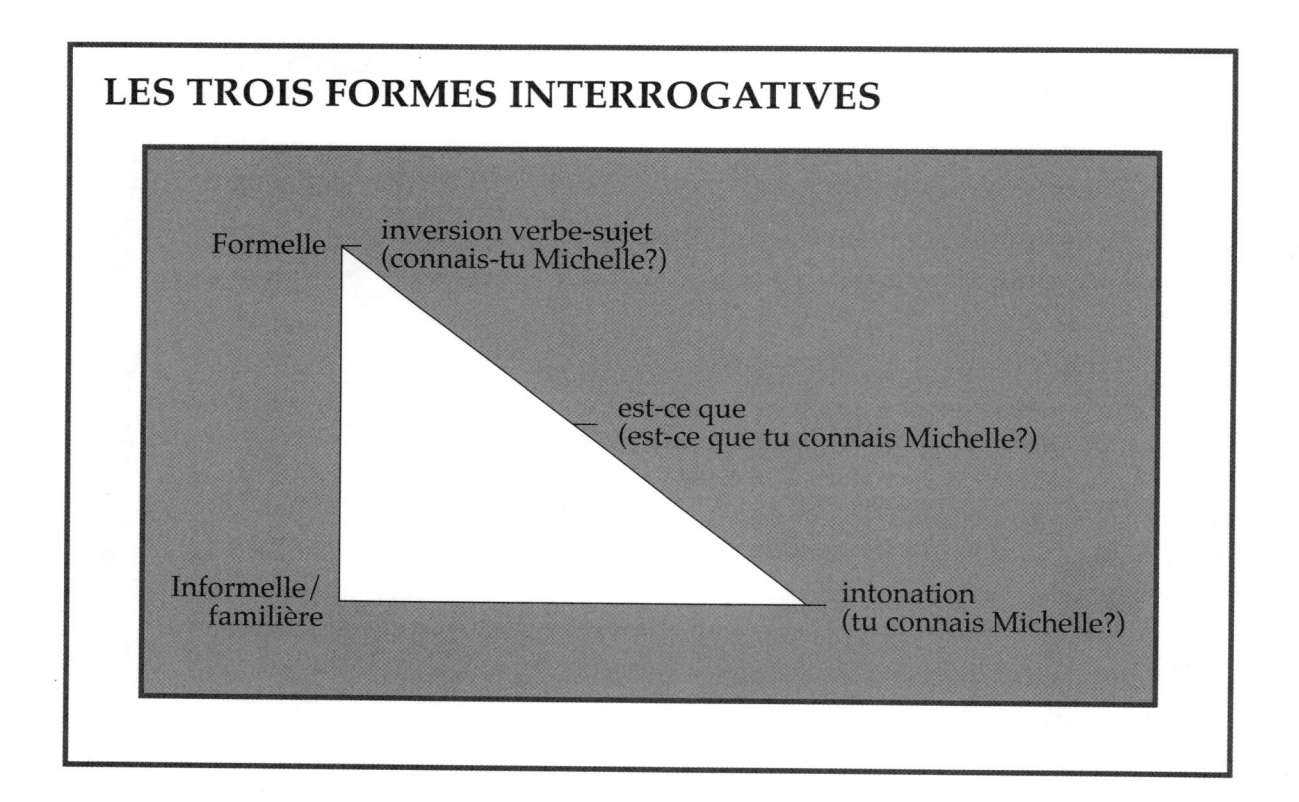

LES TROIS FORMES INTERROGATIVES

Formelle — inversion verbe-sujet
(connais-tu Michelle?)

est-ce que
(est-ce que tu connais Michelle?)

Informelle/familière

intonation
(tu connais Michelle?)

18 *Les Mots Interrogatifs*

Quand (temps)

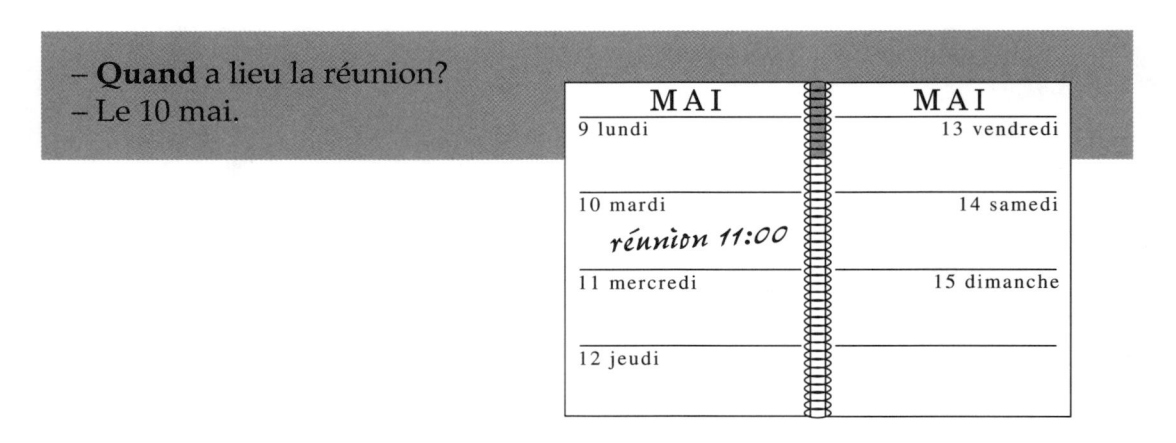

– **Quand** a lieu la réunion?
– Le 10 mai.

MAI	MAI
9 lundi	13 vendredi
10 mardi *réunion 11:00*	14 samedi
11 mercredi	15 dimanche
12 jeudi	

– **Quand** a lieu la réunion?
– Le 10 mai.

Autres exemples

– **Quand** est-ce que la conférence aura lieu? — – Le lundi 10 juin.

– Depuis **quand** êtes-vous à Londres? — – Depuis deux semaines.

– **Quand** est-ce qu'il est libre? — – Le jeudi matin.

– **Quand** est-il parti? — – Il est parti ce matin.

GRAMMAIRE

Qui (personnes)

– **Qui** travaille dans ce bureau?
– Monsieur Depuis.

Autres exemples

– **Qui** dirige votre société? — Monsieur Truffard est notre PDG.

– **Qui** est-ce? — C'est mon chef, Monsieur Lemaire.

– A **qui** téléphones-tu? — Je téléphone à Pierre.

Que (choses/actions/pensées)

– **Que** prennent les français au petit déjeuner?
– Ils prennent du café et des croissants.

Autres exemples

– **Que** voulez-vous dire?

– **Que** font vos enfants maintenant? — L'aîné travaille dans une entreprise allemande, le deuxième est à l'université.

– **Que** pensez-vous de notre proposition? — Elle est intéressante.

– **Qu'**est-ce que tu fais samedi soir? — Je vais au cinéma.

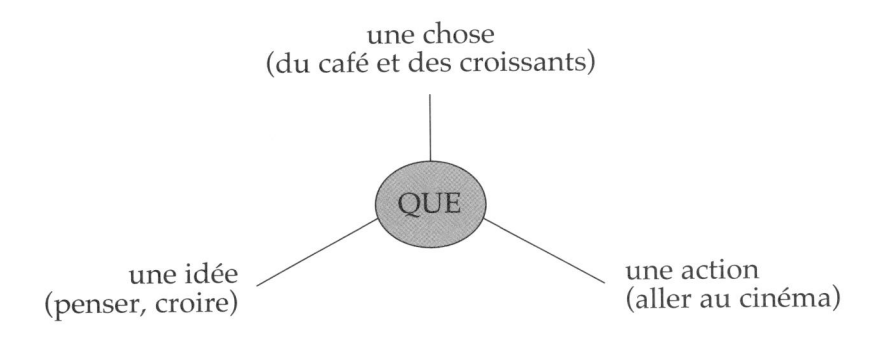

une chose
(du café et des croissants)
|
QUE
/   \
une idée   une action
(penser, croire) (aller au cinéma)

LA STRUCTURE DE LA PHRASE

Où (lieu)

– **Où** est le dossier rouge?
– Il est sur la table.

Autres exemples

– Vos parents habitent **où**? — Ils habitent en Normandie.

– D'**où** vient votre client? — Du Canada.

– **Où** est-ce que je peux acheter un journal, s'il vous plaît? — Au Bar Tabac, au coin de la rue.

Quel (identification – choses/personnes)

– **Quelle** est votre adresse, Nicole?
– C'est 18 (*dix-huit*) Rue du Fiacre, 75014 (*soixante-quinze mille quatorze*), Paris.

Autres exemples

– **Quel** est le nom de votre hôtel? — C'est le Forum Hôtel, Rue de Zurich.

– **Quel** est votre numéro de téléphone? — C'est le 01 45 15 20 27 (*zéro un, quarante-cinq, quinze, vingt, vingt-sept*).

– **Quelle** est votre profession? — Je suis ingénieur-chimiste.

– **Quels** sont vos nom et prénom? — Leblanc, Michel.

– **Quelles** sont vos actrices préférées? — Catherine Deneuve et Emmanuelle Béart.

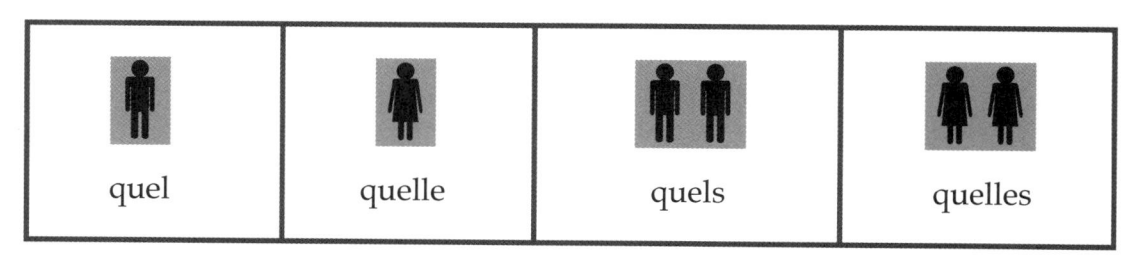

quel	quelle	quels	quelles

Comment (manière)

> – **Comment** va la famille?
> – Très bien merci.

Autres exemples

– **Comment** épelle-t-on votre nom?	– G-O-U-G-H.
– **Comment** allez-vous?	– Pas trop mal, merci.
– **Comment** vous appelez-vous?	– Je m'appelle Nicolas Lavigne.
– **Comment** est-ce que vos enfants vont à l'école?	– Ils y vont à bicyclette.
– **Comment** est la nouvelle réceptioniste?	– Elle est très sympathique.

Pourquoi (cause et but)

> – **Pourquoi** prends-tu un cachet d'aspirine?
> – Parce que j'ai mal à la tête.

Cause

– **Pourquoi** est-ce que les employés font la grève?	– Parce que la société va licencier vingt personnes.
– **Pourquoi** Daniel a-t-il été renvoyé?	– Parce qu'il était incompétent.

But

– **Pourquoi** apprenez-vous le français?	– Pour communiquer avec mes clients francophones.
– **Pourquoi** est-ce qu'ils vont en France?	– Pour acheter du vin.

LA STRUCTURE DE LA PHRASE

Combien (prix/valeur, nombre/quantité)

> – **Combien** coûte cette chambre?
> – 90 € (*quatre-vingt-dix euros*) la nuit.

Prix/valeur

– **Combien** gagne un fonctionnaire en France? — – Ça dépend de son grade.

– **Combien** coûte ce parfum? — – 35 € (*trente-cinq euros*).

Nombre/quantité

– **Combien** de nuits restez-vous? — – Deux nuits.

– **Combien** d'employés y a-t-il dans votre société? — – Il y en a soixante.

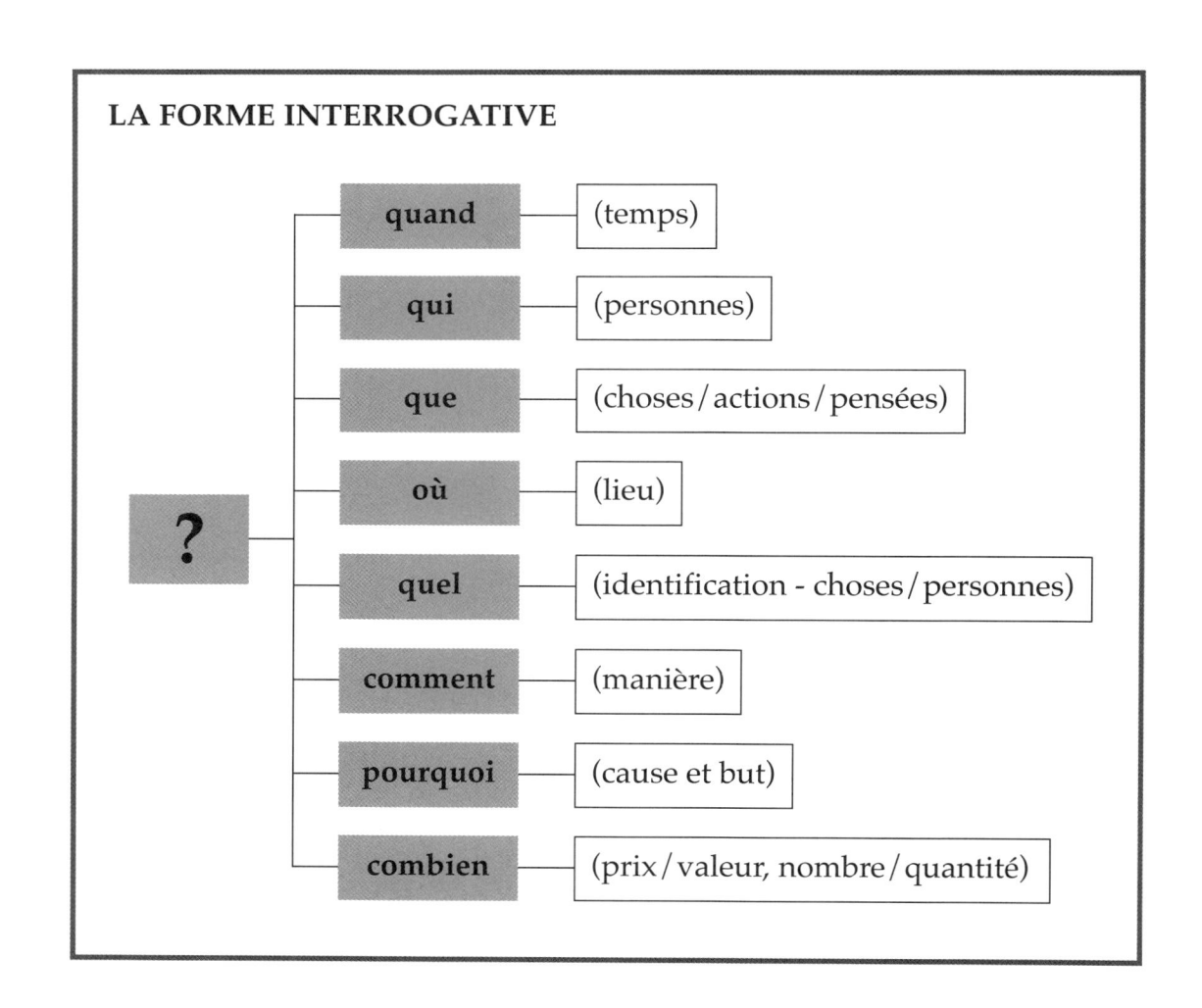

LA FORME INTERROGATIVE

?
- **quand** — (temps)
- **qui** — (personnes)
- **que** — (choses/actions/pensées)
- **où** — (lieu)
- **quel** — (identification - choses/personnes)
- **comment** — (manière)
- **pourquoi** — (cause et but)
- **combien** — (prix/valeur, nombre/quantité)

LA STRUCTURE DE LA PHRASE

19 Les Articles Définis: *Le/La/Les*

Un élément unique

L'inflation va beaucoup augmenter l'année prochaine.

Autres exemples

Nous aimons **la** mer et **la** montagne.
Il y a trop de monde sur **la** terre.
Le ciel est couvert, on ne voit pas d'étoiles.
Le soleil est mauvais pour **la** peau.

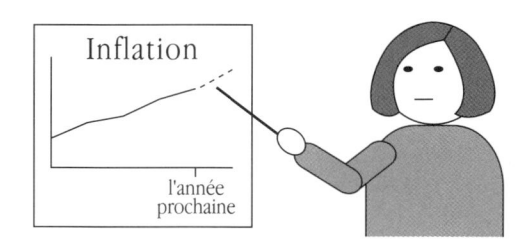

L'inflation va beaucoup augmenter l'année prochaine.

Un thème, un concept

La littérature et **le** cinéma vous intéressent?

Autres exemples

La politique m'ennuie de plus en plus!
Les français ne sont pas toujours courtois, surtout **les** parisiens!
L'économie semble aller mieux.

GRAMMAIRE

Sens possessif

> Voici **le** numéro **du** comptable.

Autres exemples
Il a **les** cheveux bruns et **la** peau très bronzée.
Elle a **les** yeux bleus, comme son père.
Il est fatigué, il a mal à **la** tête.
Après un terrible accident de la route, il a perdu **la** mémoire.

Des êtres ou des objets définis par le contexte

> Je voudrais voir **les** bottes noires qui sont en vitrine.

Autres exemples
C'est **la** chambre 236 (*deux cents trente-six*), voici **la** clef.
Peux-tu me passer **le** sel, s'il te plaît?
Avez-vous **les** brochures de l'agence de voyages?
Il fait chaud, peut-on ouvrir **les** fenêtres?

---

*En français les pays, les fleuves, les montagnes, les régions, les monuments sont précédés des articles **le, la, les**.*

les Alpes	les États-Unis	le Mont Blanc
la Seine	la Tour Eiffel	la Normandie

LE/LA/LES

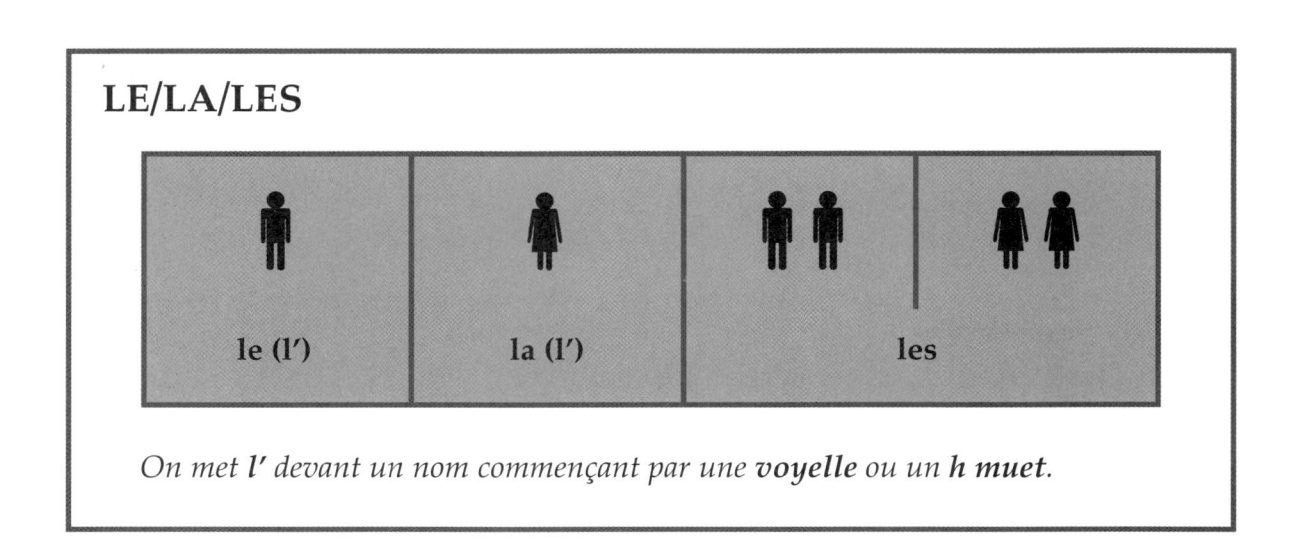

le (l')	la (l')	les

*On met **l'** devant un nom commençant par une **voyelle** ou un **h muet**.*

LA CONTRACTION DE L'ARTICLE DÉFINI

	le	la	l'	les
à + le/la/les	**au**	à la	à l'	**aux**
de + le/la/les	**du**	de la	de l'	**des**

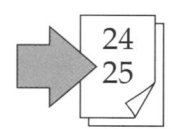

Voir aussi les chapitres 24 et 25, *La Préposition **À** et La Préposition **De***.

❗ NE DITES PAS	DITES
À le quatrième étage	Au quatrième étage
La chambre de les enfants	La chambre des enfants
France est un beau pays	La France est un beau pays

GRAMMAIRE

LES ARTICLES

20 *Les Articles Indéfinis: Un/Une/Des*

Des êtres ou des objets non-déterminés

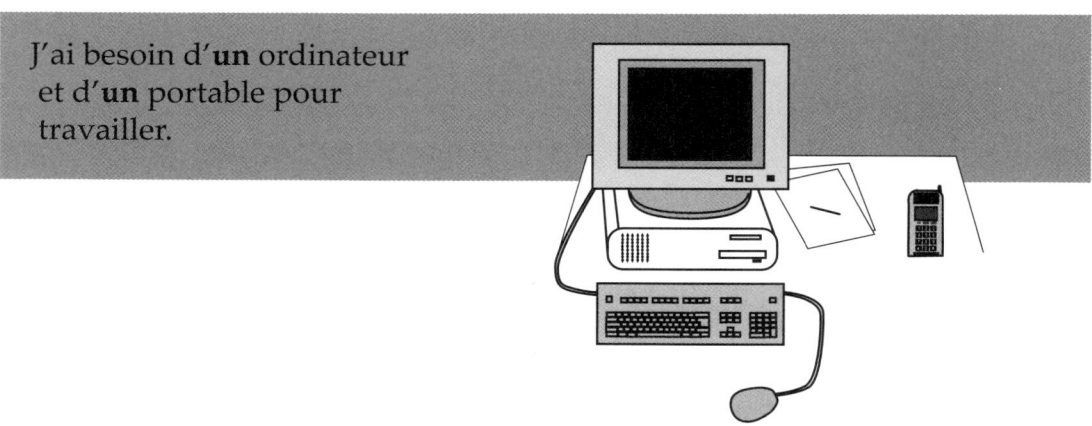

J'ai besoin d'**un** ordinateur et d'**un** portable pour travailler.

J'ai besoin d'**un** ordinateur et d'**un** portable pour travailler.

Autres exemples

De ma chambre je vois **des** champs et la mer.
Je voudrais fixer **un** rendez-vous avec Monsieur Laval.
Vous avez **une** solution à proposer?
Paul, s'il te plaît, passe-moi **une** gomme, **un** crayon et **des** feuilles.

Un sens numérique

Je voudrais **un** café et **un** croque-monsieur.

Autres exemples

Sur ce graphique vous constatez **une** seule augmentation au début de l'année et ensuite **des** baisses successives.
Prenez **un** comprimé d'aspirine toutes les quatres heures.
Mettez **une** croix dans la case correspondante.
Vous avez **des** bagages?

Un sens exclamatif

> Voici un tableau d'**une** beauté exceptionelle!

Autres exemples

En Espagne, il fait **une** chaleur torride en août!
J'ai **une** faim de loup!
Écoutez ce tenor, il a **une** voix!

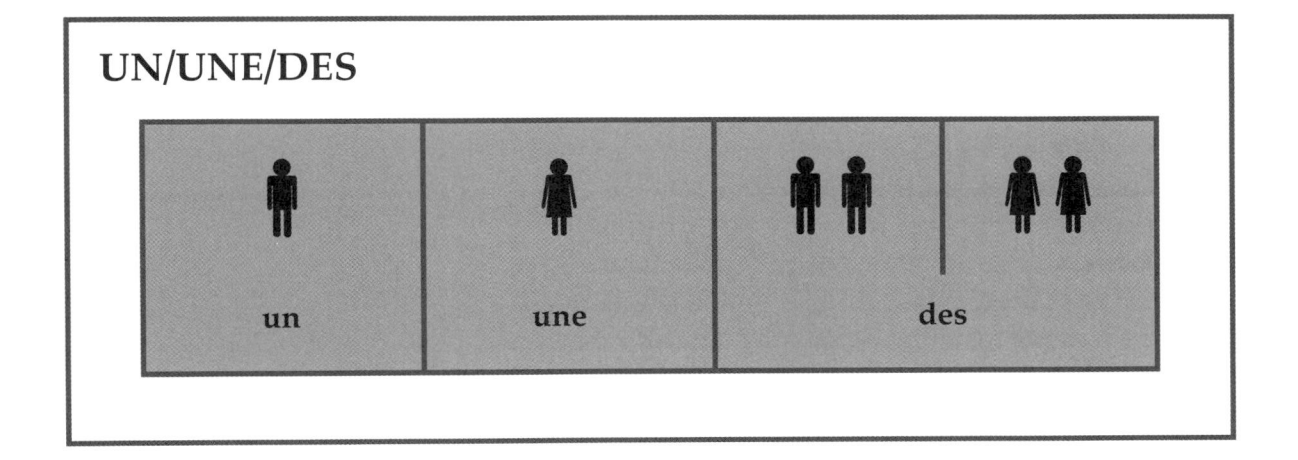

UN/UNE/DES

un	une	des	

LES ARTICLES

21 *Les Articles Partitifs: Du/De la/De l'/Des*

Une quantité indéterminée

À table, nous buvons **de l'**eau et **du** vin.

Autres exemples

À table, nous buvons **de l'**eau et **du** vin.

Dans ce restaurant on peut manger **du** foie gras, **des** truffes, **du** confit de canard, on y trouve surtout **des** produits du sud-ouest.
Sur le marché des matières premières, on vend et on achète par exemple **du** bois, **du** blé et **du** sucre.
Les végétariens ne mangent pas **de** viande.
Vous voulez **du** potage pour commencer?
Selon la météo il y aura **du** vent et **de la** neige.
La banque nous prête **de l'**argent.
Nous embauchons **du** personnel le mois prochain.

– Tu viens?
– Non, j'ai **du** travail à terminer.

Un concept abstrait

Il a gagné un voyage en Floride, il a **de la** chance.

Autres exemples

Pour être acteur il faut avoir **du** talent.
Notre société a **des** difficultés.
Je vous demande **de la** patience.
Pour continuer notre activité, nous devons faire **des** bénéfices.

– Il y a **du** chômage dans votre pays?
– Non, il n'y a pas **de** chômage chez nous.

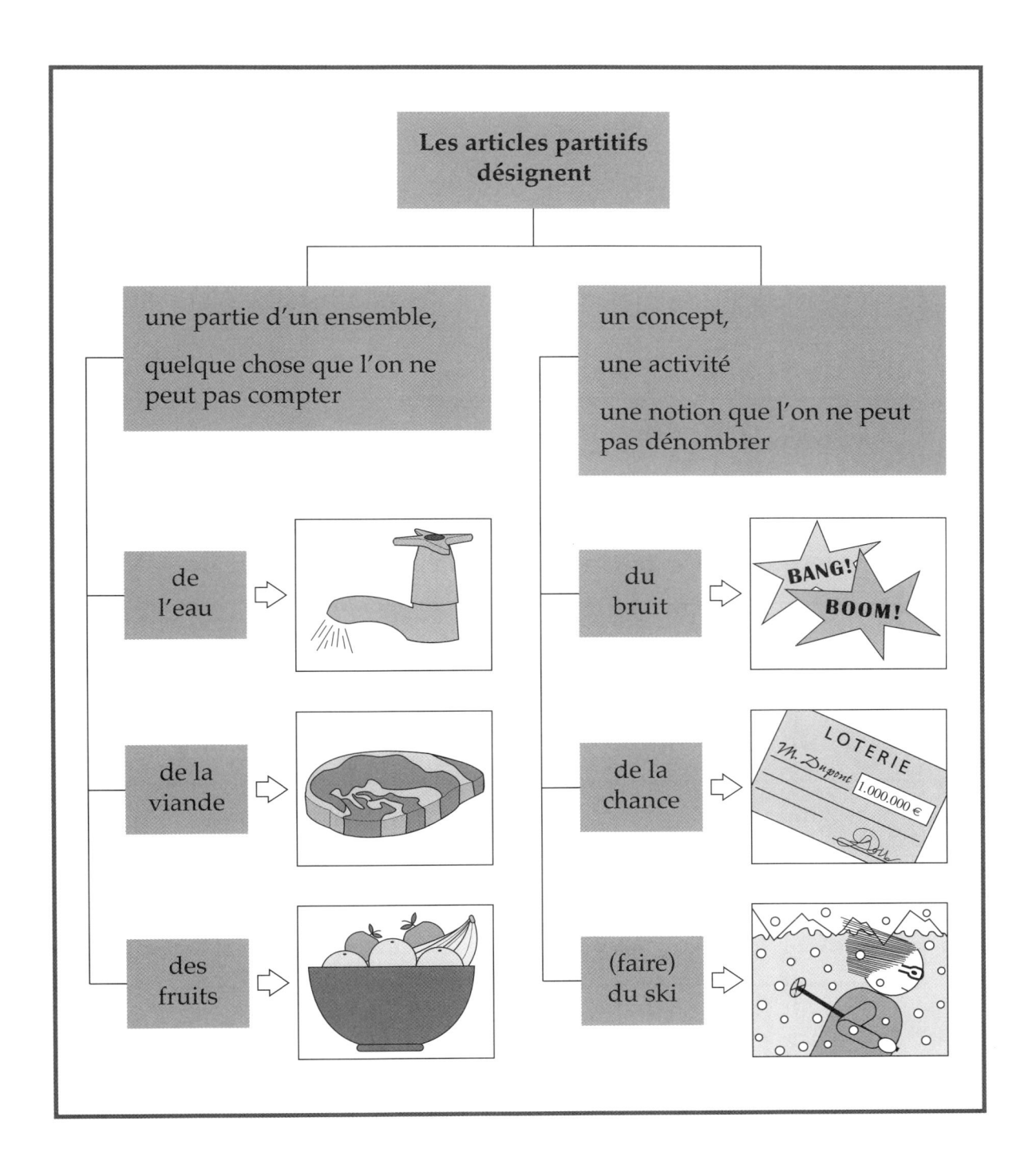

```
                    Les articles partitifs
                         désignent
          ┌──────────────────┴──────────────────┐
  une partie d'un ensemble,          un concept,
  quelque chose que l'on ne          une activité
  peut pas compter                   une notion que l'on ne peut
                                     pas dénombrer
```

de l'eau	du bruit
de la viande	de la chance
des fruits	(faire) du ski

LES ARTICLES

LES ARTICLES PARTITIFS

de + le =		*avec une voyelle un **h muet***	de + les =
du	**de la**	**de l'**	**des**

NÉGATIF

+	−
Buvez-vous **du** vin?	Non, je **ne** bois **pas de** vin.
Avez-vous **de la** patience?	Non, je **n'**ai **pas de** patience.
Voulez-vous **de l'**eau?	Non, je **ne** veux **pas d'**eau.
Prenez-vous **des** légumes?	Non, je **ne** prends **pas de** légumes.

❗ NE DITES PAS	DITES
Je voudrais le café.	Je voudrais **du** café.
Je mange un poulet le dimanche.	Je mange **du** poulet le dimanche.
Il y a le chômage en France?	Il y a **du** chômage en France?

22 Où? Les Prépositions de Lieu

Sur

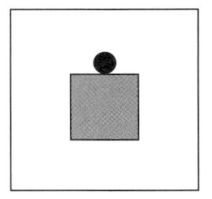

Sur la table, il y a un vase.

Autres exemples
J'ai vu ta photo **sur** la couverture de la brochure.
Les dictionnaires sont **sur** l'étagère.

Sur la table, il y a un vase.

Au sujet de:
Dans le journal, il y a un article **sur** la Bretagne.
C'est un film **sur** la deuxième guerre mondiale.

! NE DITES PAS	DITES
Montez sur le train	Montez dans le train
Il y a un bon film sur la télévision.	Il y a un bon film à la télévision.
Il parle sur le téléphone.	Il parle au téléphone.

GRAMMAIRE

Sous

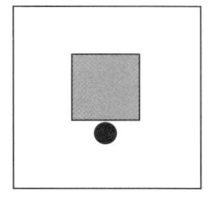

Il y a une corbeille à papier **sous** le bureau.

Il y a une corbeille à papier **sous** le bureau.

Autres exemples
Qu'est-ce qu'il y a **sous** la corbeille?
Sous le Pont Mirabeau coule la Seine.

Hiérarchie:
Il travaille **sous** mes ordres.
Cet atelier est **sous** la responsabilité de Monsieur Bouvier.

Dans

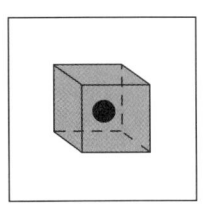

– Où est mon manteau?
– Il est **dans** l'armoire.

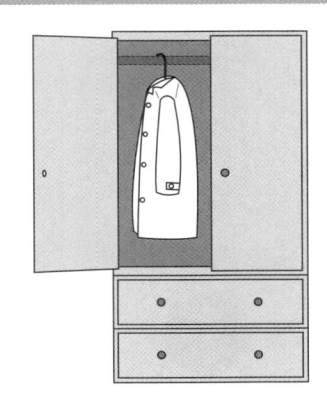

Autres exemples
Ma voiture est garée **dans** la rue de la Boétie.
Dans le lait entier on trouve quarante pour cent de matières grasses.
Dans notre société, nous employons 150 personnes.
On ne parle jamais politique **dans** ma famille.

– Où est mon manteau?
– Il est **dans** l'armoire.

Entre

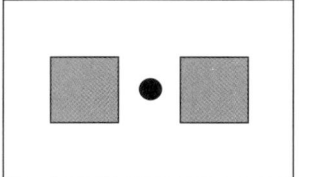

Fréjus se trouve **entre** Nice et Marseille.

Autres exemples

Monsieur Dupuis est assis **entre** sa femme et le directeur.
La salle de réunion se trouve **entre** le restaurant et les ascenseurs.
La poste est **entre** le restaurant et la pharmacie.

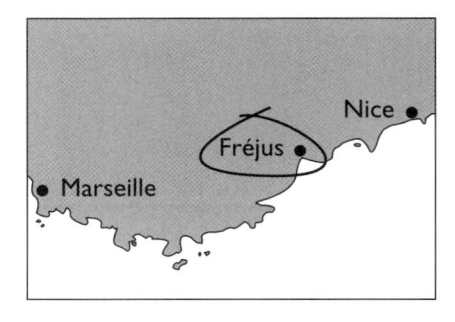

Fréjus se trouve **entre** Nice et Marseille.

Contre

– Où est mon parapluie?
– Il est **contre** le canapé.

Autres exemples

Ne mettez rien **contre** le mur, la peinture est encore fraîche.
Il ne faut pas s'appuyer **contre** les portes du métro, c'est dangereux.

– Où est mon parapluie?
– Il est **contre** le canapé.

Opposition:

Paris St Germain va jouer **contre** Manchester United.
Pierre est pour la peine de mort, je suis **contre**.

GRAMMAIRE

Devant

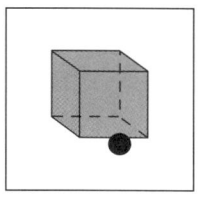

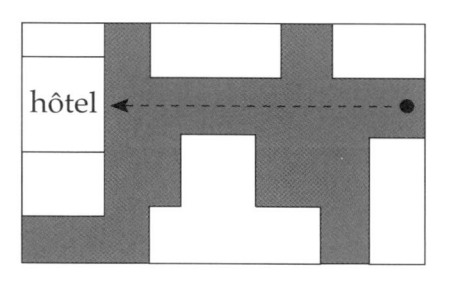

Si tu continues tout droit, tu verras l'hôtel **devant** toi.

Autres exemples

Il y a un parking **devant** l'immeuble.
Vous voyez maintenant **devant** vous le célèbre escalier du château.
On construit un club de loisirs **devant** chez-moi.
En traversant la place, vous passez **devant** l'église.

Si tu continues tout droit, tu verras l'hôtel **devant** toi.

Derrière

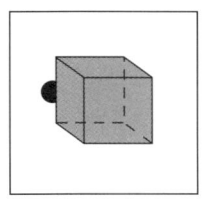

Les étagères se trouvent **derrière** l'ordinateur.

Autres exemples

La bibliothèque est **derrière** la banque.
Le directeur est assis **derrière** vous.
Ne roule pas si vite, il y a une voiture de police **derrière** toi.
Il y a un portemanteau **derrière** la porte.
Le parc et la piscine sont **derrière** l'hôtel.

Les étagères se trouvent **derrière** l'ordinateur.

LES PRÉPOSITIONS

Chez

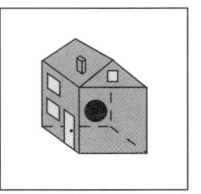

Tu es malade, va **chez** le pharmacien acheter des médicaments.

Autres exemples

Demain j'ai un rendez-vous **chez** le coiffeur.
Il est tard, je rentre **chez** moi.
Aujourd'hui Pierre reste **chez** lui, il est malade.

Tu es malade, va **chez** le pharmacien acheter des médicaments.

Prépositions de Lieu + Pronoms Personnels:

Quand une préposition de lieu est suivie d'un pronom, il s'agit toujours d'un pronom tonique.

Exemple:

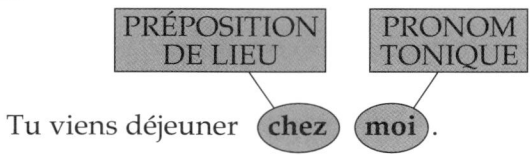

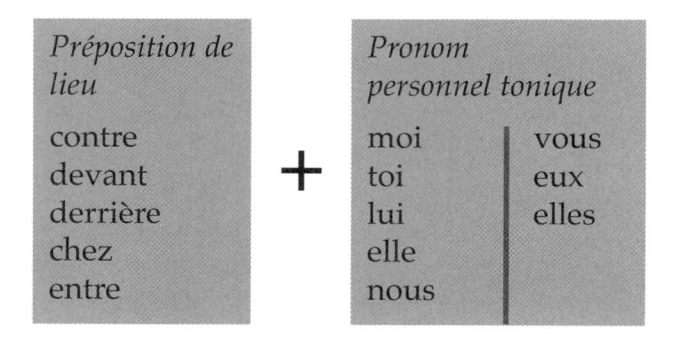

Tu viens déjeuner **chez** **moi**.
(PRÉPOSITION DE LIEU) (PRONOM TONIQUE)

Préposition de lieu		*Pronom personnel tonique*	
contre		moi	vous
devant	**+**	toi	eux
derrière		lui	elles
chez		elle	
entre		nous	

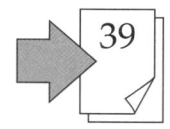

Voir aussi chapitre 39, *Les Pronoms Toniques*.

LES PRÉPOSITIONS

23 Les Prépositions de Lieu Composées

Près de et loin de

> Notre bureau se trouve **près du** boulevard Magenta, pas très **loin de** la gare du Nord.

Autres exemples

Calais est **près de** Boulogne mais **loin de** Strasbourg.
La France est **loin des** Etats-Unis mais **près de** l'Angleterre.
Les Champs-Elysées sont **loin de** l'aéroport Charles de Gaulle mais **près de** la Défense.
La station Place d'Italie se trouve tout **près de** chez-moi.

– Savez-vous où se trouve l'hôtel des Lilas?
– Oui, ce n'est pas **loin d'**ici, continuez tout droit et prenez la première à gauche.

En face de

Le professeur s'installe **en face de** l'étudiant.

Le professeur s'installe **en face de** l'étudiant.

Autres exemples

La banque est **en face de** l'hôtel.
Assieds-toi **en face de** moi.
Notre bureau est **en face de** la station de métro.
Il y a un supermarché juste **en face de** chez nous.

Autour de

Les invités sont assis **autour de** la table.

Les invités sont assis **autour de** la table.

Autres exemples

Le périphérique est situé **autour de** la capitale.
Nous avons placé des gardiens **autour de** la propriété.
Il y a des jardins **autour du** château.
Nous allons construire une clôture **autour de** la maison.

Au milieu de

Le jardin est **au milieu du** centre commercial.

Autres exemples

Attention, tu roules **au milieu de** la route!

J'ai entendu un bruit bizarre **au milieu de** la nuit.

Lisez l'article et arrêtez-vous **au milieu du** deuxième paragraphe.

Il y a des cabines téléphoniques **au milieu de** la place

Il y a une fontaine **au milieu du** parc.

Le jardin est **au milieu du** centre commercial.

À droite de et à gauche de

Si vous venez en voiture, garez-vous au parking **à gauche de** la place.

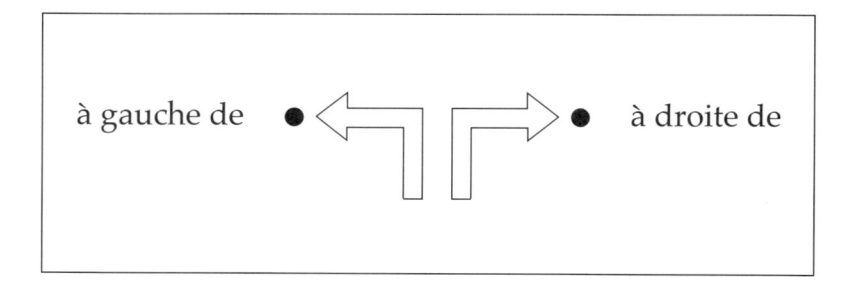

à gauche de ● ⟵ ⟶ ● à droite de

Autres exemples

À droite de la réception, vous allez voir la salle à manger.

Pierre installe-toi **à gauche de** Mme Dumas.

L'infirmerie est au deuxième, **à droite de** l'escalier.

Ma voiture est garée **à droite de** la rue Lafayette.

Au coin de

> Le kiosque où j'achète mes journaux est **au coin de** la rue.

Autres exemples

Il y a un téléphone **au coin du** bar à droite.
Signez à gauche **au coin de** la page.
Repérez l'icône situé **au coin de** l'écran à droite et cliquez deux fois.
L'immeuble est situé **au coin du** boulevard Magenta et de la rue Blanche.

Le kiosque où j'achète mes journaux est **au coin de** la rue.

À côté de

> Les guichets sont **à côté du** bureau de renseignements.

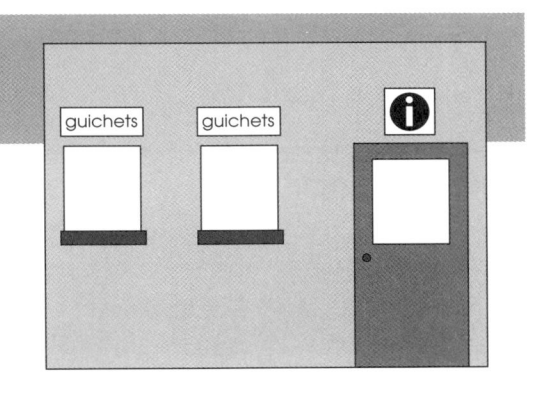

Autres exemples

Mettez ce dossier **à côté de** mon ordinateur.
Nous habitons **à côté de** l'hôpital.
Il y a une photo **à côté de** l'article.
Le dimanche, nous déjeunons à l'auberge des Mimosas, c'est **à côté de** chez nous.

Les guichets sont **à côté du** bureau de renseignements.

24 La Préposition À

Un lieu précis

Monsieur Dupuis ne peut pas vous parler pour l'instant, il est **au** téléphone.

Autres exemples

Elle habite **au** 16 (*seize*) rue de Naples.
Vous travaillez **à** quel étage?
Le bureau des Nations Unies se trouve **à** New York.
La réunion aura lieu **à la** succursale de Nantes **au** sixième étage.
Monsieur Laval n'est pas **à** son bureau, il est en réunion.

Monsieur Dupuis ne peut pas vous parler pour l'instant, il est **au** téléphone.

Une distance

Le bureau est situé **à** 100 (*cent*) mètres de l'hôtel.

Autres exemples

Vous habitez **à** combien de kilomètres de Paris?
L'usine est située **à** dix minutes en voiture de la gare.
Mon amie Isabelle habite **à** deux pas de chez moi.
Vous allez **à l'**aéroport **à** quelle heure?

GRAMMAIRE

Une destination

> Jean va **à** New York chaque semaine.

Autres exemples

Nous allons tous **à** la réunion.
Quand partez-vous **à** la montagne?
L'avion arrive **à** l'aérogare 1.
Nous envoyons deux employés **aux** Pays-Bas.
Elle part **à** Montréal.

À – UN LIEU PRECIS, UNE DESTINATION			
Pour les pays, on distingue quatre catégories de préposition.			
(à + le =) au	+ pays masculins au singulier	**au**	Portugal Canada Japon
(à + les =) aux	+ pays au pluriel	**aux**	États-Unis Pays-Bas Antilles
en	+ pays féminins ou commençant par une voyelle	**en**	Allemagne Angleterre France Italie Chine
à	+ îles, principautés, et certains petits pays	**à**	Malte Monaco Hong Kong Singapour

Sens temporel

> Tu déjeunes **à** quelle heure?

Autres exemples

Le train pour Lyon part **à** dix heures vingt-cinq.
La réunion finit **à** midi.
Je t'ai attendu jusqu'**à** dix heures!
Au revoir et **à** demain!

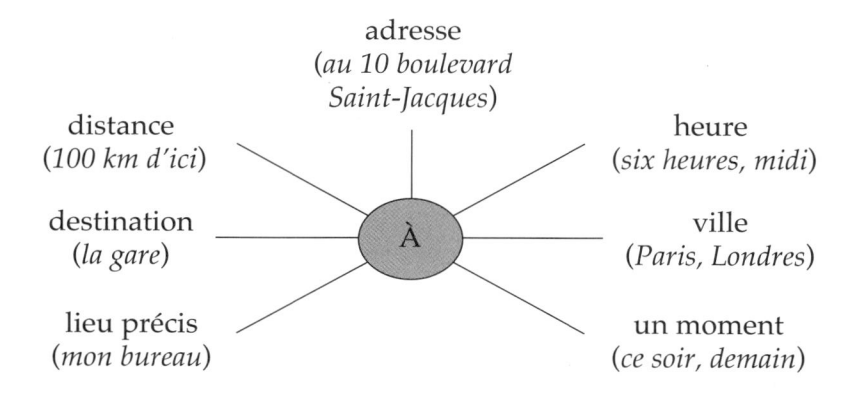

```
        adresse
     (au 10 boulevard
       Saint-Jacques)
distance                        heure
(100 km d'ici)              (six heures, midi)
destination       À             ville
(la gare)                   (Paris, Londres)
lieu précis                  un moment
(mon bureau)               (ce soir, demain)
```

CONTRACTION: À + ARTICLE DÉFINI (LE/LA/LES)				
Préposition	**+**	*Article défini*	**=**	*Contraction*
à		le		**au**
à		la		à la
à		l'		à l'
à		les		**aux**

GRAMMAIRE

Après un verbe

> Ce passage est interdit **à** tout véhicule.

Autres exemples

La situation économique **commence à** s'améliorer.
Les français ne **jouent** pas **au** cricket.
Pour toute information, **téléphonez à** notre conseiller financier.
Nous **pensons à** notre prochaine campagne publicitaire.
À qui **parlez**-vous?
J'ai emprunté cet ordinateur **à** Sophie Latour.
Le P.D.G. va parler **aux** cadres.

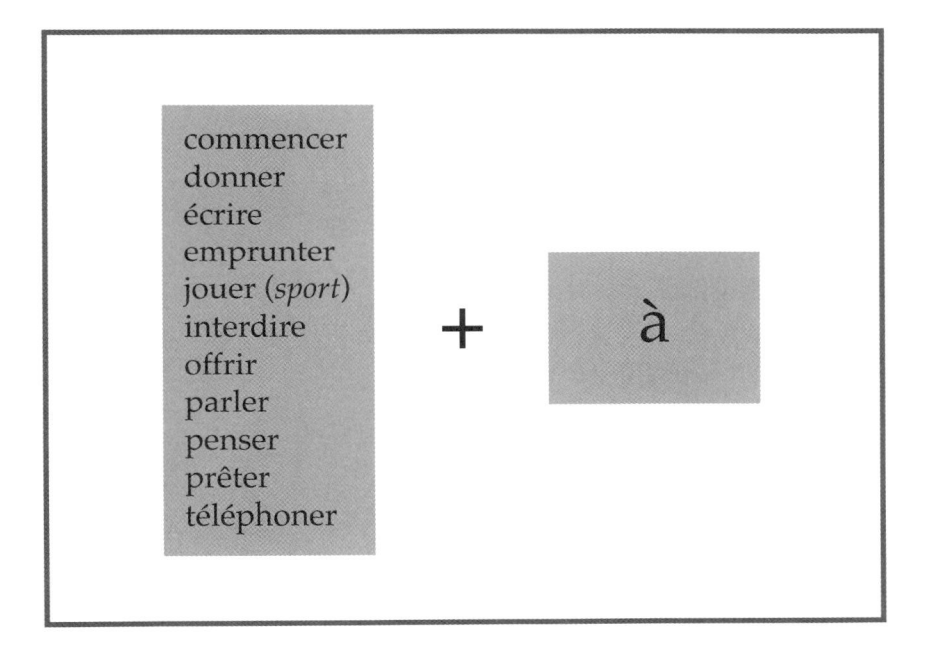

commencer
donner
écrire
emprunter
jouer (*sport*)
interdire
offrir
parler
penser
prêter
téléphoner

+ à

LES PRÉPOSITIONS

25 *La Préposition **De***

La provenance, l'origine

> Le thé Lapsang Souchong vient **de** Chine.

Autres exemples

De quelle gare partent les trains pour Marseille?
Les secrétaires sortent **du** bureau à 17h30 (*dix-sept heures trente*).
Elle est malade, elle voudrait descendre **de** voiture.
Pierre vient **de** terminer le rapport des ventes.
Beaucoup d'appareils électroniques viennent **du** Japon.
Monsieur Baxter arrive **d'**Edimbourg ce matin.

Le thé Lapsang Souchong vient **de** Chine.

!

*Venir de exprime l'idée du **passé récent**, une action qui s'est terminée peu avant le moment de la narration.*

16:00 **16:03**

départ du train   présent

Le train **vient de** partir.

La provenance et la destination (de... à)

> **De** l'aéroport **à** l'usine, il faut une heure en voiture.

Autres exemples

Le train va **de** Paris **à** Nice en quatre heures.
Nous allons **du** bureau **au** restaurant en taxi ou à pied?
Elle va **de** chez elle **au** bureau en voiture.

De l'aéroport à l'usine, il faut une heure en voiture.

Sens possessif, l'appartenance

> C'est la maison **du** maire.

Autres exemples

Ce tableau est **de** Claude Monet.
Je ne trouve pas le numéro **de** Marie-Paule.
Quel est le prix **de** la chambre?
Je suis responsable **du** personnel, je m'occupe **des** stagiaires et **des** intérimaires.
Le bar **de** l'hôtel se trouve au cinquième étage.

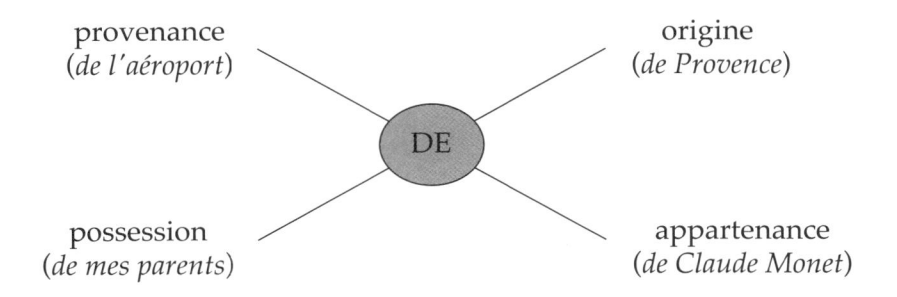

```
   provenance                    origine
 (de l'aéroport)               (de Provence)
              \               /
               \             /
                (   DE   )
               /             \
              /               \
   possession                  appartenance
 (de mes parents)            (de Claude Monet)
```

LES PRÉPOSITIONS

CONTRACTION: DE + ARTICLE DÉFINI (LE/LA/LES)				
Préposition	+	Article défini	=	Contraction
de		le		**du**
de		la		de la
de		l'		de l'
de		les		**des**

De après un verbe

> Je **finis de** travailler à sept heures le soir.

Autres exemples

Pierre **joue** très bien **de** la guitare.
Nos partenaires japonais **refusent de** signer le contrat.
J'**ai oublié d'**envoyer un fax à New York.
Cathérine Picard **s'occupe des** relations publiques.
Ce client nous **demande de** livrer les marchandises demain matin.
Vous **vous souvenez du** numéro de l'hôtel?

– **De** quoi **parlez**-vous?
– De la campagne publicitaire.

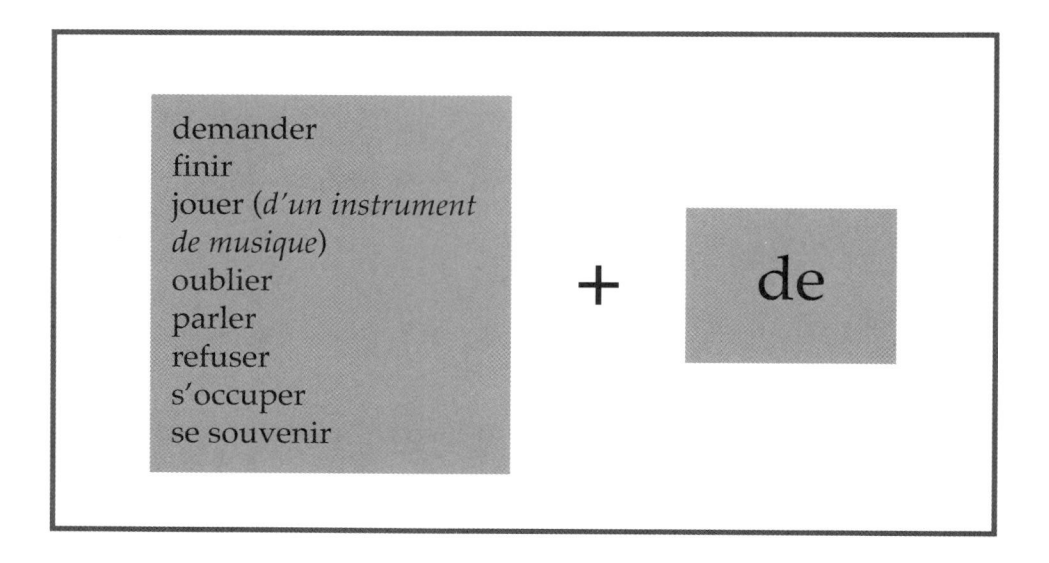

demander
finir
jouer (*d'un instrument de musique*)
oublier
parler
refuser
s'occuper
se souvenir

\+ de

GRAMMAIRE

LES PRÉPOSITIONS

26 La Préposition *En*

Lieu

Cette maison est à vendre. Il y a cinq chambres et deux salles de bains **en** haut et trois autres pièces **en** bas.

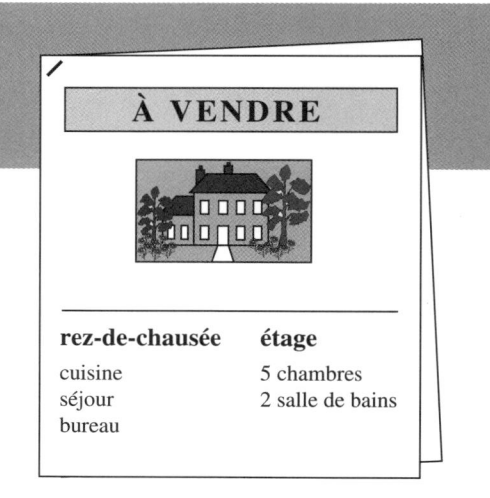

À VENDRE

rez-de-chausée	étage
cuisine	5 chambres
séjour	2 salle de bains
bureau	

Cette maison est à vendre. Il y a cinq chambres et deux salles de bains **en** haut et trois autres pièces **en** bas.

Autres exemples

On trouve de très bons vins **en** Alsace.
Nous passons nos vacances **en** Bretagne.
Ce fleuriste achète ses fleurs **en** Hollande.
Nous n'avons pas encore de siège social **en** Europe.
Ils vendent leurs produits **en** France et **en** Espagne.

	Pays ou région	Exemples
En +	de genre féminin singulier	**en** France **en** Autriche **en** Hollande
En +	de genre masculin singulier commençant par une voyelle ou un h muet	**en** Iran **en** Irak **en** Israël

État

> Tu es **en** retard, dépêche-toi!

Autres exemples

Monsieur de Lauzun est actuellement **en** voyage d'affaires. Il sera **en** vacances à partir du 2 (*deux*) juillet.
Il est **en** bonne santé.
Elle est arrivée **en** robe de soirée.

– Pourquoi êtes-vous **en** colère?
– Parce que j'ai perdu mon portefeuille.

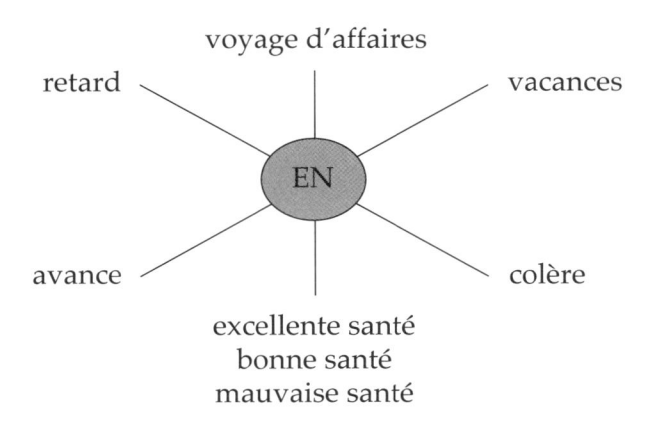

```
         voyage d'affaires
retard                      vacances
              ( EN )
avance                      colère
         excellente santé
         bonne santé
         mauvaise santé
```

LES PRÉPOSITIONS

Moyens de transport

Il est venu **en** avion mais il repartira **en** train.

Autres exemples

Elle vient au bureau **en** autobus.
Nous irons à l'aéroport **en** taxi, c'est plus pratique et plus rapide que d'y aller **en** métro.
Je compte allez chez Corinne **en** voiture, je peux emmener trois personnes.

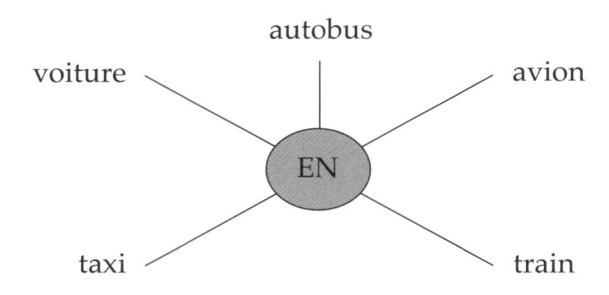

```
         autobus
voiture              avion
          EN
taxi                 train
```

Durée

Cet investissement m'a rapporté beaucoup d'argent **en** un an.

Autres exemples

Nous avons fait le trajet Paris-Rome en deux jours **en** voiture.
Si vous prenez le métro, vous serez à la Défense **en** quelques minutes seulement.

– **En** combien de temps a-t-elle écrit cet article?
– **En** deux heures, je crois.

Cet investissement m'a rapporté beaucoup d'argent **en** un an.

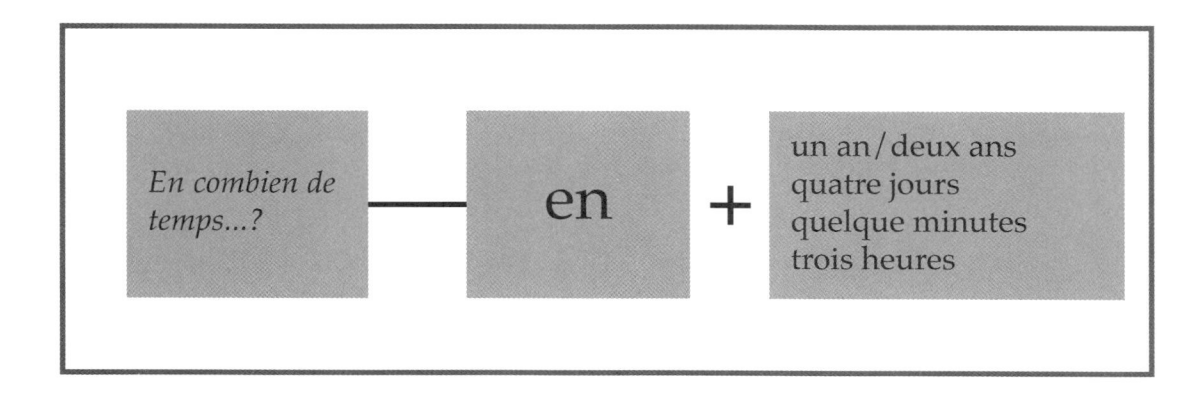

En combien de temps...? — **en** + un an / deux ans / quatre jours / quelque minutes / trois heures

Matière

Nous vendons des meubles **en** bois naturel.

Autres exemples

Les bouteilles de vin sont **en** verre.
Ce pullover est **en** pure laine vierge.

– **En** quelle matière sont vos lunettes?
– Nous les fabriquons **en** métal ou **en** plastique.

– Comment est votre sac?
– Il est **en** cuir noir.

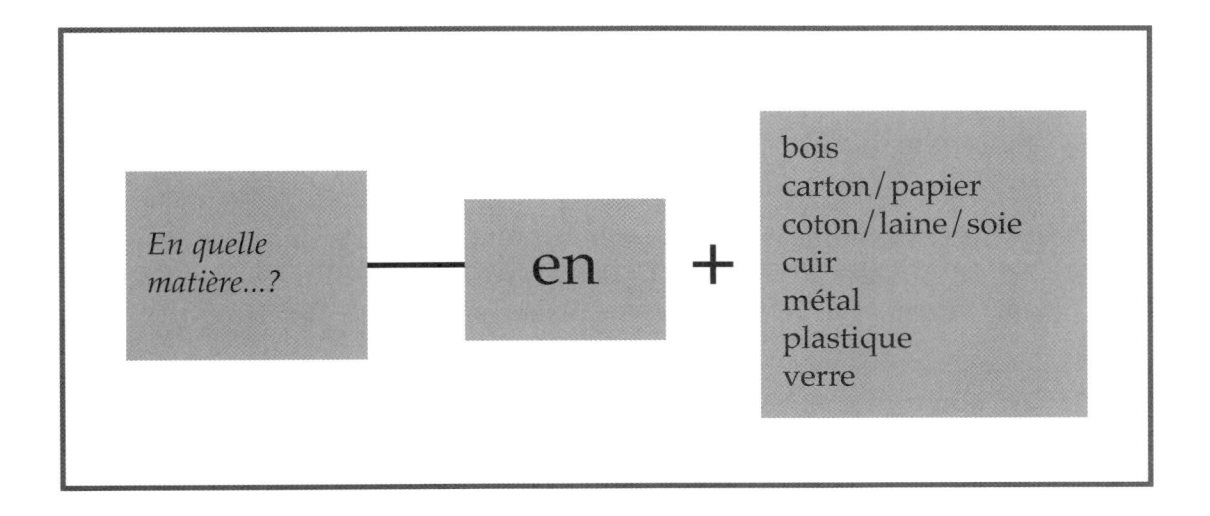

En quelle matière...? — **en** + bois / carton / papier / coton / laine / soie / cuir / métal / plastique / verre

27 Les Adjectifs Possessifs: Mon/Ton/Son

L'adjectif possessif: le possesseur et l'objet possédé

Denise rend visite à **son** mari à l'hôpital.

Denise rend visite à **son** mari à l'hôpital.

Autres exemples

Pour aller au bureau, je prends **ma** voiture.
J'aime beaucoup **mon** métier, il est très intéressant.
Je vais féliciter Robert, car j'ai beaucoup aimé **sa** présentation.
Cette société réalise de bons résultats, **ses** produits sont compétitifs.

– Où sont **mes** lunettes?
– Elles sont sur **ton** bureau.

– Vous connaissez les Legrand?
– Oui, **leur** enfant est à l'école avec **ma** fille.

– Sylvie, peux-tu me donner **tes** coordonnées, s'il te plaît?
– Oui, 12 (*douze*) rue Chaptal 37000 (*trente-sept mille*) Tours. Téléphone 02 47 58 08 18 (*zéro deux, quarante-sept, cinquante-huit, zéro huit, dix-huit*).

– Vous connaissez cette ville?
– Oui, **son** université est très réputée.

– Où travaillez-vous?
– À Paris, à **notre** siège social.

GRAMMAIRE

Notre rendez-vous est annulé.
Nos usines sont situées en Belgique.

Avez-vous **votre** passeport?
Votre ordinateur est en panne?
Vos marchandises sont arrivées.

Ils vendent **leur** pétrole en Europe et aux États-Unis.
Leurs clients ne sont pas satisfaits.
Est-ce que ces sociétés ont réglé **leurs** factures?
Leur chiffre d'affaires augmente chaque année.

L'ADJECTIF POSSESSIF

POSSESSEUR	L'OBJET POSSÉDÉ		
	♂	♀	♂♀
je	mon	ma	mes
tu	ton	ta	tes
il	son	sa	ses
elle	son	sa	ses
nous	notre	notre	nos
vous	votre	votre	vos
ils	leur	leur	leurs
elles	leur	leur	leurs

!

L'adjectif possessif s'accorde en genre (masculin, féminin) et nombre (singulier, pluriel) avec le nom qui le suit (avec l'objet possédé).

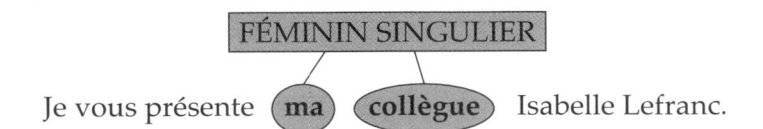

FÉMININ SINGULIER

Je vous présente **ma** **collègue** Isabelle Lefranc.

LES ADJECTIFS

> L'adjectif devant un nom féminin singulier commençant par une **voyelle** ou un **h muet**:

ma		mon
ta	⇒	ton
sa		son

Je vais vous donner **mon** adresse, c'est le 26 rue des Tuileries.

Interroger sur la possession

– **À qui** sont ces livres?
– Ils sont **à moi**.

Autres exemples

– **À qui** est cette voiture? Elle est à Monsieur Lejeune?
– Oui, elle est **à lui**. (C'est sa voiture.)

– Ces dépliants sont **à vous**?
– Oui, ce sont nos dépliants.

– C'est **ton** adresse?
– Non, ce n'est pas mon adresse.

– **À qui** sont ces livres?
– Ils sont **à moi**.

À qui est/sont...?	
Personne	
je	**à moi**
tu	**à toi**
il	**à lui**
elle	**à elle**
nous	**à nous**
vous	**à vous**
ils	**à eux**
elles	**à elles**

28 Les Adjectifs Démonstratifs: Ce/Cet/Cette/Ces

Ils désignent une personne ou une chose

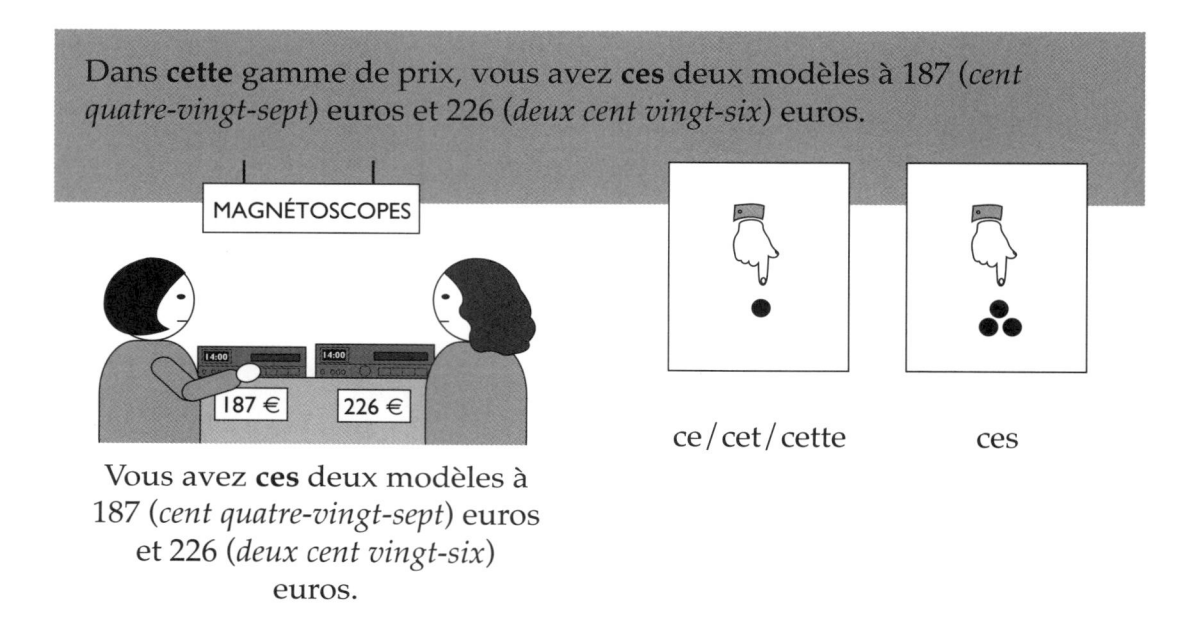

Dans **cette** gamme de prix, vous avez **ces** deux modèles à 187 (*cent quatre-vingt-sept*) euros et 226 (*deux cent vingt-six*) euros.

Vous avez **ces** deux modèles à 187 (*cent quatre-vingt-sept*) euros et 226 (*deux cent vingt-six*) euros.

ce/cet/cette   ces

Autres exemples

Qui est **cette** dame à côté de Monsieur Laurent?
La boutique hors taxes n'est pas très grande dans **cet** aéroport.
Ce sac est très joli mais il est trop petit.
Ce film est excellent, je vous le recommande.
Cet endroit ne me convient pas, il y a trop de bruit.

Ils précisent un moment

> Êtes-vous libre **cet** après-midi? J'aimerais vous rencontrer.

Autres exemples

Pierre ne rentre pas **ce** soir, il reste à Paris.
Je n'ai pas le temps de vous recevoir en **ce** moment.
Ce matin, la secrétaire est absente, elle est malade.
Nos amis italiens doivent arriver à Paris **ces** jours-**ci**.

N.B.
*Avec les mots **jours** et **mois** on dit:*
ce-jour-ci   ces jours-ci
ce mois-ci   ces mois-ci

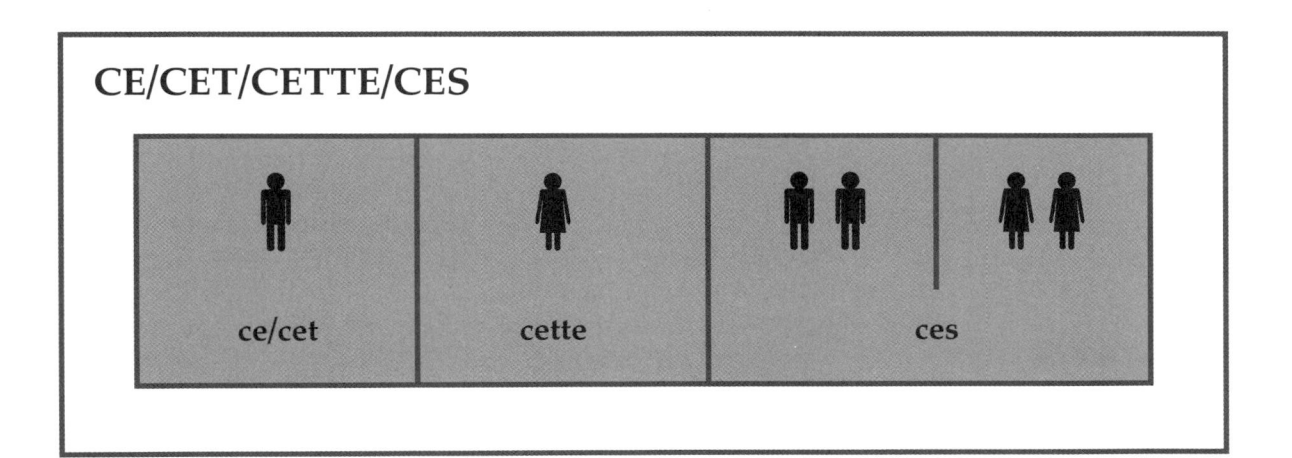

CE/CET/CETTE/CES

ce/cet	cette	ces

*Cet (forme masculin singulier) s'emploie devant un nom commençant par une **voyelle** ou par un **h muet**.*
cet **é**té
cet **h**omme
cet **h**ôtel

LES ADJECTIFS

29 *Les Adjectifs Qualificatifs*

Formation: règle générale

Dieter est **allemand**, il est **grand** et **blond**.
Sa femme est **petite** et **brune**. Ils sont tous les deux enseignants.

Autres exemples

Marie-Claire est une amie vraiment **amusante**.
Je trouve cet article très **intéressant**.
Ces bâtiments sont **laids**.
Les chambres sont **claires** et **jolies**.
Les touristes sont **bronzés**.

Dieter est **allemand**, il est **grand** et **blond**. Sa femme est **petite** et **brune**.

N.B.

Les nationalités et les professions prennent la forme d'adjectifs.
Elles sont **américaines**.

!

Si l'adjectif qualifie un nom féminin singulier et un nom masculin singulier, il devient masculin pluriel.

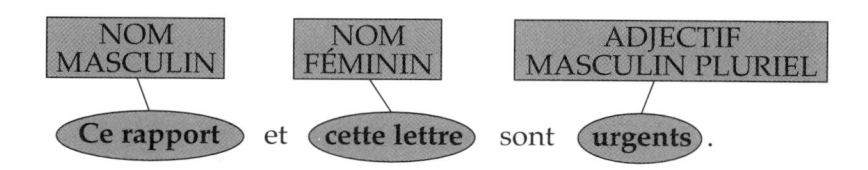

| NOM MASCULIN | NOM FÉMININ | ADJECTIF MASCULIN PLURIEL |

Ce rapport et **cette lettre** sont **urgents**.

GRAMMAIRE

FORMATION – RÈGLE GÉNÉRALE				
	👨	👩	👨👨	👩👩
l'adjectif variable	- grand petit	+ **e** grand**e** petit**e**	+ **s** grand**s** petit**s**	+ **es** grand**es** petit**es**

Formation: cas particuliers

Les Durand ont une **belle** maison avec un **beau** jardin.

Autres exemples

Nos prix sont **bas** et donc **compétitifs**.
Il a les cheveux **blancs**.
Cette bière est très **bonne**.
Nous allons visiter la **vieille** ville.
Cet ordinateur a dix ans, il est **vieux**!
Elle sera **heureuse** de vous voir.
Madame Brunot est très **gentille**.
Denise et Robert sont nos **nouveaux** voisins.
Je veux acheter une **nouvelle** voiture.

Les Durand ont une **belle** maison avec un **beau** jardin.

LES ADJECTIFS

FORMATION – CAS PARTICULIERS				
	🧍	🧍‍♀️	🧍🧍	🧍‍♀️🧍‍♀️
Transformation de la consonne finale				
	international	internationale	internationaux	internationales
	heureux	heureuse	heureux	heureuses
	faux	fausse	faux	fausses
	doux	douce	doux	douces
	menteur	menteuse	menteurs	menteuses
	observateur	observatrice	observateurs	observatrices
	sportif	sportive	sportifs	sportives
	public	publique	publics	publiques
	blanc	blanche	blancs	blanches
	frais	fraîche	frais	fraîches
	long	longue	longs	longues
	beau	belle	beaux	belles
	vieux	vieille	vieux	vieilles
	vieil (*ami*)			
	fou	folle	fous	folles
Doublement de la consonne finale				
	gentil	gentille	gentils	gentilles
	cruel	cruelle	cruels	cruelles
	bon	bonne	bons	bonnes
	ancien	ancienne	anciens	anciennes
	muet	muette	muets	muettes
	gros	grosse	gros	grosses
Accent ou tréma				
	cher	chère	chers	chères
	premier	première	premiers	premières
	aigu	aigüe	aigus	aigües
Masculin en -e				
	jeune	jeune	jeunes	jeunes
	rouge	rouge	rouges	rouges
❗	final	finale	finals	finales
	sec	sèche	secs	sèches

Place de l'adjectif

> Pierre a un **travail intéressant** et un **bon salaire**.

Après le nom
New York est une **ville fascinante**.
Cet **auteur dramatique** est bien connu en France.
Vous aimez la **cuisine italienne**? Moi, je préfère la **cuisine française**.

N.B.
La plupart des adjectifs qualificatifs sont placés après le nom.

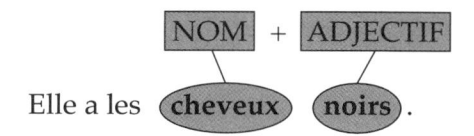

$$\boxed{\text{NOM}} + \boxed{\text{ADJECTIF}}$$

Elle a les (cheveux) (noirs).

Avant le nom
Il fait **mauvais temps** aujourd'hui, n'est-ce pas?
C'est une **bonne idée**!
Nous avons une **grande usine** à Hong Kong.
Je vais faire ma **première présentation** demain.

N.B.
Les nombres ordinaux (première, deuxième, troisième) sont toujours placés devant le nom.

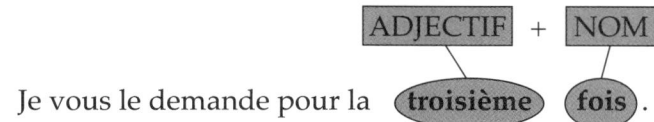

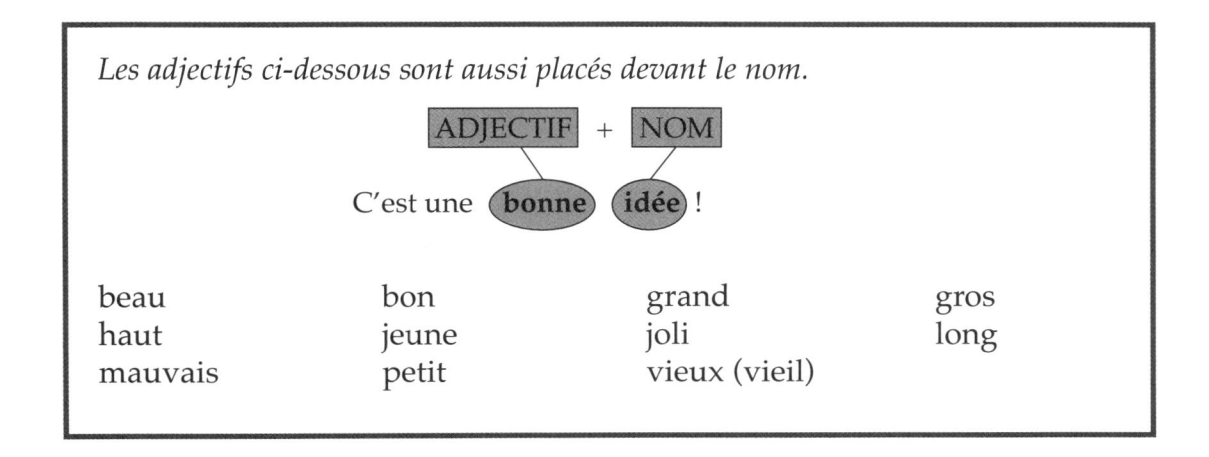

$$\boxed{\text{ADJECTIF}} + \boxed{\text{NOM}}$$

Je vous le demande pour la (troisième) (fois).

Les adjectifs ci-dessous sont aussi placés devant le nom.

$$\boxed{\text{ADJECTIF}} + \boxed{\text{NOM}}$$

C'est une (bonne) (idée)!

beau	bon	grand	gros
haut	jeune	joli	long
mauvais	petit	vieux (vieil)	

LES ADJECTIFS

30 L'Expression de la Comparaison

Plus... que (supériorité)

Notre chiffre d'affaire est **plus** élévé **que** celui de nos concurrents.

VENTES (2002)
concurrents
nous

Adjectifs
Monsieur Rousseau est **plus** sympathique **que** son frère.
Les restaurants sont **plus** chers à Paris **qu'**à New York.
Guillaume est **plus** grand **que** Jean-Pierre.
Le train est **plus** confortable **que** l'autobus.

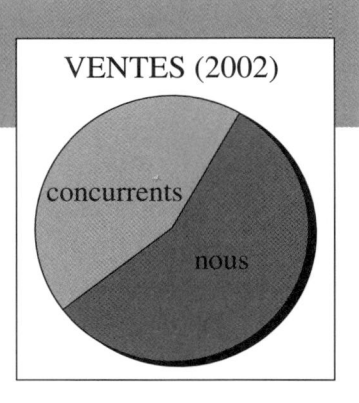

Notre chiffre d'affaire est **plus** élévé **que** celui de nos concurrents.

Adverbes
Ma secrétaire tape **plus** vite **que** moi.
Nous exportons **plus** souvent en Amérique du Nord **qu'**en Amérique du Sud.
Ils sont arrivés **plus** tôt **que** prévu!
Vous parlez **plus** clairement **que** lui.

Verbes
Il neige **plus** en février **qu'**en décembre.
Mes amis gagnent **plus que** moi.
En été je n'ai jamais très faim, je mange **plus** en hiver.

!

Plus que placé après un verbe peut être remplacé par ***davantage***.

Elle parle plus que toi.   Elle parle davantage que toi.
Il gagne plus que moi.   Il gagne davantage que moi.

Plus de... que (supériorité)

> J'achète **plus de** fruits et **de** légumes **que** de viande.

Autres exemples

Notre pays exporte **plus de** céréales **que** de fruits.
Mes parents ont **plus d'**argent **que** moi.
Nous buvons **plus de** vin **que** de bière.
La société Bonnet a **plus d'**employés **que** la société Chambon.

LISTE DE COURSES

persil
carottes
pommes de terre
champignons
olives
bananes
grappes de raisin
poulet

J'achète **plus de** fruits et **de** légumes **que** de viande.

L'EXPRESSION DE LA COMPARAISON : LA SUPÉRIORITÉ

Avec un adjectif	**plus** (adjectif) **que**...
Avec un adverbe	**plus** (adverbe) **que**...
Avec un verbe	(verbe) **plus que**...
Avec un nom	**plus de** (nom) **que**...

LES ADJECTIFS

Moins... que (infériorité)

> Sylvie est **moins** bavarde **que** sa soeur.

Adjectifs
La crise économique est **moins** sévère en Amérique **qu'**en Europe.
Ce modèle est **moins** puissant **que** ma voiture.
Nos produits sont **moins** compétitifs **que** les produits concurrents.

Adverbes
Je vais **moins** souvent à l'étranger **qu'**auparavant.
Nathalie parle **moins** bien l'anglais **que** l'allemand.
Nous partons en vacances **moins** longtemps **que** vous.

Verbes
Il pleut **moins** dans le Midi **qu'**en Bretagne.
Nous regardons **moins** la télévision **que** nos parents.
Nos usines produisent **moins** en été **qu'**au printemps.
La politique m'intéresse **moins** depuis ces dernières années.

Moins de... que (infériorité)

> Il y a **moins d'**habitants à Bordeaux **qu'**à Marseille.

Autres exemples
Notre société a payé **moins d'**impôts cette année **que** l'année dernière.
La France produit **moins de** pétrole **que** d'électricité.
Nous devrons dépenser **moins d'**argent à l'avenir **qu'**auparavant.

L'EXPRESSION DE LA COMPARAISON: L'INFÉRIORITÉ

Avec un adjectif	**moins** (adjectif) **que**...
Avec un adverbe	**moins** (adverbe) **que**...
Avec un verbe	(verbe) **moins que**...
Avec un nom	**moins de** (nom) **que**...

Aussi... que (égalité)

> Il fait **aussi** chaud à Nice **qu'**à Biarritz.

Adjectifs
Olivier est **aussi** grand **que** son père.
Les voitures françaises sont **aussi** chères **que** les voitures étrangères.
Ces résultats sont **aussi** satisfaisants **que** ceux de l'année dernière.
Les vins de Bourgogne sont **aussi** réputés **que** les vins de Bordeaux.

Adverbes
Pierre travaille **aussi** sérieusement **que** Bernard.
La consommation n'a pas repris **aussi** rapidement **que** prévu.

Autant... que (égalité)

> Nous aimons **autant** le tennis **que** le ski.

Autres exemples
Nicole gagne **autant que** son frère.
Le cinéma me distrait **autant que** le théâtre.
Mon quartier ne me plaît pas **autant que** le tien.

LES ADJECTIFS

Autant de... que (égalité)

> Nous réalisons **autant de** bénéfices **que** votre société.

Autres exemples

Il y a **autant de** touristes à Paris **qu'**à Londres.
Nous faisons **autant de** sport **que** nos enfants.
Allez-vous employer **autant de** stagiaires cette année **que** l'année dernière?

❗

*Dans la langue familière, **autant** peut remplacer **autant de** + nom.*
Il gagne **autant que** son père.
Il gagne **autant d'**argent **que** son père.

L'EXPRESSION DE LA COMPARAISON: L'ÉGALITÉ

Avec un adjectif	**aussi** (adjectif) **que**...
Avec un adverbe	**aussi** (adverbe) **que**...
Avec un verbe	(verbe) **autant que**...
Avec un nom	**autant de** (nom) **que**...

Meilleur et mieux

> Cette proposition est **meilleure que** la précédente, elle correspond **mieux** à nos objectifs.

Autres exemples

Cette année nos résultats sont bons, et ils seront **meilleurs** l'année prochaine.
Mon fils est **meilleur** en langues **qu'**en mathématiques.

Tous nos **meilleurs** voeux pour la Nouvelle Année!
Cette année la qualité de leurs services est **meilleure qu'**auparavant.
Je parle **mieux** le russe **que** l'allemand.
Nos produits se vendent bien en Amérique mais ils se vendent encore **mieux** en Europe.

– Vous allez bien?
– Oui, je vais **mieux qu'**hier.

MEILLEUR

*Meilleur est le comparatif de supériorité de **bon**.*

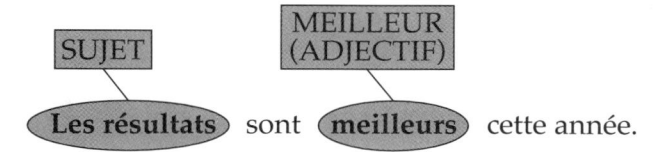

Les **résultats** sont **meilleurs** cette année.
(SUJET) — (MEILLEUR ADJECTIF)

Meilleur est un adjectif, et s'accorde en genre et nombre avec le sujet.

MIEUX

*Mieux est le comparatif de supériorité de **bien**.*

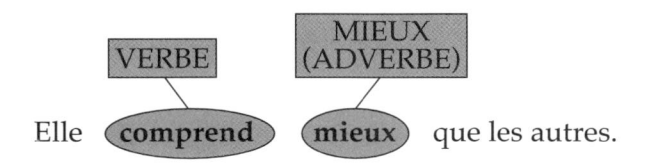

Elle **comprend** **mieux** que les autres.
(VERBE) — (MIEUX ADVERBE)

Mieux est un adverbe et est invariable.

❗ NE DITES PAS	DITES
~~Elle comprend plus bien.~~	Elle comprend **mieux**.
~~Il est autant grand que moi.~~	Il est **aussi** grand **que** moi.
~~Elle travaille aussi beaucoup de moi.~~	Elle travaille **autant que** moi.

LES ADJECTIFS

31 Le Superlatif

Adjectifs

> Ce modèle est **le moins cher** de la gamme, c'est aussi **le plus populaire**.

Autres exemples

Les hôtels une étoile sont **les moins chers**.
Caroline est **la moins sportive** de mes filles.
La Loire est le fleuve **le plus long** de France.
C'est **le plus beau** souvenir de mon séjour en Allemagne.

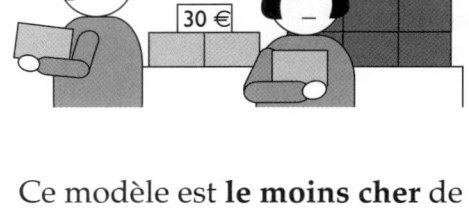

Ce modèle est **le moins cher** de la gamme, c'est aussi **le plus populaire**.

!

*Le complément du superlatif est introduit par **de**, **du**, **de la**, **des**.*
Exemples:

C'est la ville la plus chère **du** monde.
C'est le fleuve le plus long **de** France.
C'est le produit le plus cher **de la** gamme.
C'est le plus rapide **des** ouvriers.

LE SUPERLATIF DES ADJECTIFS

Supériorité

LE/LA/LES + PLUS + ADJECTIF + DE/DU/DE LA/DES

C'est **la plus compétente de** mes employés.

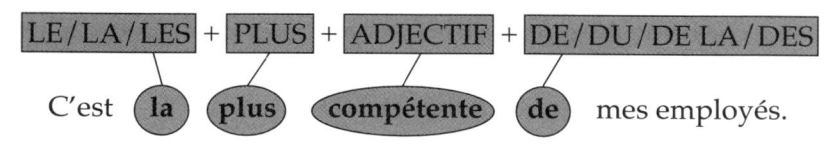

Infériorité

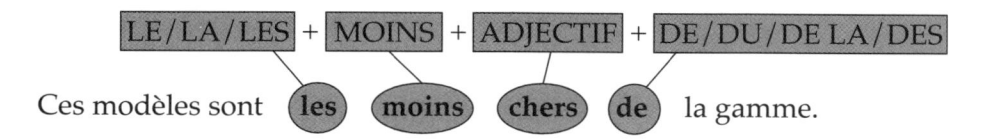

LE/LA/LES + MOINS + ADJECTIF + DE/DU/DE LA/DES

Ces modèles sont **les moins chers de** la gamme.

❗

L'adjectif s'accorde en genre et nombre avec le sujet.

Formes irrégulières

Ce restaurant est **le meilleur** du quartier.

Autres exemples

L'argent est **la moindre** de mes préoccupations!
L'avarice est **le pire** des défauts!
Chez nous, c'est en janvier que le temps est **le plus mauvais**.
Je vais prendre cette voiture, c'est **la plus économique**.
C'est en 1993 (*mille neuf cent quatre-vingt-treize*) que nos résultats ont été **les moins bons**.

LES ADJECTIFS

ADJECTIFS: FORMES IRRÉGULIÈRES	
LE PLUS +	**SUPERLATIF**
bon	**le meilleur** la meilleure les meilleurs les meilleures
mauvais	**le plus mauvais** la plus mauvaise les plus mauvais les plus mauvaises
petit	**le plus petit** la plus petite les plus petits les plus petites
LE MOINS −	**SUPERLATIF**
bon	**le moins bon** la moins bonne les moins bons les moins bonnes
mauvais	**le pire** **le moins mauvais** la pire la moins mauvaise les pires les moins mauvais les pires les moins mauvaises
petit	**le moindre** **le moins petit** la moindre la moins petite les moindres les moins petits les moindres les moins petites

!

L'adjectif s'accorde en genre et nombre avec le sujet.

Pire *est une forme d'insistance et exprime souvent un sens moral.*
La peste est la **pire** des maladies.

Moindre *s'emploie pour apprécier la valeur, l'importance.*
Pierre ne veut pas faire le **moindre** effort pour trouver un travail.

Adverbes

De tous nos employés, c'est Annabelle qui travaille **le plus consciencieusement**.

De tous nos employés, c'est Annabelle qui travaille **le plus consciencieusement**.

Autres exemples

SONA est le concurrent qui marche **le plus fort** en ce moment.
De l'équipe, c'est Paolo qui parle le français **le mieux**.
Le T.G.V. est le train qui roule **le plus vite**.

Le mieux est la forme du superlatif de bien.
Il parle **bien** le français.
Il parle le français **le mieux**.

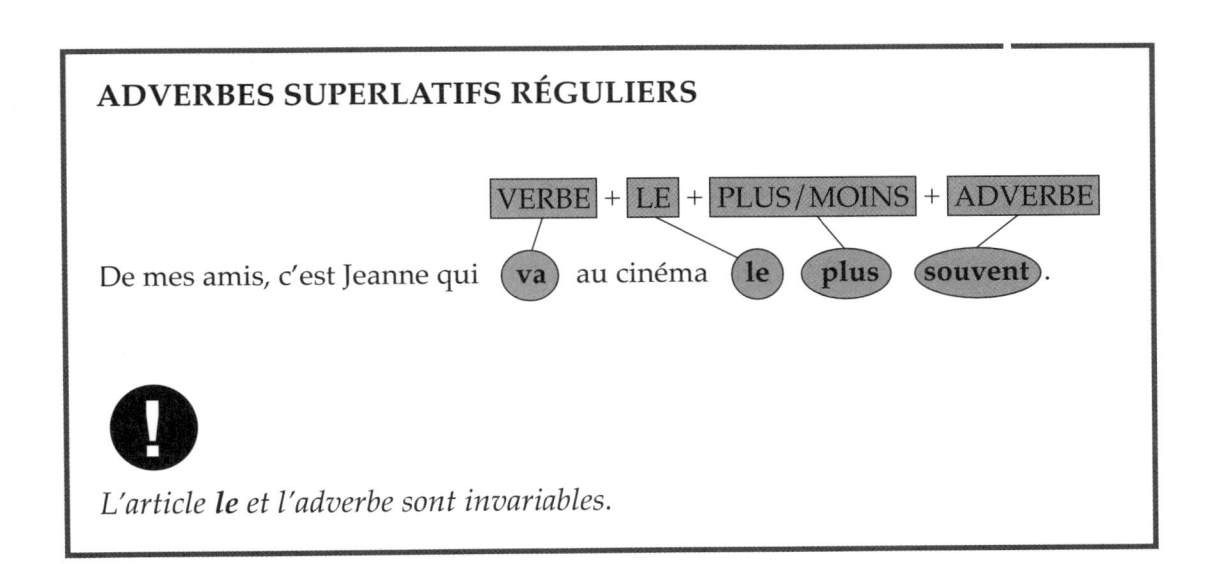

ADVERBES SUPERLATIFS RÉGULIERS

VERBE + LE + PLUS/MOINS + ADVERBE

De mes amis, c'est Jeanne qui (va) au cinéma (le) (plus) (souvent).

*L'article **le** et l'adverbe sont invariables.*

LES ADJECTIFS

Verbes

Jean-Louis a vendu **le moins** ce mois-ci.

Autres exemples

De tous les pays européens le Danemark est celui que je connais **le moins**.
Quel modèle aimez-vous **le plus**?
C'est en Normandie qu'il neige **le moins**.
C'est votre équipe qui a vendu **le plus** cette année.

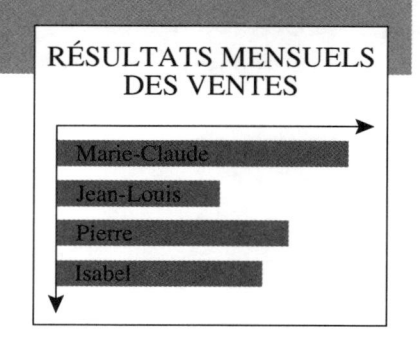

RÉSULTATS MENSUELS DES VENTES
- Marie-Claude
- Jean-Louis
- Pierre
- Isabel

Jean-Louis a vendu **le moins** ce mois-ci.

LES VERBES ET LE SUPERLATIF

VERBE + LE PLUS / LE MOINS

Comparatifs et superlatifs

La Loire est **plus longue que** la Seine, c'est **le plus long** fleuve de France.

Autres exemples

Leur dernier disque est **meilleur que** les précédents, c'est **le meilleur** depuis longtemps.
Pierre est **moins grand que** son frère mais c'est lui qui court **le plus vite**.
C'est notre client **le plus prestigieux**, mais il règle ses factures **moins vite que** tous les autres.

COMPARATIFS ET SUPERLATIFS

	COMPARATIF	SUPERLATIF
Adjectifs	plus... que moins... que aussi... que	**le/la/les plus...** **le/la/les moins...**
Adverbes	plus... que moins... que	**le plus...** **le moins...**

LES ADJECTIFS

32 Le Temps, la Fréquence, l'Habitude

Expressions du temps

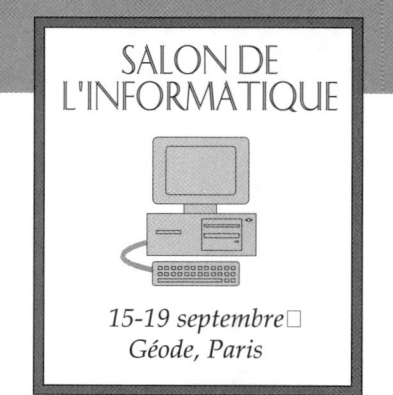

La foire exposition aura lieu **du** 15 (*quinze*) **au** 19 (*dix-neuf*) septembre.

Autres exemples

Les employés arrivent au bureau **avant** 9h00 (*neuf heures*).
À partir du 1er (*premier*) juin, il y aura une nouvelle ligne de métro.
Mon nouvel assistant commence à travailler **dès** demain.
Dans une semaine, nous partirons en vacances.
Elle a démissioné **au bout d'**un mois.
La fête s'est terminée **après** minuit.
Nous sommes allés de Paris à Tours **en** deux heures et demie.
Je travaille pour cette société **depuis** dix ans.
Nous avons étudié l'anglais **pendant** trois ans.
Nous resterons à l'hôtel **jusqu'à** dimanche.
En ce moment, ils s'occupent des marchés asiatiques.
Maintenant, nous allons discuter de la nouvelle campagne publicitaire.

SALON DE L'INFORMATIQUE

15-19 septembre
Géode, Paris

La foire exposition aura lieu **du** 15 (*quinze*) **au** 19 (*dix-neuf*) septembre.

EXPRESSION DU TEMPS

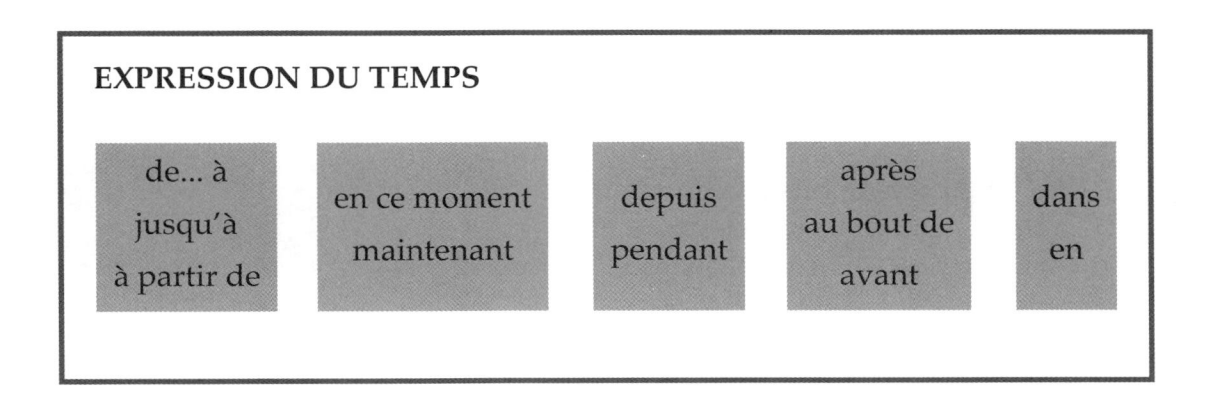

| de... à jusqu'à à partir de | en ce moment maintenant | depuis pendant | après au bout de avant | dans en |

Adverbes de fréquence

> Nous préparons **toujours** le budget en janvier.

Autres exemples

Faites-vous **régulièrement** du sport?
Nous faisons **quelquefois** de la publicité à la télévision.
Nos clients ne paient pas **souvent** à temps!
Nos livraisons sont **rarement** en retard.
Je n'utilise **jamais** de carte de crédit.

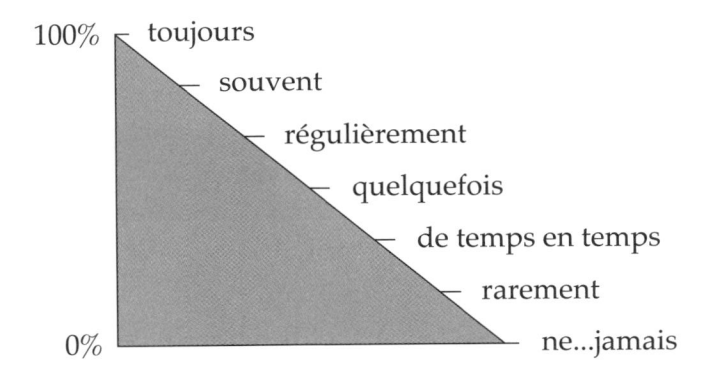

```
100%  ┬ toujours
      │── souvent
      │──── régulièrement
      │────── quelquefois
      │──────── de temps en temps
      │────────── rarement
 0%   ┴──────────── ne...jamais
```

!

Jamais est toujours à la forme négative.
Je **ne** vais **jamais** à l'opéra.

LES ADVERBES

Combien de fois par...?

> – **Combien de fois par jour** téléphonez-vous en France?
> – Peut-être **deux ou trois fois**.

Autres exemples

Nous dînons au restaurant au moins **une fois par semaine**.
Il est insomniaque, il ne dort que **trois heures par nuit**.
Je fais du ski **une fois par an**.

– **Combien de jours par semaine** travaille-t-elle?
– Elle travaille **deux jours par semaine**.

Combien de	fois		jour
Une/deux/trois	fois	**par**	nuit semaine
Un/deux/trois	jours/mois		mois an

Exprimer l'habitude

> **Chaque été** nous embauchons des stagiaires.

Autres exemples

Je prends des cours de danse **le** jeudi et **le** samedi.
Il commence **chaque matin** à 8h00 (*huit heures*).
Notre magasin est fermé **le** lundi.
Nous allons à la campagne **tous les week-ends**.
Les auditeurs viennent **tous les ans** vérifier les comptes.
Elle reçoit ce magazine **tous les deux mois**.

N.B.

*On utilise l'article défini (**le, la**) avec **un jour** ou **un moment de la journée** pour exprimer l'habitude:*

    le matin   =   tous les matins
    le lundi   =   tous les lundis

Le matin je me lève à 6h00 (*six heures*).

Chaque	heure jour matin, soir lundi, mardi semaine été année
Tous les	jours lundis, mardis matins, soirs étés ans week-ends
Toutes les	heures semaines nuits

!

*On dit **tous les deux jours** ou **un jour sur deux**, mais on ne dit jamais **chaque deux jours**.*

LES ADVERBES

33 L'Expression de la Quantité

Beaucoup de et peu de

Nous mangeons **beaucoup de** fruits, surtout en été.

Nous mangeons **beaucoup de** fruits, surtout en été.

Autres exemples

Cette société est déficitaire car elle dépense **beaucoup d'**argent et fait **peu de** bénéfices.
Il **n'**y a **pas beaucoup de** monde dans les rues le dimanche.
Elle est très malade, les médecins ont **peu d'**espoir de la guérir.
Nous comptons **beaucoup de** grands clients internationaux.
Peu de gens connaissent le quartier.

Beaucoup de/peu de monde est masculin singulier.
Beaucoup de/peu de gens est masculin pluriel.

GRAMMAIRE

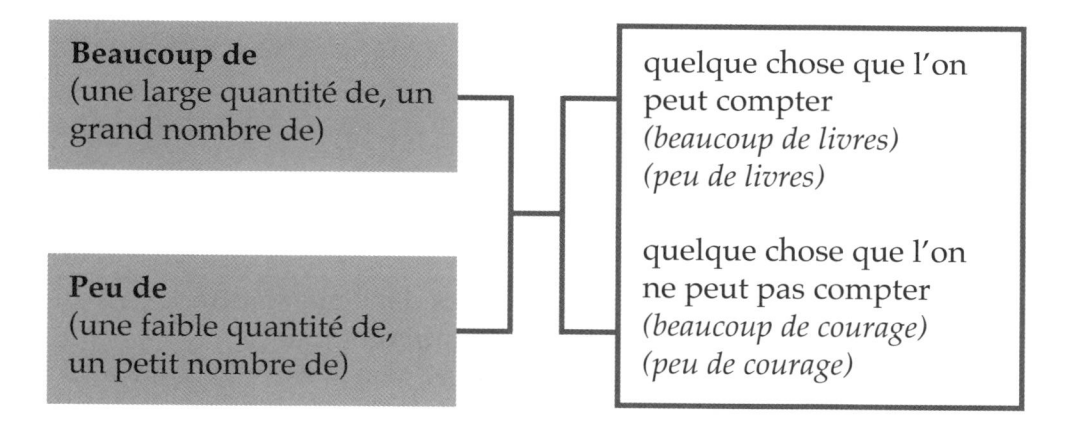

Beaucoup de (une large quantité de, un grand nombre de)	quelque chose que l'on peut compter *(beaucoup de livres)* *(peu de livres)*
Peu de (une faible quantité de, un petit nombre de)	quelque chose que l'on ne peut pas compter *(beaucoup de courage)* *(peu de courage)*

Un peu de

Encore **un peu de** fromage, Monsieur Schmidt?

Autres exemples

Vous pouvez venir aujourd'hui, j'ai **un peu de** temps cet après-midi.
Je voudrais un café avec **un peu de** lait.
Avec **un peu de** patience, on arrive à tout.

Un peu de/d' (une petite quantité de)	quelque chose qu'on ne peut pas compter

❗

Un peu de indique une quantité légèrement supérieure à peu de.

LES ADVERBES

Assez de

Tu as **assez d'**argent pour payer?

Autres exemples

Il y a **assez de** place pour cinq personnes dans ma voiture.
Laissez Pierre tranquille, il a **assez d'**ennuis comme ça.
Est-ce qu'il y a **assez de** neige pour skier?

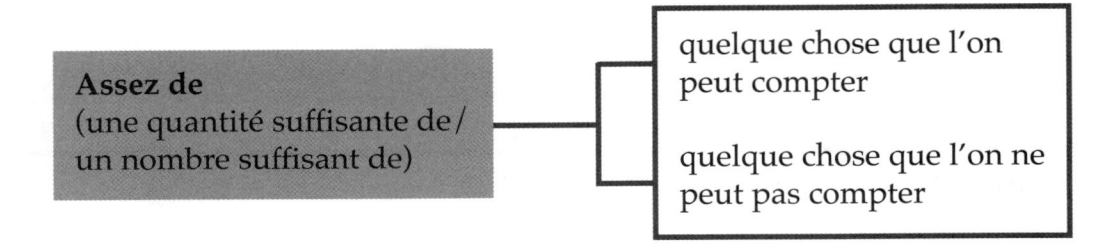

Assez de
(une quantité suffisante de/
un nombre suffisant de)
— quelque chose que l'on peut compter
— quelque chose que l'on ne peut pas compter

Trop de et pas assez de

Il **n'**y a **pas assez de** caissières.

Il **n'**y a **pas assez de** caissières.

Autres exemples

Tu n'as pas d'énergie car tu ne fais **pas assez de** sport.
Notre pays importe **trop de** produits étrangers.
Je pense qu'il y a **trop de** corruption dans les milieux politiques.
Dans cet appartement, il y a **trop de** meubles et il **n'**y a **pas assez** de lumière.

Trop de
(une quantité excessive, un nombre excessif de)

Ne... pas assez de
(une quantité insuffisante de un nombre insuffisant de)

quelque chose que l'on peut compter

quelque chose que l'on ne peut pas compter

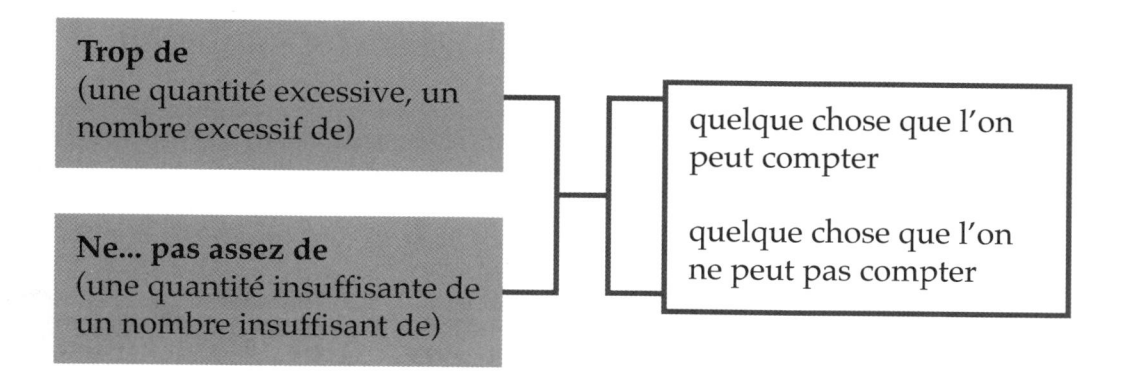

Quelques

Nous avons encore **quelques** modèles en rouge et bleu à vous proposer.

Autres exemples

Attends-moi, je reviens dans **quelques** minutes.
Je voudrais perdre **quelques** kilos avant l'été.
Nous avons **quelques** difficultés à comprendre son accent.

Quelques
(un petit nombre de...)

quelque chose que l'on peut compter

❗

Quelques s'emploie toujours au pluriel devant un nom au pluriel.
On ne dit pas: ~~J'ai besoin de quelques repos.~~
   On dit: J'ai besoin de quelques heures de repos.
      ou: J'ai besoin d'un peu de repos.

LES ADVERBES

Plusieurs

Plusieurs personnes sont intéressées par votre projet.

Plusieurs personnes sont intéressées par votre projet.

Autres exemples

Le Directeur a **plusieurs** choses à vous dire.
Mendelssohn a écrit **plusieurs** concertos pour violon.
Je connais **plusieurs** bons restaurants près d'ici.

Plusieurs s'emploie toujours devant un nom au pluriel.

Plusieurs
(un certain nombre de)
(plus d'un[e]) ——— quelque chose que l'on peut compter

❗ NE DITES PAS	DITES
~~J'ai un peu d'amis à Paris.~~	J'ai **quelques** amis à Paris.
~~Il y a beaucoup des problèmes.~~	Il y a **beaucoup de** problèmes.
~~Vous avez plus de chance.~~	Vous avez **beaucoup de** chance.

GRAMMAIRE

LES ADVERBES

34 Les Adverbes de Manière

Comment?

> Danielle est très douée pour les langues. Elle parle **couramment** français, allemand et espagnol.

Merci beaucoup du renseignement.

Vielen Dank für die Information.

Muchas gracias por la información.

Autres exemples

Je comprends **mal** le sens de cette phrase!

– Comment allez-vous?
– Je vais **bien**, merci.

– Comment marchent les affaires de la société?
– Nous avons **fortement** accru notre présence en Europe Centrale et nous avons **considérablement** amélioré nos bénéfices.

Danielle est très douée pour les langues. Elle parle **couramment** français, allemand et espagnol.

N.B.

L'adverbe de manière a pour fonction d'ajouter un élément complémentaire à un verbe, un adjectif ou un autre adverbe. L'adverbe de manière évoque la question **comment...?**. *Il reste invariable.*

GRAMMAIRE

Adverbe + verbe

Les employés ont **violemment** réagi à l'annonce des licenciements.

Autres exemples

Le directeur a **catégoriquement** refusé les revendications des ouvriers.
Isabelle écrit **mal**, sa lettre est illisible!
Pouvez-vous répéter, s'il vous plaît, je n'ai pas **bien** compris.
Le taux d'inflation a **légèrement** augmenté.
Laurent conduit **vite**, il n'est pas prudent.

Présent

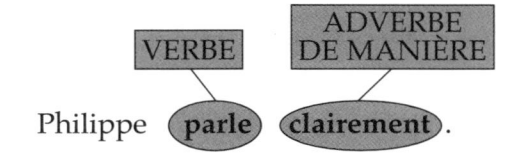

Philippe (parle) (clairement).
VERBE — ADVERBE DE MANIÈRE

Passé composé

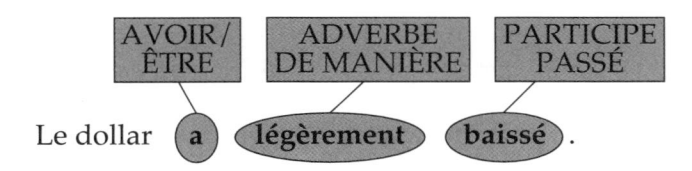

Le dollar (a) (légèrement) (baissé).
AVOIR/ÊTRE — ADVERBE DE MANIÈRE — PARTICIPE PASSÉ

❗

Certains adjectifs s'emploient aussi comme adverbes de manière. Ils sont toujours au masculin singulier:

bon   Ces roses sentent **bon**.
cher Cette voiture coûte **cher**.
fort Il parle **fort**.

Adverbe + adjectif

> Cette entreprise est **mal** gérée, il faut la restructurer.

Autres exemples

Il est **complètement** fou, il veut démissioner!
Ce livre est **vraiment** passionnant, je vous conseille de le lire.
Nous sommes **entièrement** favorables à cette décision.
Êtes-vous **confortablement** installé?

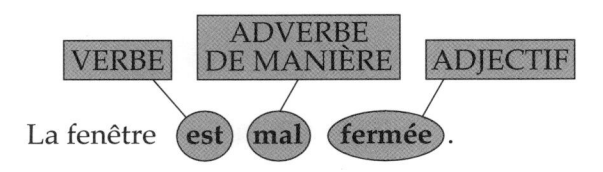

La fenêtre [VERBE **est**] [ADVERBE DE MANIÈRE **mal**] [ADJECTIF **fermée**].

❗

Dans la langue courante, un adverbe peut aussi précéder un autre adverbe s'il a une valeur intensive:

Elle chante **vraiment** bien.
Ce programme marche **tellement** mal!

Bien: usages divers

> Va voir ce film, il est très **bien**.

Autres exemples

Pourquoi changer de salle? Nous sommes très **bien** ici.
Allez chez mon avocat, il est très **bien**!
La vie est **bien** plus chère à Paris qu'en province.

BIEN

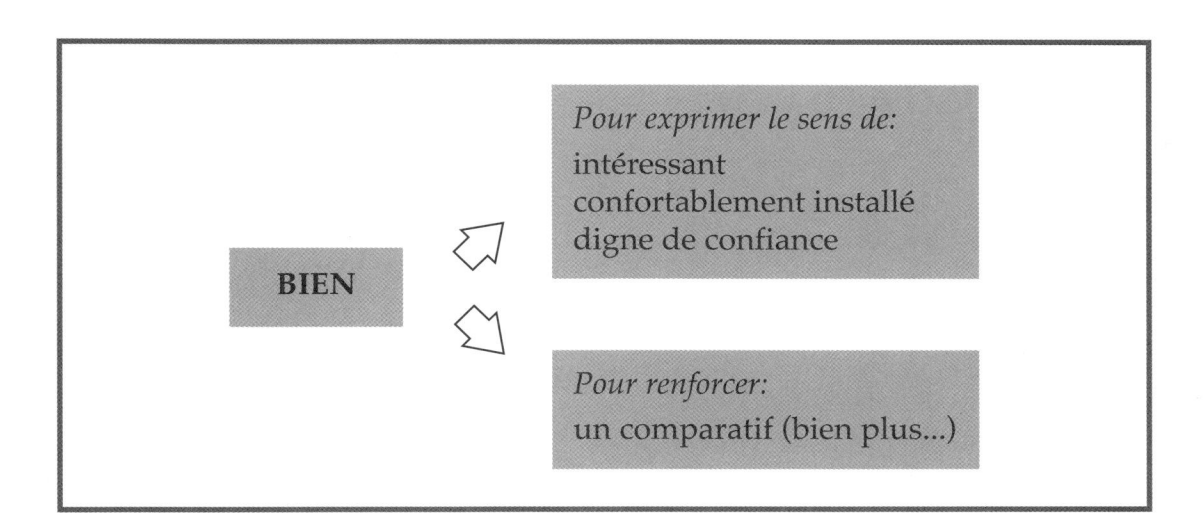

Pour exprimer le sens de:
intéressant
confortablement installé
digne de confiance

Pour renforcer:
un comparatif (bien plus...)

ADVERBES DE MANIÈRE: FORMATION

ADJECTIF MASCULIN	FORMATION	EXEMPLES
Terminé par une **consonne**	Adjectif féminin + *ment*	léger → légère **légèrement**
Terminé par une **voyelle**	Adjectif masculin + *ment*	vrai **vraiment**
Terminé par *ant*	Radical + *amment*	courant **couramment**
Terminé par *ent*	Radical + *emment*	violent **violemment**

Adjectif	*Adverbe*
bon	**bien**
mauvais	**mal**
fou	**follement**

LES ADVERBES

35 On

On = les gens en général

Le soir à Paris, **on** sort après 22h00 (*vingt-deux heures*).

Autres exemples

On conduit plus vite en Europe qu'aux États-Unis.
En France, **on** aime la gastronomie et les bons vins.
On dit que l'économie va de plus en plus mal.
À Montréal **on** parle français et anglais.

Le soir à Paris, **on** sort après 22h00 (*vingt-deux heures*).

On = nous (usage familier)

Jean-Luc, **on** part à quelle heure demain matin?

Autres exemples

L'ascenseur est en panne. **On** monte à pied?
Chez nous, **on** parle le dialecte de la région.
Pierre, tu viens, **on** va prendre un verre.
Dans notre société **on** a six semaines de congés payés.

GRAMMAIRE

N.B.

*L'usage de **on** pour **nous** est familier, mais très courant dans la langue parlée.*

On = un sujet indéfini

> Dans ce restaurant **on** mange bien et à bon marché.

Autres exemples

Écoutez! **On** entend des bruits bizarres au grenier!
On est bien dans cet hôtel, vous ne trouvez pas?
On ne peut pas comparer Paris et New York, ce sont deux villes si différentes!

On = quelqu'un (passif)

> **On** demande Monsieur Bruno à la réception.

Autres exemples

On m'a parlé de votre projet, c'est très intéressant.
Madame LeBlanc, **on** vous a apporté des fleurs ce matin.
On m'a offert un poste intéressant à l'étranger.

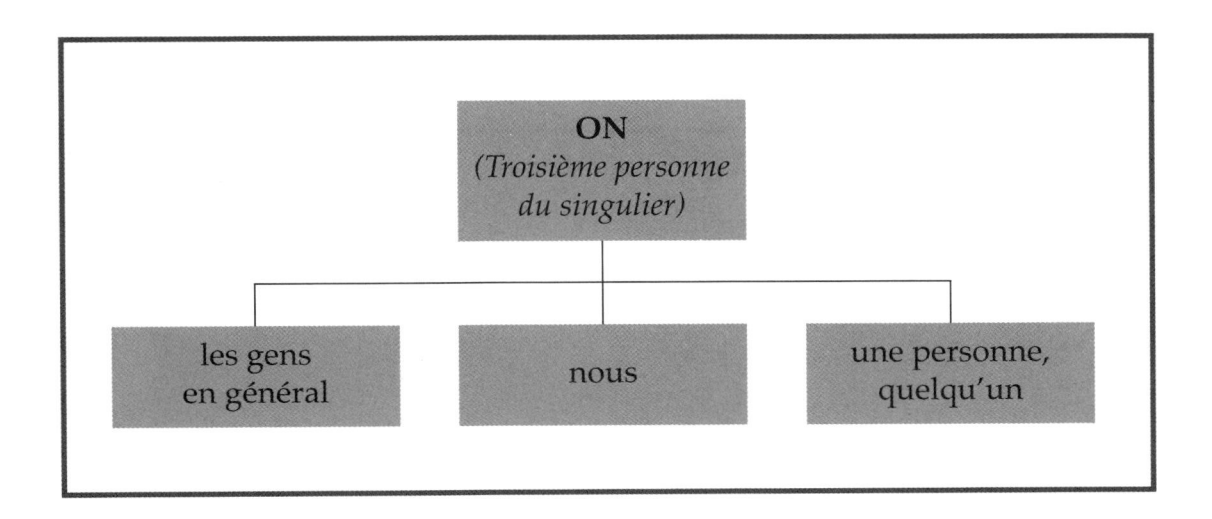

```
                    ON
            (Troisième personne
              du singulier)
           ┌─────────┼─────────┐
    les gens        nous     une personne,
    en général              quelqu'un
```

LES PRONOMS

L'on

> C'est le parc où **l'on** se promène le dimanche.

Autres exemples
Voici la salle où **l'on** va se réunir la semaine prochaine.
Je vous appellerai dès **que l'on** aura reçu la commande.
Avez-vous vu les lettres **que l'on** a apportées ce matin?
Il n'y aura personne au bureau demain puisque **l'on** a voté la grève.

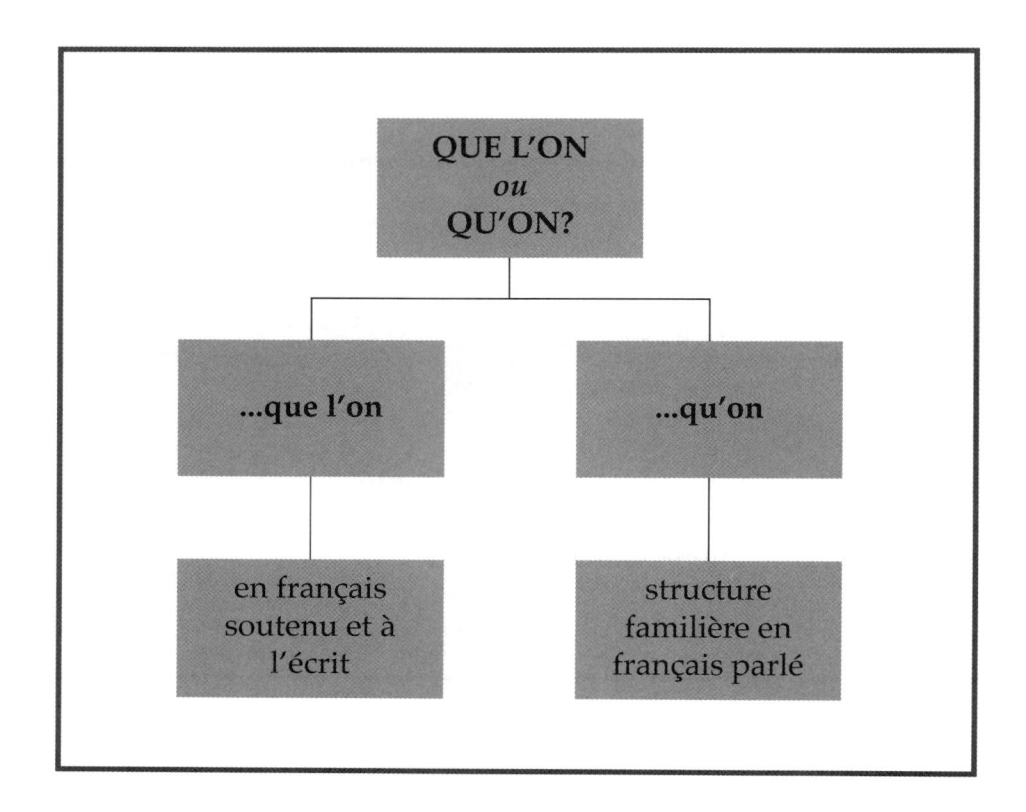

```
           QUE L'ON
              ou
            QU'ON?
          /         \
    ...que l'on      ...qu'on
         |              |
    en français      structure
    soutenu et à    familière en
      l'écrit       français parlé
```

36 Les Pronoms Personnels: Me/Te/Le/Lui

Les pronoms personnels directs (me/te/le)

– Avez-vous les clefs du bureau?
– Oui, je **les** ai.

Autres exemples

Allô, oui je **vous** écoute.
Qui sont ces deux hommes? Je ne **les** connais pas.
Nous **te** retrouvons à huit heures devant le théâtre.
Vous ne **me** reconnaissez pas? Je suis Isabelle, la soeur de Jean-Luc.

– Regardez-vous très souvent la télévision?
– Oui, je **la** regarde tous les soirs.

– Est-ce qu'il sait que tu vas démissioner?
– Oui, il **le** sait.

– Avez-vous les clefs du bureau?
– Oui, je **les** ai.

N.B.

Le pronom personnel direct remplace un nom de chose ou de personne placé après un verbe sans préposition.

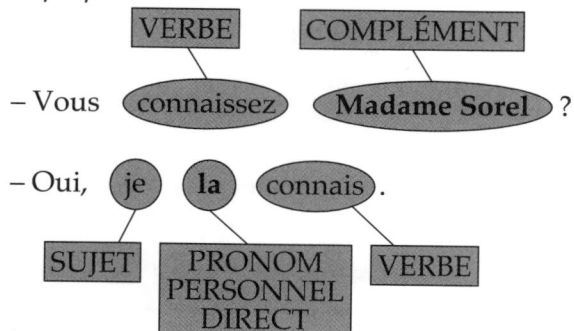

– Vous [connaissez]VERBE [Madame Sorel]COMPLÉMENT ?

– Oui, [je]SUJET [la]PRONOM PERSONNEL DIRECT [connais]VERBE .

Dans la phrase, le pronom personnel direct est placé entre le sujet et le verbe.

GRAMMAIRE

À la forme négative:

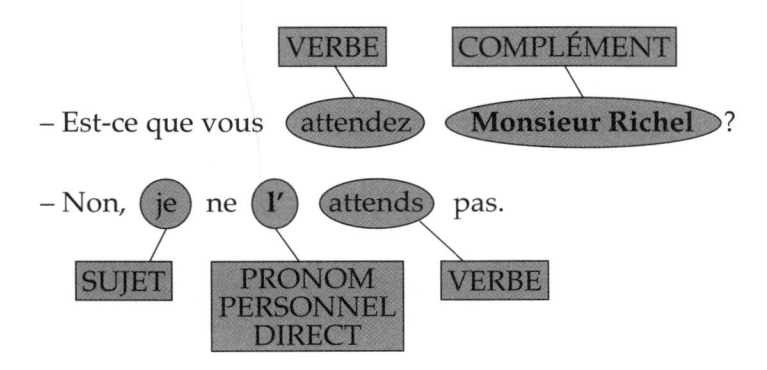

– Est-ce que vous **attendez** *Monsieur Richel*?
(VERBE) (COMPLÉMENT)

– Non, **je** ne **l'** **attends** pas.
(SUJET) (PRONOM PERSONNEL DIRECT) (VERBE)

On utilise le pronom personnel direct avec des de verbes tels que:

appeler	attendre	chercher	comprendre
conduire	connaître	détester	écouter
entendre	inviter	regarder	remercier
rencontrer	retrouver	savoir	voir

Les pronoms personnels indirects

– Vous téléphonez souvent à vos clients?
– Oui, je **leur** téléphone régulièrement.

Autres exemples

Monsieur Petit, je **vous** offre quelque chose à boire?
Comment va ta femme? Dis-**lui** bonjour de ma part.
Pouvez-vous **nous** apporter une autre bouteille d'eau, s'il vous plaît.
Mon ami? Je ne **lui** écris jamais, je **lui** téléphone.
Est-ce que vous **me** proposez une solution?

LES PRONOMS

N.B.

Les pronoms personnels indirects remplacent un nom de personne précédé de la préposition à.

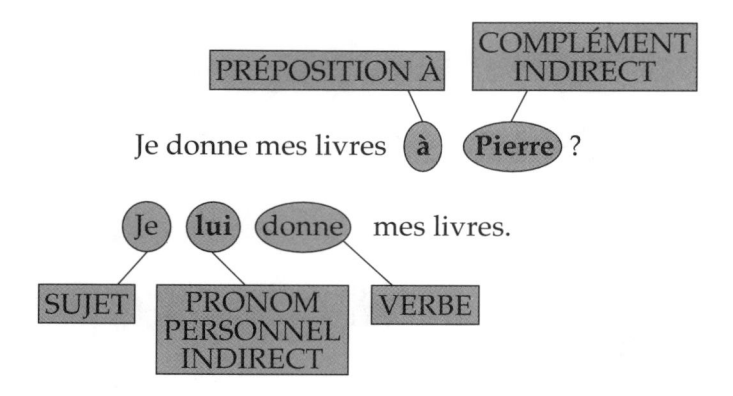

Je donne mes livres **à** **Pierre** ?
PRÉPOSITION À — COMPLÉMENT INDIRECT

Je **lui** donne mes livres.
SUJET — PRONOM PERSONNEL INDIRECT — VERBE

Le pronom personnel indirect est placé entre le sujet et le verbe.

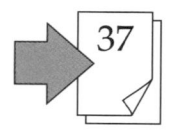

!

À la forme négative :

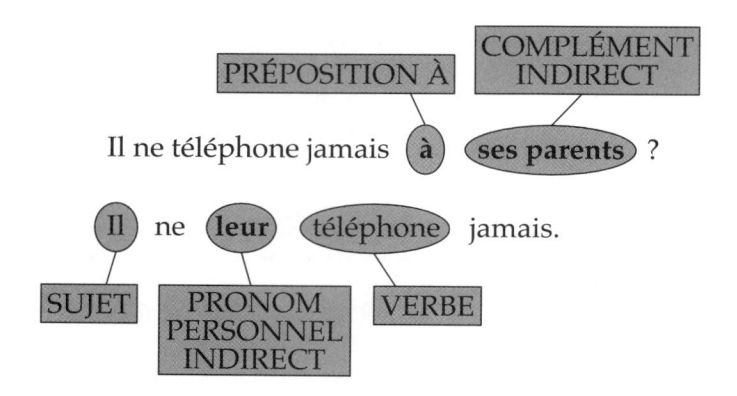

Il ne téléphone jamais **à** **ses parents** ?
PRÉPOSITION À — COMPLÉMENT INDIRECT

Il ne **leur** téléphone jamais.
SUJET — PRONOM PERSONNEL INDIRECT — VERBE

Le pronom personnel indirect est placé entre le sujet et le verbe.

Voir aussi, chapitre 37, *La Place des Pronoms Directs et Indirects*.

On utilise les compléments indirects avec des verbes tels que:

apporter	demander	dire
donner	écrire	envoyer
expliquer	offrir	parler
présenter	proposer	téléphoner

*Les verbes de type **penser à**, **rêver de**, **songer à** sont suivis des pronoms toniques.*

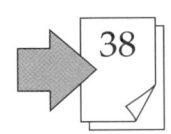

Voir chapitre 38, *Les Pronoms Toniques*.

LES PRONOMS PERSONNELS

(SUJET)	DIRECTS	INDIRECTS
(je)	**me**	**me**
(tu)	**te**	**te**
(il)	**le**	**lui**
(elle)	**la**	**lui**
(nous)	**nous**	**nous**
(vous)	**vous**	**vous**
(ils)	**les**	**leur**
(elles)	**les**	**leur**

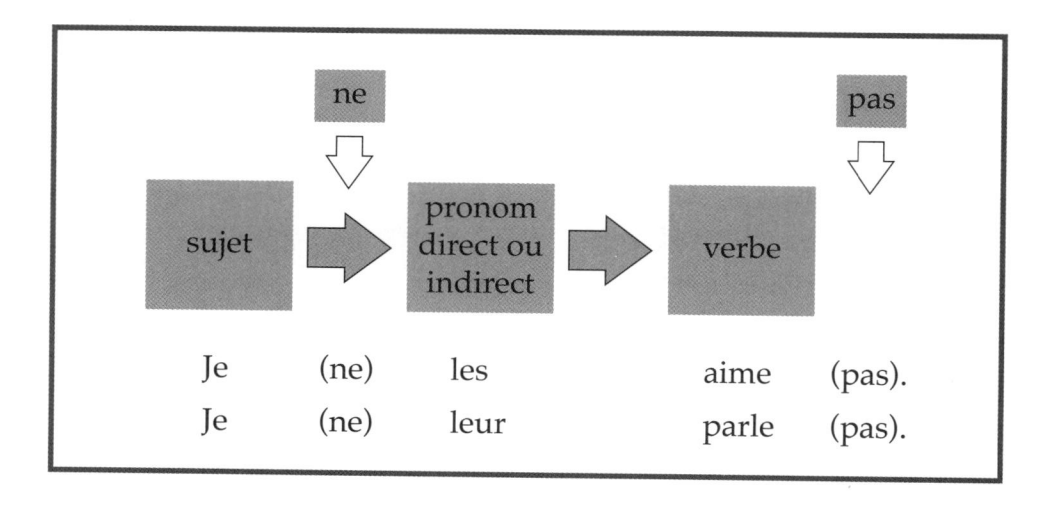

37 La Place des Pronoms Directs et Indirects

Au présent dans la phrase avec un verbe principal

– Regardez ces modèles, ils **vous** plaisent?
– Non, ils ne **me** plaisent pas beaucoup.

Autres exemples

La télévision **m'**ennuie, je ne **la** regarde jamais.

Mes voisins? Oui, je **les** connais. Je **leur** parle de temps en temps, ils **nous** aiment bien, je crois.

– Pourquoi est-ce que vous téléphonez à votre banque?
– Je **leur** téléphone pour demander un relevé de compte.

– Regardez ces modèles, ils **vous** plaisent?
– Non, ils ne **me** plaisent pas beaucoup.

sujet	(ne)	pronom direct ou indirect	verbe	(pas)
Je	(ne)	les	aime	(pas).
Je	(ne)	leur	parle	(pas).

ne ↓   pas ↓

GRAMMAIRE

*La position des pronoms directs et indirects dans une phrase **au futur** est la même qu'au présent.*

Au présent dans la phrase: verbe principal + infinitif

Je voudrais **vous** présenter ma femme, Sabine.

Je voudrais **vous** présenter ma femme, Sabine.

Autres exemples

Nous devons **leur** envoyer le nouveau catalogue.

Monsieur Mesland n'est pas là? Alors, pouvez-vous **lui** dire que je vais **le** rappeler ce soir chez lui.

Vous voulez **me** donner ces lettres, je vais **les** taper tout de suite.

– Allez-vous téléphoner à Monsieur Bernard?
– Oui, je vais **lui** téléphoner aujourd'hui.

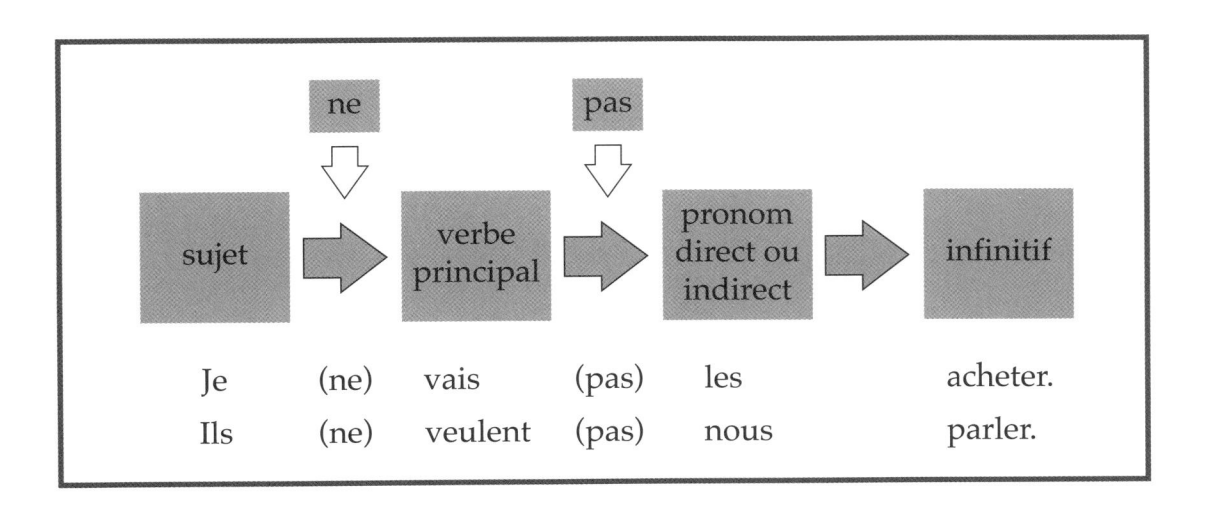

sujet	ne	verbe principal	pas	pronom direct ou indirect	infinitif
Je	(ne)	vais	(pas)	les	acheter.
Ils	(ne)	veulent	(pas)	nous	parler.

LES PRONOMS

À l'impératif

> Les invités sont là. Alors, conduisez-**les** dans la salle de réception et offrez-**leur** l'apéritif!

Autres exemples

Monsieur! Apportez-**nous** une autre carafe d'eau, s'il vous plaît.
Je vous ai apporté nos nouvelles brochures. Prenez-**les**, regardez-**les** et dites-**moi** comment vous trouvez nos derniers modèles.
Le patron est de mauvaise humeur, ne **le** dérangez pas, ne **lui** parlez pas!
Cette voiture est une bonne occasion, achète-**la**!

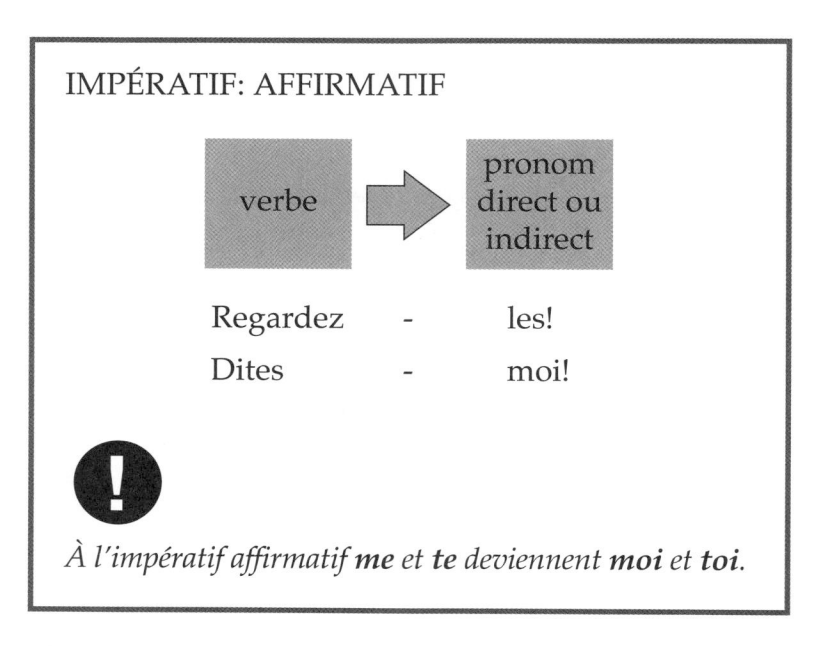

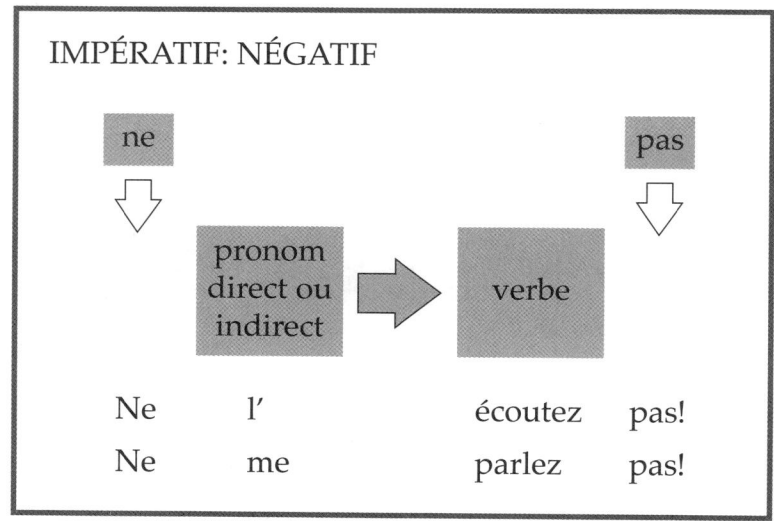

IMPÉRATIF: AFFIRMATIF

verbe ⇒ pronom direct ou indirect

Regardez - les!
Dites - moi!

❗

À l'impératif affirmatif **me** *et* **te** *deviennent* **moi** *et* **toi**.

IMPÉRATIF: NÉGATIF

ne ⬇   pas ⬇

pronom direct ou indirect ⇒ verbe

Ne   l'   écoutez   pas!
Ne   me   parlez   pas!

GRAMMAIRE

38 Les Pronoms Toniques: *Moi/Toi/Lui...*

Après une préposition

Colette, ce paquet est pour **toi**.

Autres exemples

Attendez Nathalie, vous ne pouvez pas partir sans **elle**.
Monsieur Bonnaud, les stagiaires arriveront mercredi, pourrez-vous déjeuner avec **eux**?
Monsieur Lefèvre, je suis très content de **vous**, j'ai la proposition suivante à vous faire.
Pierre voudrait rentrer chez **lui**, il est malade.

Colette, ce paquet est pour **toi**.

Après le comparatif

Vous êtes plus compétent que **moi** en la matière.

Autres exemples

Je ne crains pas nos concurrents, nous sommes plus compétitifs qu'**eux**.
J'ai deux soeurs Nicole et Marianne, je suis moins âgé qu'**elles**.
Les japonais ont progressé dans ce domaine, ils exportent presqu'autant que **nous**.
Qui va gagner? Je ne le sais pas plus que **vous**.

Après un verbe pronominal (se...) + préposition (à, de)

> Ses enfants sont malades, elle doit rester chez elle et s'occuper d'**eux**.

Autres exemples

Vous connaissez Bernard Portail? Adressez-vous à **lui**, il pourra peut-être vous aider.
C'est votre soeur sur cette photo? Je crois me souvenir d'**elle**, nous nous sommes rencontrés il y a quelques années.
Nous allons déjeuner. Eric et Emmanuelle, voulez-vous vous joindre à **nous**?

Exemples de verbes pronominaux suivis des pronoms toniques:

s'adresser à	se fier à	se joindre à
se méfier de	s'occuper de	se souvenir de

Après les verbes *penser à*, *songer à*, *rêver de* (suivis de personnes)

> Bonne chance pour tes examens, je **penserai à toi**.

Autres exemples

Monsieur Laval, la direction **a songé à vous** pour remplacer le secrétaire général.
Le héros du film a terrorisé mon fils. Il **a rêvé de lui** à plusieurs reprises.

- Vous **pensez à** votre fille?
- Oui, je **pense à elle**, c'est son anniversaire aujourd'hui.

Emplois divers

– J'aime beaucoup la musique classique, et **toi**?
– **Moi** aussi.

Autres exemples

Nos employés finissent de travailler à 18h00 (*dix-huit heures*), quant à **moi** je reste parfois jusqu'à 20h00 (*vingt heures*).

– Est-ce que c'est la femme du Directeur?
– Oui, c'est **elle**.

– Est-ce que Monsieur Jaffré et **vous** irez à la conférence?
– Non, ni **lui** ni **moi** ne pouvons y aller.

– J'aime beaucoup la musique classique, et **toi**?
– **Moi** aussi.

```
et
ni
c'est        +    pronom tonique
quant à
```

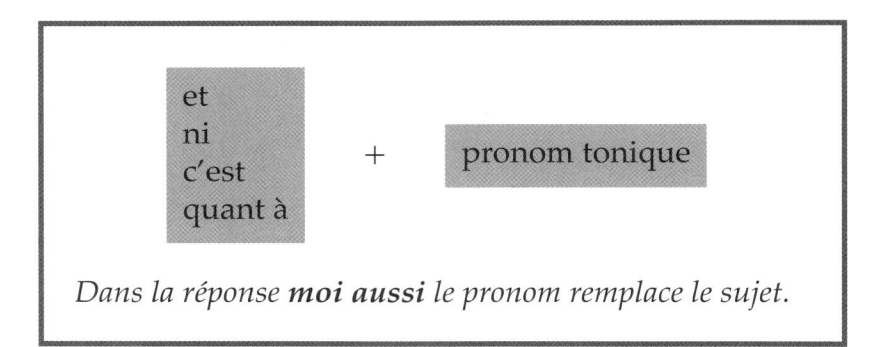

*Dans la réponse **moi aussi** le pronom remplace le sujet.*

PRONOMS TONIQUES	
Pronom sujet	*Pronom tonique*
je	**moi**
tu	**toi**
il	**lui**
elle	**elle**
nous	**nous**
vous	**vous**
ils	**eux**
elles	**elles**

USAGE DES PRONOMS TONIQUES	
Après une préposition	Avec **moi**, chez **toi**, derrière **lui**, après **nous**, pour **eux**
Après le comparatif	Plus âgé que **moi** Aussi grand que **toi** Moins intelligent que **lui**
Après un verbe pronominal (se... à, se... de)	Je m'occupe de **lui** Il se souvient d'**elle**
*Après **penser à**, **songer à**, **rêver de***	Il ne pense pas à **nous**
Usages divers	J'aime beaucoup le tennis, et **vous**? Ni ma femme ni **moi** ne parlons espagnol Quant à **moi**,... Pierre, c'est **toi**?

❗ NE DITES PAS	DITES
- Tu penses à Pierre? - Oui, j'y pense.	Oui, je pense à **lui**.
Vous aimez Paris? Je aussi.	Vous aimez Paris? **Moi** aussi.

LES PRONOMS

39 *Les Adjectifs Indéfinis:* *Quelqu'un/Quelque chose/ Quelque part*

Quelqu'un. Ne... personne

> – **Quelqu'un** peut me renseigner?
> – Non, **personne ne** peut vous renseigner ici, allez au guichet numéro 15 (*quinze*).

Autres exemples

Il **n'**y a **personne** du nom de Cotard ici.
Quelqu'un a pris ma calculatrice!
Le dimanche dans les rues vous **ne** rencontrez **personne**.
Je connais **quelqu'un** qui peut vous aider.
Personne ne travaille chez nous le samedi.

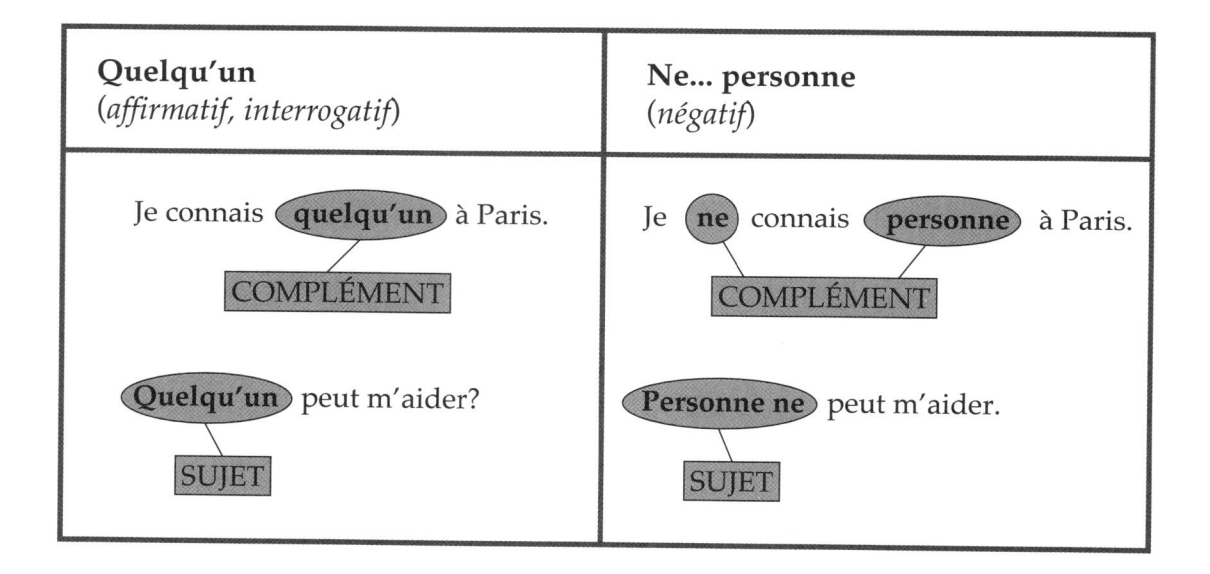

Quelqu'un (*affirmatif, interrogatif*)	Ne... personne (*négatif*)
Je connais **quelqu'un** à Paris. — COMPLÉMENT	Je **ne** connais **personne** à Paris. — COMPLÉMENT
Quelqu'un peut m'aider? — SUJET	**Personne ne** peut m'aider. — SUJET

> !

Présent: Je ne vois **personne**. Je n'écris à **personne**.
Passé composé: Je n'ai vu **personne**. Je n'ai écrit à **personne**.

Quelque chose. Ne... rien

Vous buvez **quelque chose**, une bière, un soda?

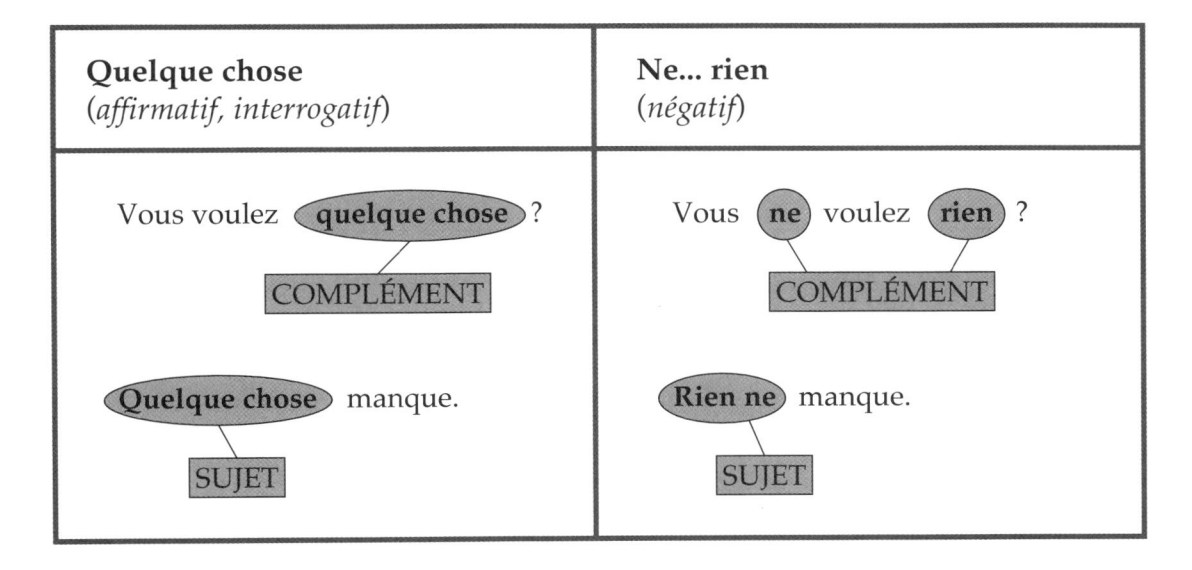

Autres exemples
Je **n'**ai **rien** remarqué de bizarre, et toi?
Rien ne peut changer son opinion.
Il **ne** pense à **rien**, il oublie toujours tout!
Il **n'**y a **rien** à la télévision ce soir.

– **Quelque chose** ne va pas?
– Non, tout va bien.

– Vous désirez **quelque chose**?
– Non, je **ne** veux **rien**, j'attends une amie.

Vous buvez **quelque chose**, une bière, un soda?

Quelque chose (*affirmatif, interrogatif*)	**Ne... rien** (*négatif*)
Vous voulez (quelque chose)? → COMPLÉMENT	Vous (ne) voulez (rien)? → COMPLÉMENT
(Quelque chose) manque. → SUJET	(Rien ne) manque. → SUJET

> !

Présent: Je ne bois **rien**. Je ne pense à **rien**.
Passé composé: Je n'ai **rien** bu. Je n'ai pensé à **rien**.

LES PRONOMS

Quelque part. Ne... nulle part

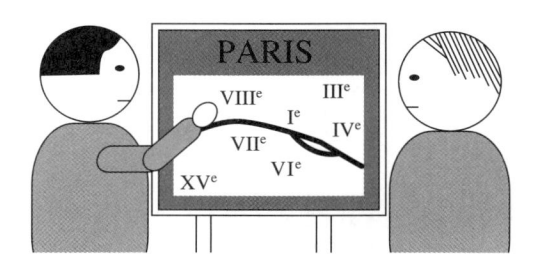

Je voudrais habiter **quelque part** dans le VIIIe.

Autres exemples

Je **ne** trouve ces dossiers **nulle part**!
Tu vas manger **quelque part** à midi?
Il **n'**y a **nulle part** où aller, tout est complet!
Nulle part ne ressemble à cette région.

– Vous partez **quelque part** ce weekend?
– Non, nous **n'**allons **nulle part**, et vous?

Je voudrais habiter **quelque part** dans le VIIIe.

*Le VIIIe signifie **le huitième arrondissement**, faisant partie des vingt arrondissements de Paris (subdivision administrative de la ville). Il est courant de dire:* J'habite dans **le huitième**.

Quelque part (*interrogatif, affirmatif*)	Ne... nulle part (*interrogatif, négatif*)
- Vous allez **quelque part**? - Oui, je vais **quelque part**.	- Vous **n'**allez **nulle part**? - Non, je **ne** vais **nulle part**.

GRAMMAIRE

Présent: Je **ne** vais **nulle part**.
Passé composé: Je **ne** suis allé **nulle part**.

N.B.

Quelque part *et **nulle part** sont des indéfinis représentant un lieu, un endroit. Il est donc possible de les trouver après un complément direct:*

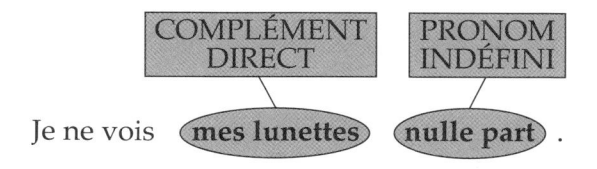

Je ne vois (mes lunettes) [COMPLÉMENT DIRECT] (nulle part) [PRONOM INDÉFINI].

Ne... plus + indéfini

Je **n'**ai **plus rien** à ajouter.

Autres exemples

Elle **ne** connaît **plus personne** à Paris.
Ils **ne** vont **plus nulle part**, ils restent à la maison.
Après cette date, on **ne** pourra **plus rien** faire.

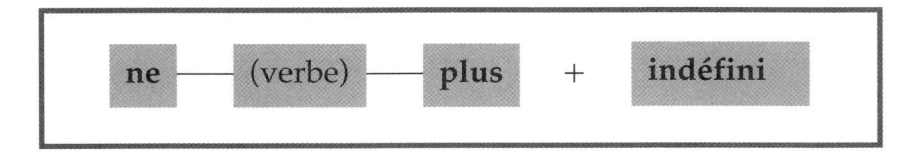

ne — (verbe) — **plus** + **indéfini**

LES PRONOMS

Ne... jamais + indéfini

> Nous **n'écrivons jamais** à **personne**.

Autres exemples

Notre directeur **ne** réprimande **jamais personne**.
Quand il parle, on **ne** comprend **jamais rien**!
Il **ne** va **jamais nulle part** en été.

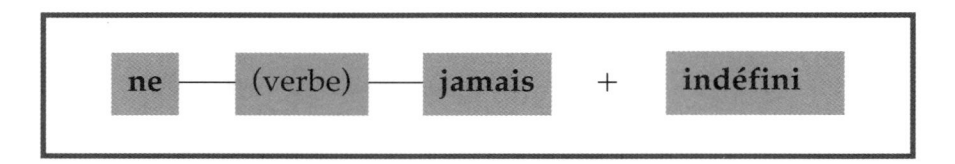

```
ne ── (verbe) ── jamais  +  indéfini
```

Indéfini + de + adjectif

> Il y a **quelque chose d'intéressant** à la télévision?

Autres exemples

Vous **n'avez rien de** moins cher?
Nous préférons aller **quelque part d'**ensoleillé.
Il n'y a **personne de** disponible pour m'aider?

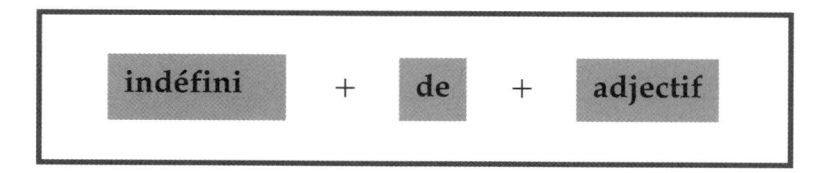

```
indéfini  +  de  +  adjectif
```

LES PRONOMS INDÉFINIS

	PERSONNE	CHOSE	LIEU
Affirmatif *Interrogatif*	quelqu'un	quelque chose	quelque part
Négatif	ne... personne	ne... rien	ne... nulle part

❗

*Dans les réponses négatives **pas** est inutile, il est déjà entendu dans la réponse **ne... personne**, **ne... rien** ou **nulle part**.*

❗ NE DITES PAS	DITES
Je ne connais pas quelqu'un.	Je **ne** connais **personne**.
Nous n'allons pas nulle part ce soir.	Nous **n'**allons **nulle part** ce soir.
Je n'entends pas quelque chose.	Je **n'**entends **rien**.

LES PRONOMS

40 *Y et En*

Y remplace une préposition de lieu + nom (une chose, un lieu)

– Mon portefeuille est **dans ton sac**?
– Oui, il **y** est.

Autres exemples

Je vais **à la réunion**, vous **y** allez aussi?
Il va **chez le dentiste** cet après-midi. Moi, j'**y** vais la semaine prochaine.
Paris? Oui, je connais bien, j'**y** vais tous les mois.

– Mon portefeuille est **dans ton sac**?
– Oui, il **y** est.

PRÉPOSITION DE LIEU — NOM
Le dossier est **sur** **mon bureau**.
Le rapport **y** est aussi.

GRAMMAIRE

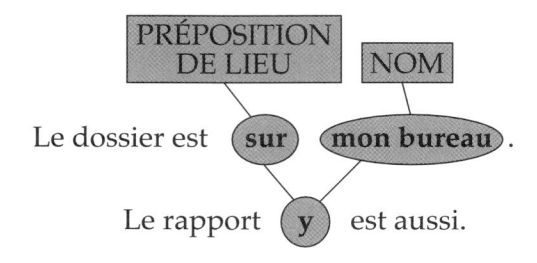

Y remplace à + nom (une idée, un concept)

> – Vos enfants jouent **au tennis**?
> – Non, ils n'**y** jouent pas.

Autres exemples

L'astrologie, vous **y** croyez?

– Vous pensez **à votre retraite**?
– Oui, j'**y** pense.

– Vous intéressez-vous **à la politique**?
– Oui, je m'**y** intéresse beaucoup.

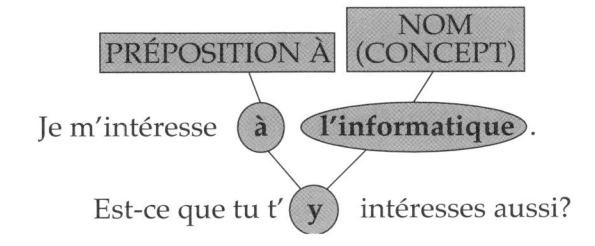

```
                    PRÉPOSITION À    NOM
                                   (CONCEPT)

    Je m'intéresse   ( à )   ( l'informatique ).

    Est-ce que tu t' ( y )   intéresses aussi?
```

!

Penser à quelqu'un
– Vous pensez à votre fils?
– Oui, je pense **à lui**.

En remplace *un, une* ou *des* + nom (une chose)

> Vous cherchez un hôtel? J'**en** connais un très joli près de Notre Dame.

Autres exemples

– Vous avez **des** enfants? – Oui, j'**en** ai deux.
– Tu prends **un** dessert? – Non merci, je n'**en** veux pas.
– Il a **une** voiture? – Oui, il **en** a une.
– Votre société a **des** bureaux en France? – Oui, elle **en** a quatre.

LES PRONOMS

En remplace *de, du, de la* ou *de l'* + nom (une chose)

> – Vous vous occupez **du** rapport pour le directeur des achats?
> – Oui je m'**en** occupe aujourd'hui.

Autres exemples

– Pierre a **du** travail? – Oui, il **en** a beaucoup.
– Notre société perd **de l'**argent? – Non, elle n'**en** perd pas.
– Il a besoin **du** livre? – Oui, il **en** a besoin.
– Robert, encore un peu **de** vin? – Non merci, j'**en** ai assez.

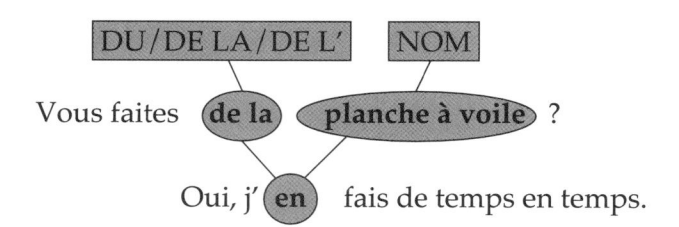

DU/DE LA/DE L'   NOM

Vous faites **de la** **planche à voile** ?

Oui, j'**en** fais de temps en temps.

Y ET EN

remplacé par ⇩

	+ nom	
une préposition de lieu (*à, sur, dans, chez, sous*)	+ nom (*une chose un lieu*)	Y
à	+ nom (*une idée, un concept*)	
un, une, des	+ nom (*une chose*)	EN
de, du, de la, de l'	+ nom (*une chose*)	

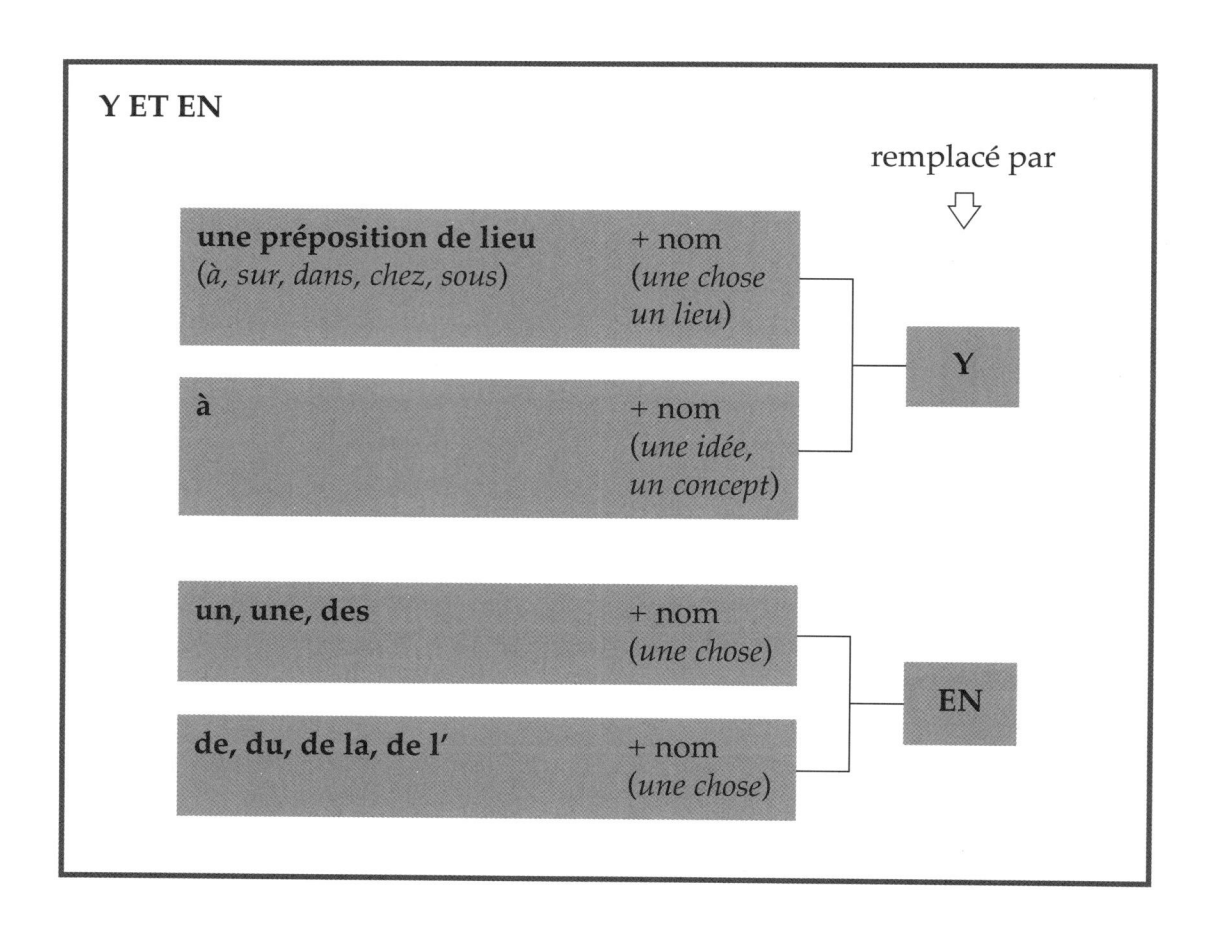

GRAMMAIRE

LES PRONOMS

41 Le Futur Proche

Avenir proche

– Quand **allez**-vous **ouvrir** une succursale en France?
– Le premier juillet.

1 JUILLET	2 JUILLET
ouverture succursale	
soirée 20H Ambassade de France	

Autres exemples

Nous **allons** bientôt **élire** un nouveau Président.
Nous **allons augmenter** les salaires le plus tôt possible.
Le mois prochain, je **vais lancer** deux nouveaux produits.
Notre société **va exporter** à l'étranger, dès le début de l'année.

– Quand **allez**-vous **ouvrir** une succursale en France?
– Le premier juillet.

Projets – intentions

Je **vais venir** au bureau à sept heures demain matin, j'ai beaucoup de choses à faire.

Autres exemples

Pierre **va s'installer** à Grenoble.
Je **vais faire** de la peinture.
Nous **allons acheter** une maison à la campagne.
Elle **ne va pas prendre** l'avion, mais le train.
A quelle heure **vas**-tu **déjeuner**?
Combien **vont**-ils **vendre** leur maison?
La conférence **ne va pas commencer** à 16h00 (*seize heures*) mais à 15h00 (*quinze heures*).
Où est-ce que je **vais garer** ma voiture si le parking est fermé?
Quand **vont**-ils **partir** en vacances cette année?

Expressions de temps avec le futur proche

> Je **vais faire** du golf en fin de semaine.

Autres exemples

Je **vais prendre** l'avion pour aller à Birmingham demain et je **vais retourner** à Paris lundi prochain.
Il fait froid, je **vais rester** à la maison ce soir.
Je **vais téléphoner** à Louis tout à l'heure.

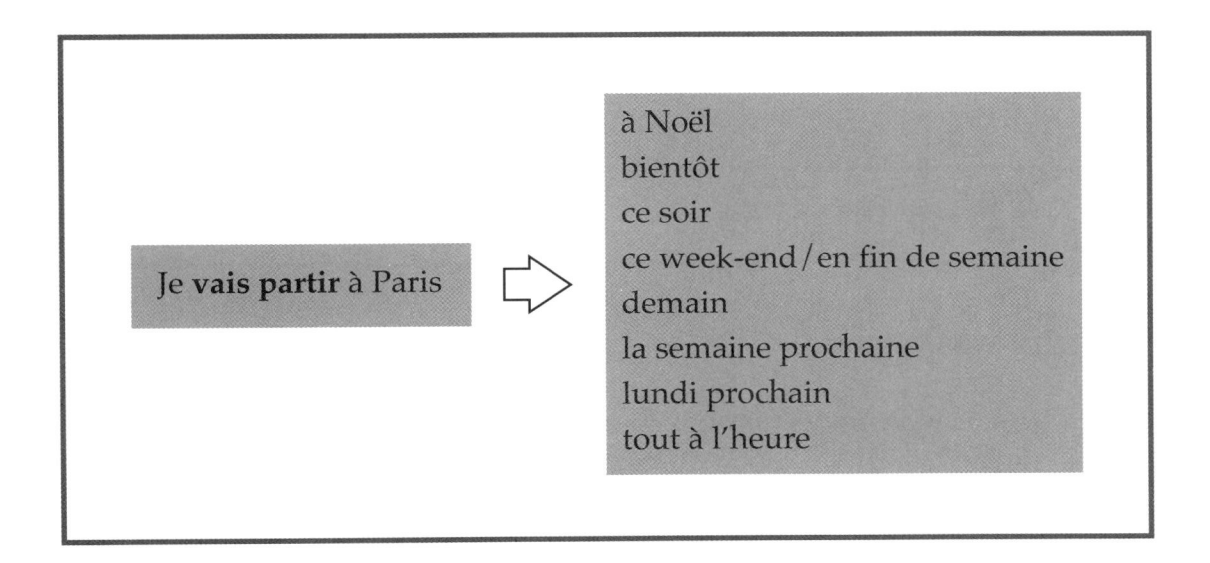

Je **vais partir** à Paris ⇒
- à Noël
- bientôt
- ce soir
- ce week-end / en fin de semaine
- demain
- la semaine prochaine
- lundi prochain
- tout à l'heure

N.B.

*Le futur proche se forme avec le verbe **aller** au présent de l'indicatif suivi de l'infintif du verbe de l'action.*

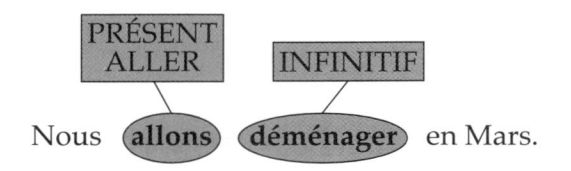

PRÉSENT ALLER   INFINITIF

Nous (allons) (déménager) en Mars.

LE FUTUR PROCHE

	PRÉSENT DU VERBE ALLER	INFINITIF	
je tu il elle nous vous ils elles	**vais** **vas** **va** **va** **allons** **allez** **vont** **vont**	prendre (*verbe à l'infinitif*)	le Concorde pour aller à New York

❗ NE DITES PAS	DITES
Je suis en retard, Martine s'impatientera.	Je suis en retard, Martine **va s'impatienter**.
Je suis malade, je rentrerai chez moi.	Je suis malade, je **vais rentrer** chez moi.

42 *Le Futur Simple*

Faire des prévisions

Demain le temps **sera** orageux, il y **aura** du vent et il **pleuvra** en fin d'après-midi. Il **faudra** attendre mercredi pour revoir le soleil.

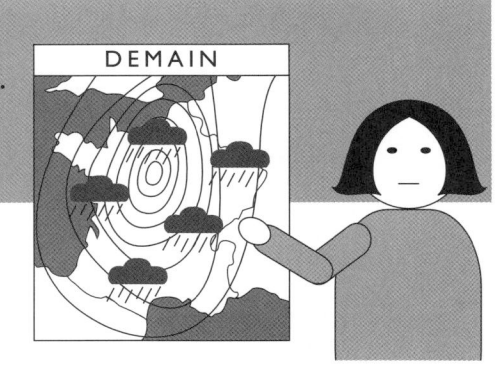

Demain le temps **sera** orageux, il y **aura** du vent et il **pleuvra** en fin d'après-midi.

Autres exemples

Les chercheurs **trouveront** un jour un remède contre le SIDA.
Selon les journalistes, la France **remportera** la Coupe d'Europe.
Dans vingt ans, nous n'**aurons** plus besoin de voitures dans les villes.
A cause de la récession, nous ne **ferons** pas beaucoup de bénéfices l'an prochain.

Donner l'assurance d'une action future

Je **viendrai** vous voir dimanche après-midi, j'**arriverai** vers 15h00 (*quinze heures*), j'**apporterai** un gâteau.

Autres exemples

Je **rappellerai** plus tard.
Notre client vous **donnera** une réponse définitive demain.
Après la réunion tout le monde **ira** dîner.
Nous ne **pourrons** pas venir demain.

Formuler des voeux, une opinion

> Je crois que Duparc **gagnera** les élections.

Autres exemples

J'espère que l'avion **sera** à l'heure.
Vous **trouverez** cet endroit très agréable, je pense.
Les parents espèrent que leurs enfants **seront** heureux.
Nous espérons que vous **pourrez** rester dîner.
Je crois que ce film vous **plaira**.

Quand + futur simple

> **Quand** tout le monde **sera** prêt, je **commencerai**.

Autres exemples

Quand tu **auras** dix-huit ans, tu **pourras** voter.
Que **ferez**-vous **quand** vous **serez** à la retraite?
Mes enfants **apprendront** l'espagnol **quand** ils **iront** au collège.
Nous vous **téléphonerons quand** nous **aurons** les résultats.

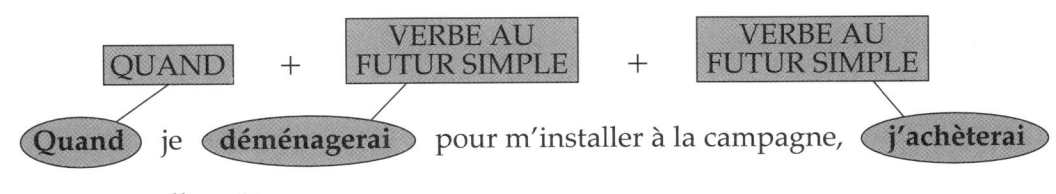

QUAND + VERBE AU FUTUR SIMPLE + VERBE AU FUTUR SIMPLE

Quand je déménagerai pour m'installer à la campagne, j'achèterai une nouvelle voiture.

LE FUTUR, L'IMPÉRATIF, LE PASSÉ

Si + présent + futur simple

> **Si** nous gelons les salaires, il y **aura** des grèves.

Autres exemples

Si vous proposez à Michel une mutation à Tokyo, il la **refusera**.
Si les difficultés persistent, nous **devrons** licencier du personnel.
J'**irai** à cette fête si tu viens avec moi.
Nous **pourrons** construire l'usine **si** les banques nous prêtent l'argent nécessaire.

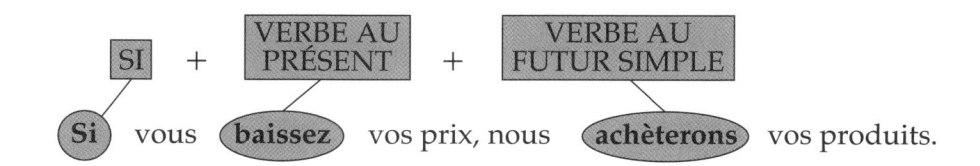

SI + VERBE AU PRÉSENT + VERBE AU FUTUR SIMPLE

Si vous baissez vos prix, nous achèterons vos produits.

N.B.

*L'usage de **si** + **présent** + **futur simple** constitue une forme hypothétique possible.*

Le futur simple. Formation

> L'année prochaine ton anniversaire **tombera** un samedi.

Verbes réguliers

Après mon stage de français, j'**apprendrai** l'espagnol.
Pascal et Isabelle ne se **marieront** pas à l'église.
Si l'année est bonne, nous **augmenterons** les salaires.
Je **finirai** cette lettre après déjeuner.

Verbes irréguliers

Vous **recevrez** nos marchandises dans un délai garanti de huit jours.
Nous **aurons** le plaisir de vous revoir au prochain salon de l'informatique.
Quand **pourras**-tu me rembourser?
S'il fait beau demain, j'**irai** à la piscine.
Dans vingt ans cette maison **vaudra** le double.

VERBES IRRÉGULIERS			
Infinitif	*Futur simple*	*Infinitif*	*Futur simple*
aller	j' **ir**ai	pouvoir	je **pourr**ai
avoir	j' **aur**ai	recevoir	je **recevr**ai
courir	je **courr**ai	savoir	je **saur**ai
devoir	je **devr**ai	tenir	je **tiendr**ai
envoyer	j' **enverr**ai	valoir	je **vaudr**ai
être	je **ser**ai	venir	je **viendr**ai
faire	je **fer**ai	voir	je **verr**ai
mourir	je **mourr**ai	vouloir	je **voudr**ai

!

N'oubliez pas

falloir　　**il faudra**

Exemple:

Demain matin **il faudra** réserver les billets d'avion.

pleuvoir　　**il pleuvra**

Exemple:

Ce soir, **il pleuvra**.

LE FUTUR SIMPLE. FORMATION

		Terminaisons	
Verbes réguliers en *-er*	Infinitif + (parler)	**-ai**	(je)
		-as	(tu)
Verbes réguliers en *-ir*	Infinitif + (finir)	**-a**	(il/elle)
Verbes réguliers en *-re*	Infinitif ̶ + (prendr)	**-ons**	(nous)
		-ez	(vous)
Verbes irréguliers	Racine + (ser)	**-ont**	(ils/elles)

LE FUTUR, L'IMPÉRATIF, LE PASSÉ

43 L'Impératif

Conseils/recommandations

> **Regardez**, le ciel est couvert! Il va pleuvoir, vous avez un parapluie?

Autres exemples

Faites attention sur la route!
Ne **buvez** pas trop!
Avant de partir en vacances, **prenez** une assurance!
N'**allez** pas en vacances en Espagne en août, il y fait trop chaud!
Tu as l'air fatigué, **prends** des vitamines! **Fais** du sport, **dépense-toi**! **Va** au bord de la mer, **pars** à la campagne!
Pour vos voyages d'affaires, **choisissez** la tranquillité, **prenez** le train!

Regardez, le ciel est couvert! Il va pleuvoir, vous avez un parapluie?

Instructions

> **Tournez** à droite et **prenez** la deuxième à gauche.

Autres exemples

Introduisez la carte et **tapez** votre code.
Allez sur le "menu" et **cliquez** deux fois.

GRAMMAIRE

Entre! Assieds-toi!
Entrez! Asseyez-vous!
Composte ton billet avant de prendre le train.
Pour obtenir un dossier d'inscription, **répondez** avant le 31 (*trente et un*)
   décembre et **envoyez** une enveloppe timbrée.
(Au téléphone) Allô! **Ne quittez pas!**

Suggestions

Permettez-moi de vous donner ma carte!

Autres exemples

Prenons ma voiture, elle est plus rapide!
Allons danser!
Vous avez soif? **Allons** prendre un verre!
N'**ayez** pas peur de parler français, **prenez**
   la parole!
Investissez votre argent, **achetez** des actions!

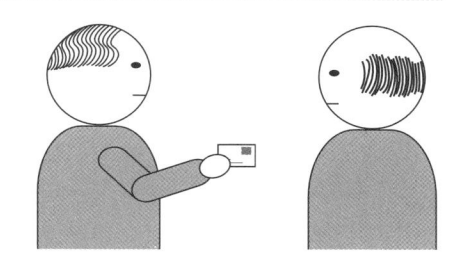

Permettez-moi de vous donner ma carte!

Commandes, ordres

Ne fumez pas ici!

Autres exemples

Arrêtez-vous et **montrez**-moi vos papiers!
Madame Sorel, **donnez**-moi le numéro du Cabinet Wilson!
Vous êtes malade, **rentrez** chez-vous!
Ne fais pas de bruit! **Écoute!**
Nicolas, **apportez**-nous les contrats de travail de Messieurs Junot et Breton!
   Merci.
Donnez-moi le dossier, s'il vous plaît!
Il faut retourner au bureau tout de suite. **Finissez** vite votre repas!

N.B.

*Pour les verbes réguliers, la forme impérative est la même qu'au présent, mais on élide le **s** à la deuxième personne du singulier pour les verbes en **-er**. Pour les verbes en **-ir** et **-re** on conserve le **s**.*

Verbes en -er

Tu (regardes) la télévision.   Vous (regardez) la télévision.

(Regarde) la télévision!   (Regardez) la télévision!
    ~~s~~

Verbes en -ir

Tu (finis) ton travail.   Vous (finissez) votre travail.

(Finis) ton travail!   (Finissez) votre travail!

Verbes en -re

Tu (prends) le train.   Vous (prenez) le train.

(Prends) le train!   (Prenez) le train!

!

Verbes réfléchis

Tu (t') (assieds).   Vous (vous) (asseyez).

(Assieds) - (toi)!   (Asseyez) - (vous)!

Autres verbes

Tu (fais) attention.   Vous (faites) attention.

(Fais) attention!   (Faites) attention!

L'IMPÉRATIF – VERBES RÉGULIERS

	PRÉSENT	IMPÉRATIF
		NE ... PAS
Verbes en -er regarder	tu regardes nous regardons vous regardez	regarde! regardons! regardez!
Verbes en -ir finir	tu finis nous finissons vous finissez	finis! finissons! finissez!
Verbes en -re prendre	tu prends nous prenons vous prenez	prends! prenons! prenez!
Verbes réfléchis se lever	tu te lèves nous nous levons vous vous levez	lève-toi! levons-nous! levez-vous! *Négatif* ne te lève pas! ne nous levons pas! ne vous levez pas!

L'IMPÉRATIF – VERBES IRRÉGULIERS

	PRÉSENT	IMPÉRATIF
aller	tu vas nous allons vous allez	**va!** **allons!** **allez!**
avoir	tu as nous avons vous avez	**aie!** **ayons!** **ayez!**
être	tu es nous sommes vous êtes	**sois!** **soyons!** **soyez!**

44 *Le Participe Passé*

Les verbes réguliers. Verbes en *-er*

> Hier, nous avons eu un rendez-vous avec Monsieur Chauvet. Nous avons **déjeuné** à 13h00 (*treize heures*).

Autres exemples

Ils ont **lancé** leur nouvelle campagne publicitaire en juin.
Nous avons **parlé** français pendant toute la réunion.
Je suis **rentré** de vacances lundi dernier.
Il s'est **habillé** à tout vitesse.
Avez-vous **changé** de voiture récemment?
Vous avez déjà **mangé**?

PARTICIPE PASSÉ. VERBES EN *-ER*

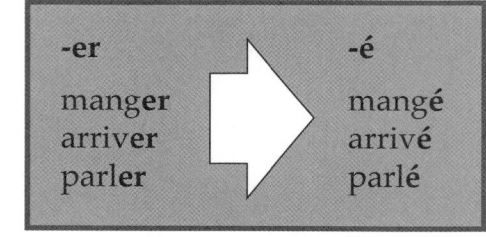

-er	→	**-é**
manger		mangé
arriver		arrivé
parler		parlé

'Manger' au passé composé

j'	ai	**mangé**
tu	as	**mangé**
il	a	**mangé**
elle	a	**mangé**
nous	avons	**mangé**
vous	avez	**mangé**
ils	ont	**mangé**
elles	ont	**mangé**

GRAMMAIRE

Les verbes réguliers. Verbes en *-ir*

> Avez-vous **fini** de taper votre rapport?

RÉSULTATS D'EXAMEN
– *Paul Giraux* –

Français ☐☐ ☑
Anglais ☐☐ ☑
Histoire ☐☐ ☑
Géographie ☐☐ ☑
Economie ☐☐ ☑
Politique ☐☐ ☑
Mathématiques ☐ ☑
Physique ☐☐ ☑
Chimie ☐☐ ☑

Autres exemples

J'ai **choisi** le menu à 35€ (*trente-cinq euros*).
Paul a **réussi** à ses examens.
Ce client a **garanti** le paiement immédiat de ses factures.
Tous les candidats ont **rempli** un dossier d'inscription.

Paul a **réussi** à ses examens.

PARTICIPE PASSÉ. VERBES EN *-IR*

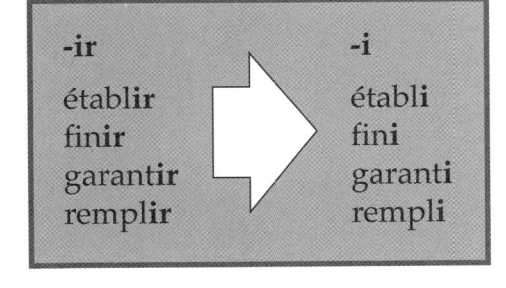

-ir	**-i**
établir	établi
finir	fini
garantir	garanti
remplir	rempli

Choisir au passé composé

j'	ai	**choisi**
tu	as	**choisi**
il	a	**choisi**
elle	a	**choisi**
nous	avons	**choisi**
vous	avez	**choisi**
ils	ont	**choisi**
elles	ont	**choisi**

Les verbes irréguliers

Il a **fallu** négocier pendant trois heures.

Autres exemples

Avez-vous **ouvert** le courrier?
Combien de temps as-tu **vécu** en Argentine?
Nous avons **atteint** notre objectif.
J'ai **perdu** mes clefs de voiture.
Qu'avez-vous **offert** à Philippe pour son
  départ à la retraite?
À cause de la pluie, nous avons **dû** prendre un
  taxi.
Je n'ai pas **éteint** la lumière avant de partir.

Il a **fallu** négocier pendant trois heures.

Exemples des participes passés irréguliers les plus courants:

s'asseoir	**assis**	mettre	**mis**
atteindre	**atteint**	naître	**né**
attendre	**attendu**	offrir	**offert**
avoir	**eu**	ouvrir	**ouvert**
boire	**bu**	perdre	**perdu**
connaître	**connu**	se plaindre	**plaint**
croire	**cru**	pleuvoir	**plu**
devoir	**dû**	pouvoir	**pu**
dire	**dit**	prendre	**pris**
écrire	**écrit**	résoudre	**résolu**
éteindre	**éteint**	savoir	**su**
entendre	**entendu**	suivre	**suivi**
être	**été**	venir	**venu**
faire	**fait**	vivre	**vécu**
falloir	**fallu**	voir	**vu**
lire	**lu**	vouloir	**voulu**

> *Le participe passé d'un verbe conjugué avec **avoir** est **invariable** et **ne s'accorde pas avec le sujet**.*

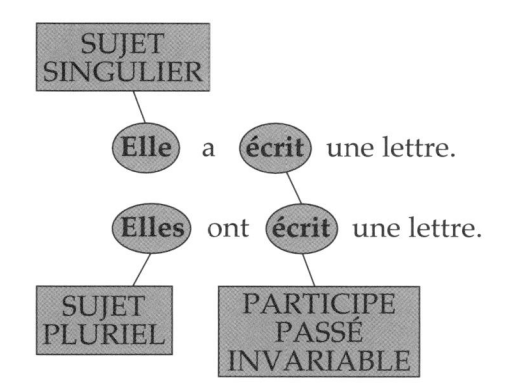

Elle a **écrit** une lettre.

Elles ont **écrit** une lettre.

(SUJET SINGULIER / SUJET PLURIEL / PARTICIPE PASSÉ INVARIABLE)

> *Le participe passé d'un verbe conjugué avec **être** s'accorde avec son sujet en genre (masculin/féminin) et en nombre (singulier/pluriel).*

masculin	singulier	-
féminin	singulier	+ **e**
masculin	pluriel	+ **s**
féminin	pluriel	+ **es**

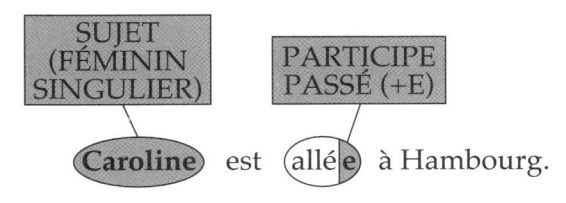

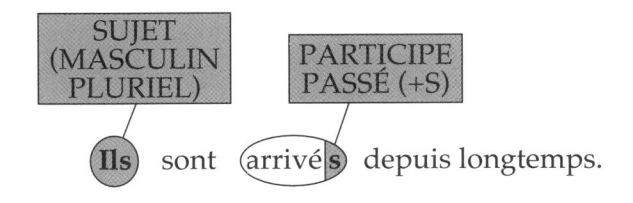

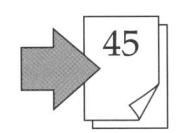

Caroline est **allée** à Hambourg.

(SUJET (FÉMININ SINGULIER) / PARTICIPE PASSÉ (+E))

Ils sont **arrivés** depuis longtemps.

(SUJET (MASCULIN PLURIEL) / PARTICIPE PASSÉ (+S))

Voir aussi le chapitre 45, *Le Passé Composé*.

LE FUTUR, L'IMPÉRATIF, LE PASSÉ

45 *Le Passé Composé*

Structure du passé composé

Ils **ont commencé** la réunion à 17h00 (*dix-sept heures*) et **ils ont fini** à minuit.

Autres exemples

L'année dernière nous **avons augmenté** notre chiffre d'affaires de 6% (*six pour cent*).
Êtes-vous **retourné** au bureau après la réunion?
Je **ne suis jamais** allé en Afrique.

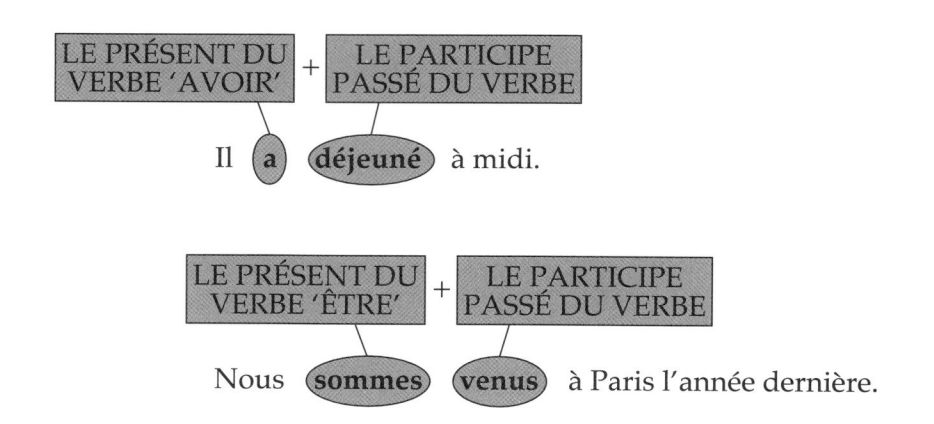

Ils **ont commencé** la réunion à 17h00 (*dix-sept heures*) et **ils ont fini** à minuit.

LE PRÉSENT DU VERBE 'AVOIR' + LE PARTICIPE PASSÉ DU VERBE

Il **a** **déjeuné** à midi.

LE PRÉSENT DU VERBE 'ÊTRE' + LE PARTICIPE PASSÉ DU VERBE

Nous **sommes** **venus** à Paris l'année dernière.

GRAMMAIRE

Une action finie au passé, présentée comme finie

> Gabrielle **a suivi** un stage de formation.

Autres exemples
Les deux premières années de la société **ont été** difficiles.
Quand **avez-vous perdu** votre sac?
Pourquoi **n'as-tu pas continué** tes études?
Michel **n'a pas fini** son rapport.
Nous **avons visité** la Dordogne plusieurs fois.

Une durée complète dans le passé

> Nous **avons vécu** 18 (*dix-huit*) ans en Angleterre.

Autres exemples
De huit heures à midi je **suis resté** chez moi.
Il **a plu** toute la journée hier.
J'**ai habité** São Paulo jusqu'à l'âge de six ans.

Un moment donné dans le passé

> Les Legrand **ont acheté** une maison en Provence l'été dernier.

Autres exemples
Fédérico Fellini **est mort** en 1993 (*mille neuf cent quatre-vingt-treize*).
A quelle heure **es-tu sorti** du bureau hier soir?
Nous nous **sommes levés** à cinq heures et nous **avons pris** le petit déjeuner à sept heures.

Le passé composé avec *avoir*

Ils **ont fait** leurs études à l'université de Grenoble.

Autres exemples

Ce matin, il y **a eu** un grave accident sur l'autoroute A1.
Nous **avons pris** le Concorde pour aller à New York.
Je **n'ai pas entendu** votre question.
La société **a licencié** dix employés la semaine dernière.

Ils **ont fait** leurs études à l'université de Grenoble.

LE PASSÉ COMPOSÉ AVEC *AVOIR*

j'	ai		
tu	as		
il	a		
elle	a	lu	le journal hier
nous	avons		
vous	avez		
ils	ont		
elles	ont		

N.B.

*La plupart des verbes au passé composé se conjuguent avec **avoir**. Le participe passé reste invariable dans la phrase **sujet + verbe + complément**.*

Le passé composé avec *être*: les verbes pronominaux

> Nous **nous sommes levés** à six heures ce matin.

Autres exemples

Ils **se sont dépêchés** pour arriver à l'heure à l'aéroport.
Où est-ce que vous **vous êtes rencontrés**?
Je **me suis trompé** de numéro.
Il **ne s'est pas réveillé** à l'heure.

LE PASSÉ COMPOSÉ AVEC *ÊTRE*. LES VERBES PRONOMINAUX

je	me	suis	levé/levée	
tu	t'	es	levé/levée	
il	s'	est	levé	
elle	s'	est	levée	à six heures
nous	nous	sommes	levés/levées	
vous	vous	êtes	levé/levée/ levés/levées	
ils	se	sont	levés	
elles	se	sont	levées	

N.B.

*Tous les verbes pronominaux se conjuguent avec **être**.*

La plupart du temps, le participe passé s'accorde en genre (masculin/féminin) et nombre (singulier/pluriel) avec le sujet.

Le passé composé avec *être*: autres verbes

> Monsieur le Directeur, Madame Schmidt **est arrivée**, elle vous attend.

Autres exemples

Nous **sommes descendus** du métro à la Concorde.
Notre fille **est née** aux Etats-Unis.
Les ingénieurs **sont montés** au sixième étage voir le Directeur Technique.
Quand **êtes**-vous **venu** en France pour la première fois?

Monsieur le Directeur, Madame Schmidt **est arrivée**, elle vous attend.

LE PASSÉ COMPOSÉ AVEC *ÊTRE*

je	suis	allé/allée	
tu	es	allé/allée	
il	est	allé	
elle	est	allée	à l'aéroport.
nous	sommes	allés/allées	
vous	êtes	allé/allée/allés/allées	
ils	sont	allés	
elles	sont	allées	

N.B.

Le participe passé s'accorde en genre (masculin/féminin) et nombre (singulier/pluriel) avec le sujet.

GRAMMAIRE

LISTE DE VERBES SE CONJUGANT AVEC *ÊTRE*			
aller	**il est allé**	passer*	**il est passé**
arriver	**il est arrivé**	rentrer*	**il est rentré**
descendre*	**il est descendu**	rester	**il est resté**
entrer	**il est entré**	retourner*	**il est retourné**
monter*	**il est monté**	sortir*	**il est sorti**
mourir	**il est mort**	tomber	**il est tombé**
naître	**il est né**	venir	**il est venu**
partir	**il est parti**		

* *Ces six verbes peuvent aussi être conjugués avec **avoir**.*

*Les verbes formés avec **-venir** se conjuguent avec **être**, par exemple:*
devenir
parvenir
revenir

Exception: prévenir (*avec **avoir***)

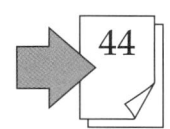

Voir aussi le chapitre 44, *Le Participe Passé.*

46 Les Nombres

Les nombres cardinaux

0	zéro	10	dix	20	vingt
1	un	11	onze	21	vingt et un
2	deux	12	douze	22	vingt-deux
3	trois	13	treize	23	vingt-trois
4	quatre	14	quatorze	24	vingt-quatre
5	cinq	15	quinze	25	vingt-cinq
6	six	16	seize	26	vingt-six
7	sept	17	dix-sept	27	vingt-sept
8	huit	18	dix-huit	28	vingt-huit
9	neuf	19	dix-neuf	29	vingt-neuf

30	trente	60	soixante	80	quatre-vingts
31	trente et un	70	soixante-dix	81	quatre-vingt-un
32	trente-deux	71	soixante et onze	90	quatre-vingt-dix
40	quarante	72	soixante-douze	91	quatre-vingt-onze
50	cinquante				

100	cent	**400**	quatre cents
101	cent un	**500**	cinq cents
200	deux cents	**650**	six cent cinquante
202	deux cent deux	**780**	sept cent quatre-vingt
300	trois cents	**870**	huit cent soixante-dix
310	trois cent dix	**999**	neuf cent quatre-vingt-dix-neuf

1 000	mille	**100 000**	cent mille
1 001	mille un	**1 000 000**	un million
1 005	mille cinq	**1 000 000 000**	un milliard
1 100	mille cent		
1 144	mille cent quarante-quatre		
1 200	mille deux cents		
2 000	deux mille		
3 000	trois mille		
10 000	dix mille		

Les nombres décimaux

0,1	zéro **virgule** un
6,8	six **virgule** huit
1,21	un **virgule** vingt et un
12,04	douze **virgule** zéro quatre
140,7	cent **quarante** virgule sept

❗

Ne dites pas zéro point un — 0.1!

NOTIONS DIVERSES

Les nombres ordinaux

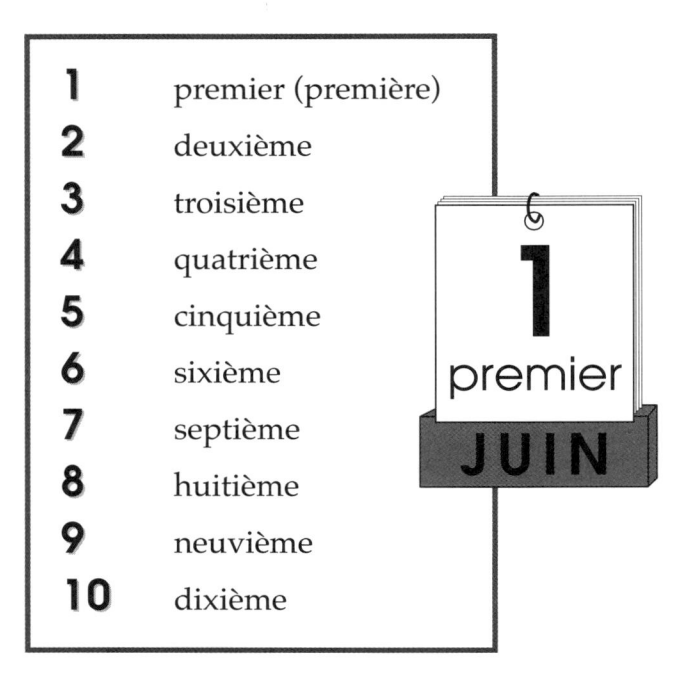

1	premier (première)
2	deuxième
3	troisième
4	quatrième
5	cinquième
6	sixième
7	septième
8	huitième
9	neuvième
10	dixième

*Pour former un adjectif ordinal, on ajoute le suffixe **-ième** au nombre correspondant. Si la dernière lettre est un **e**, on l'enlève:*

30 (*trente*) ⇨ trent**ième**

Les fractions

1/2	un demi
1/3	un tiers
1/4	un quart
1/5	un cinquième
1/6	un sixième

Les opérations

L'addition	$3 + 2 = 5$	Trois **et** deux **font** cinq
		Trois **et** deux **égalent** cinq
La soustraction	$3 - 2 = 1$	Trois **moins** deux **font** un
		Trois **moins** deux **égalent** un
La multiplication	$3 \times 2 = 6$	Trois **multipliés par** deux **font**/ **égalent** six
La division	$8:2 = 4$	Huit **divisés par** deux **font**/ **égalent** quatre

47 L'Heure

Demander l'heure

– **Quelle heure est-il?**
– Il est deux heures.

Autres exemples
– **Vous avez l'heure, s'il vous plaît?**
– Oui, il est cinq heures.

– **À quelle heure** commencez-vous à travailler?
– À huit heures et demie.

– Tu te lèves **à quelle heure**?
– À sept heures moins le quart.

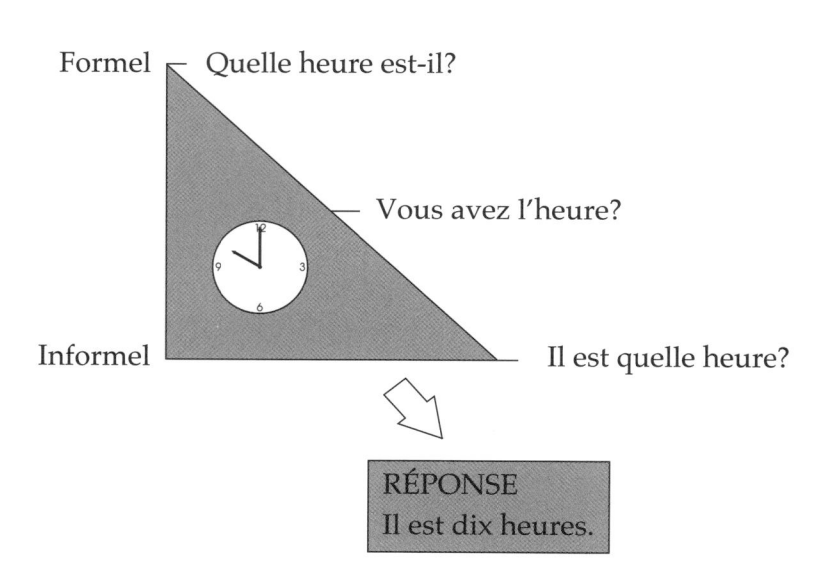

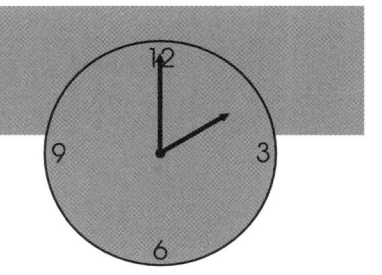

Formel — Quelle heure est-il?

— Vous avez l'heure?

Informel — Il est quelle heure?

RÉPONSE
Il est dix heures.

GRAMMAIRE

Conversation courante

> Je déjeune **de midi à une heure**.

Routine, habitudes quotidiennes
Le magasin est fermé **entre midi et deux heures**.
Je pars **à sept heures du matin**.
Je ne me couche jamais **avant minuit**.

Conversation générale, horaires
Je t'invite à dîner demain soir, viens **pour huit heures**!
En été, il fait jour **jusqu'à dix heures**.

Il est **une heure**

Il est **trois heures et quart**

Il est **cinq heures et demie**

Il est **huit heures moins le quart**

Il est **quatre heures cinq**

Il est **six heures dix**

Il est **sept heures vingt**

Il est **neuf heures vingt-cinq**

Il est **dix heures moins vingt-cinq**

Il est **onze heures moins vingt**

Il est **neuf heures moins dix**

Il est **trois heures moins cinq**

Il est **presque deux heures**

Il est **deux heures cinq passées**

NOTIONS DIVERSES

Il est **midi**  — Il est **midi et quart**  — Il est **minuit**  — Il est **minuit moins le quart**

Sur 24 heures

Votre avion part de l'aérogare 2 **à quinze heures trente**, mais il faut être à l'aéroport une heure avant, vers **quatorze heures trente, quatorze heures quarante-cinq** au plus tard.

15:30

Autres exemples

Le vol dure trois heures, vous arrivez **à vingt heures trente**, heure locale.
Nos émissions se terminent **à zéro heure trente**.
Le train Paris-Bruxelles part **à dix-huit heures treize**.
Nos bureaux ferment **à dix-neuf heures quinze**.
Nos clients arrivent demain **à quatorze heures**.
Le bateau de nuit part **à zéro heure**.

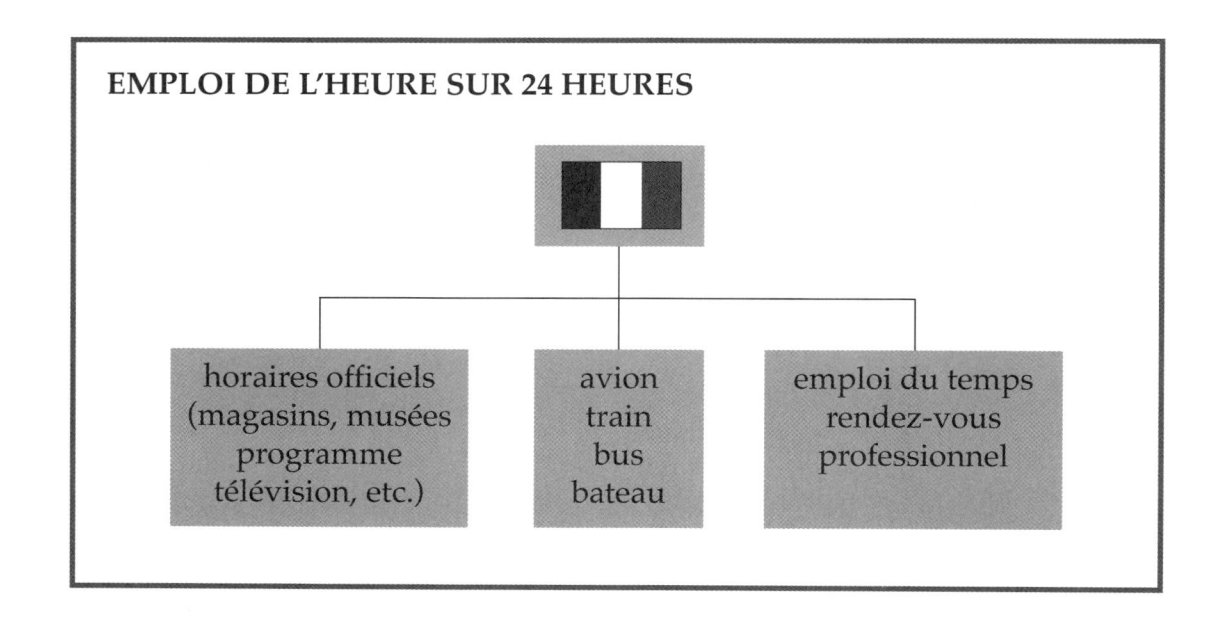

EMPLOI DE L'HEURE SUR 24 HEURES

- horaires officiels (magasins, musées programme télévision, etc.)
- avion train bus bateau
- emploi du temps rendez-vous professionnel

10:00	**22:00**	**9:05**	**3:10**	**13:15**
dix heures	vingt-deux heures	neuf heures cinq	trois heures dix	treize heures quinze

14:20	**20:25**	**16:30**	**15:35**
quatorze heures vingt	vingt heures vingt-cinq	seize heures trente	quinze heures trente-cinq

18:40	**19:45**	**21:50**	**16:55**
dix-huit heures quarante	dix-neuf heures quarante-cinq	vingt et une heures cinquante	seize heures cinquante-cinq

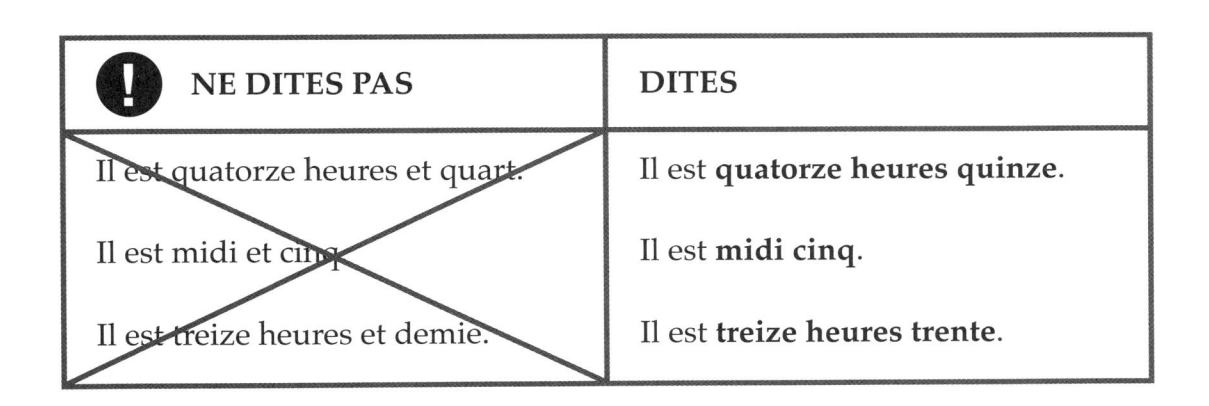

❗ NE DITES PAS	DITES
~~Il est quatorze heures et quart.~~	Il est **quatorze heures quinze**.
~~Il est midi et cinq.~~	Il est **midi cinq**.
~~Il est treize heures et demie.~~	Il est **treize heures trente**.

NOTIONS DIVERSES

48 Les Dates. L'Expression du Temps

Demander et dire la date

– Quelle est votre date de naissance?
– **Le onze juillet mille neuf-cent cinquante-huit** (*le 11 juillet 1958*).

Autres exemples

Nous rentrons de vacances **le samedi trois septembre**.
Mon anniversaire est **le vingt-deux décembre**, trois jours avant Noël. Cette année, c'est **un samedi**.
Nous publierons les résultats de la société **le lundi dix-huit mars**.

– Quand partez-vous?
– **Le quinze janvier.**

– Quelle est la date aujourd'hui?/C'est le combien aujourd'hui?
– C'est **le lundi vingt-cinq mars**.

– Quelle est votre date de naissance?
– **Le onze juillet mille neuf-cent cinquante-huit.**

DEMANDER LA DATE	DIRE LA DATE
- Quelle est la date?	- C'est le dix avril.
- Nous sommes le combien?	- Nous sommes le mercredi dix avril.
- C'est le combien aujourd'hui?	- Le dix avril.

GRAMMAIRE

!

*Pour le **1** de chaque mois, on dit toujours **le premier**, ensuite **le deux**, **le trois** et ainsi de suite.*

C'est **le premier** juin.
C'est **le deux** juin

JOURS
lundi
mardi
mercredi
jeudi
vendredi
samedi
dimanche

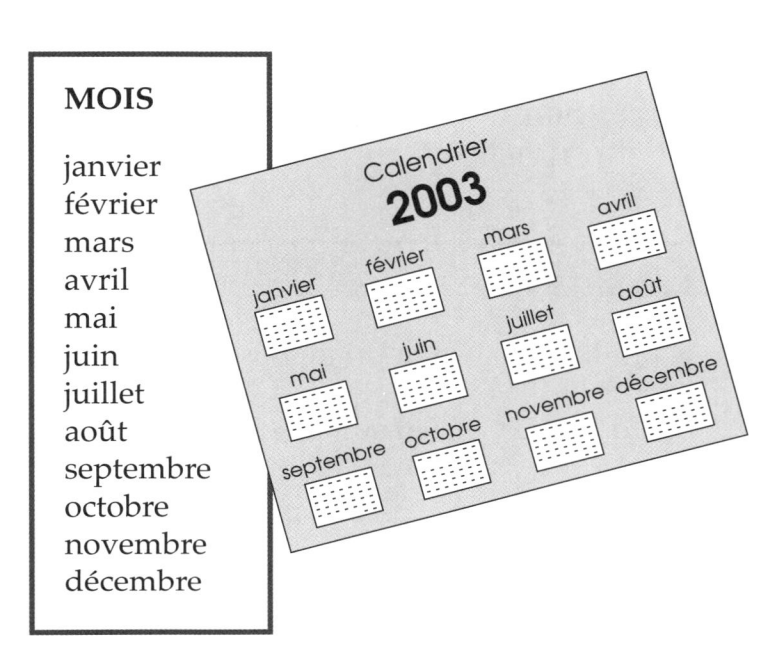

MOIS
janvier
février
mars
avril
mai
juin
juillet
août
septembre
octobre
novembre
décembre

LES ANNÉES	
1800	mille huit cents
1900	mille neuf cents
1950	mille neuf cent-cinquante
1990	mille neuf cent-quatre-vingt-dix
1995	mille neuf cent-quatre-vingt-quinze
1996	mille neuf cent-quatre-vingt-seize
2000	l'an deux mille
2001	deux mille un
1901-2000	le vingtième siècle
2001-2100	le vingt et unième siècle

NOTIONS DIVERSES

Situer dans le temps

> **L'automne** commence le 21 septembre.

Autres exemples
L'été est la saison la plus chaude de l'année.
Mon anniversaire est en **hiver**, le 4 février.
Nous fermons deux jours **à Pâques**.
Je vais prendre des vacances **à Noël**.
Je fais du ski en **hiver**.

LES SAISONS	
le printemps	(au printemps)
l'été	(en été)
l'automne	(en automne)
l'hiver	(en hiver)

Je fais du ski en **hiver**.

Adverbes de temps

> **Ce matin** j'ai réservé vos billets. Vous partez **demain soir** et vous rentrez **mercredi prochain**.

Autres exemples
Aujourd'hui nous commençons l'inventaire.
La nouvelle secrétaire est arrivée **hier matin**.
Nous avons reçu votre lettre **avant-hier**.
J'ai un rendez-vous chez le notaire **cet après-midi**.
Nous signerons le contrat **le mois prochain**.
Le mois dernier, nos actions ont baissé.
Nous allons préparer la campagne publicitaire **ce mois-ci**.
Je reste deux nuits à l'hôtel et **après-demain** je rentre sur Lyon.

PASSÉ	PRÉSENT	FUTUR
hier	**aujourd'hui**	**demain**
hier matin	**ce** matin	**demain** matin
hier après-midi	**cet** après-midi	**demain** après-midi
hier soir	**ce** soir	**demain** soir
avant-hier		**après-demain**
lundi **dernier**	lundi	lundi **prochain**
la semaine **dernière**	**cette** semaine	la semaine **prochaine**
le mois **dernier**	**ce** mois-**ci**	le mois **prochain**
l'année **dernière**	**cette** année	l'année **prochaine**
l'hiver **dernier**	**cet** hiver	l'hiver **prochain**

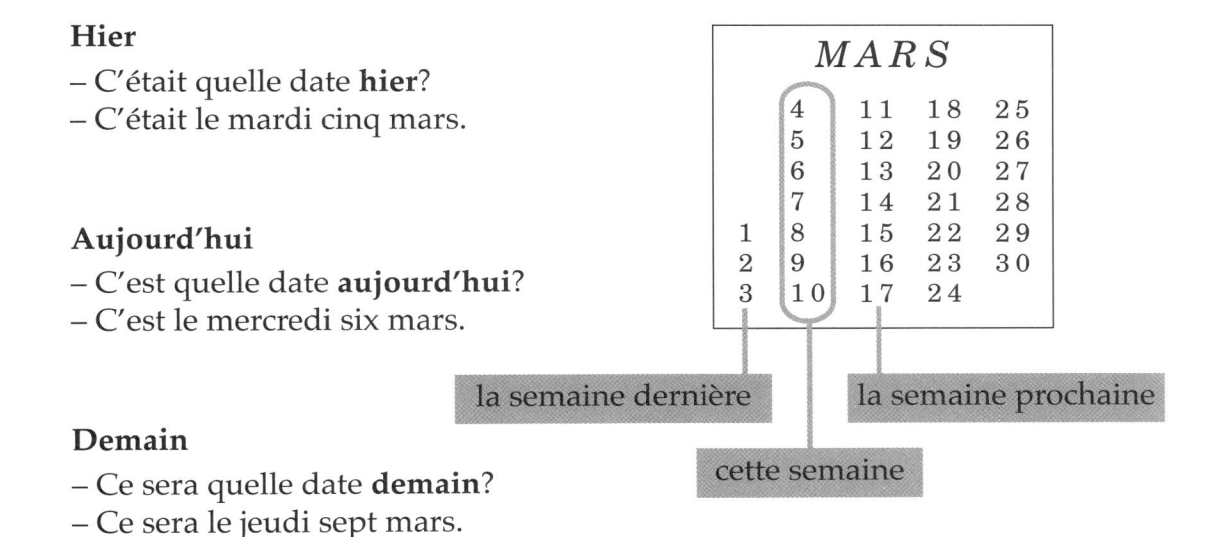

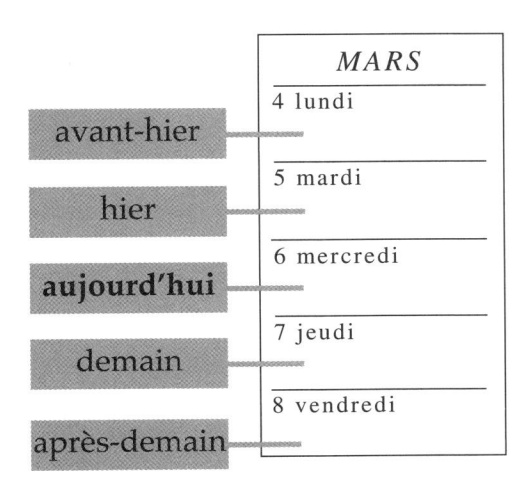

Hier
– C'était quelle date **hier**?
– C'était le mardi cinq mars.

Aujourd'hui
– C'est quelle date **aujourd'hui**?
– C'est le mercredi six mars.

Demain
– Ce sera quelle date **demain**?
– Ce sera le jeudi sept mars.

NOTIONS DIVERSES

49 *Mesures, Poids et Formes*

Objets: longueur, largeur, hauteur

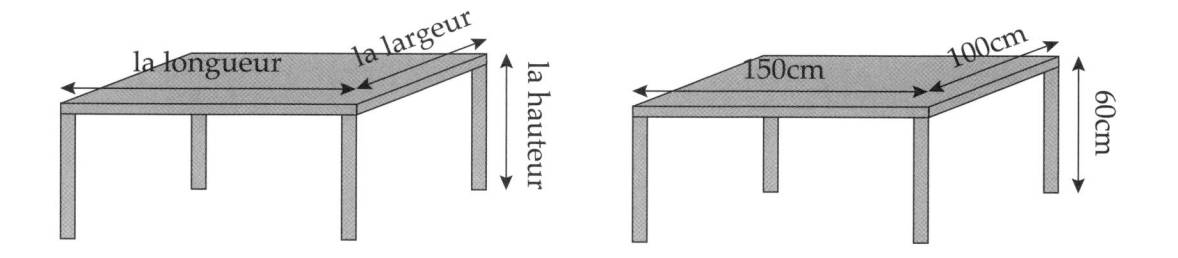

Quelles sont les dimensions de la table?
Combien mesure la table?

⇩

Elle **fait** un mètre cinquante **de long (de longueur)**, un mètre **de large (de largeur)** et 60 (*soixante*) centimètres **de haut (de hauteur)**.

Elle **mesure** un mètre cinquante **sur** un mètre.
Elle **fait** un mètre cinquante **sur** un mètre.

Ses dimensions sont de un mètre cinquante **sur** un mètre.

!

Elle fait trois mètres sur deux (~~mètres~~).

218 GRAMMAIRE

N.B.

*En français familier, on entend aussi **ça fait** ou **ça mesure** à propos d'un objet, d'un bâtiment, mais non d'une personne.*

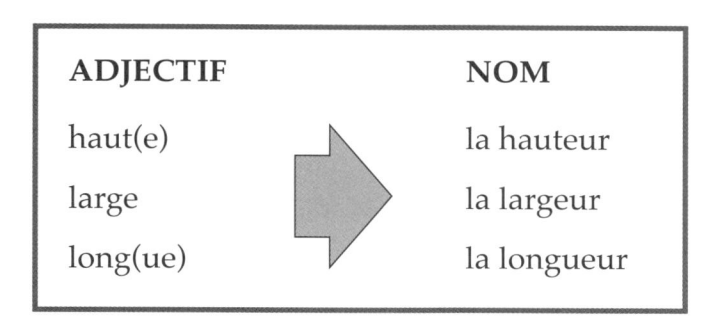

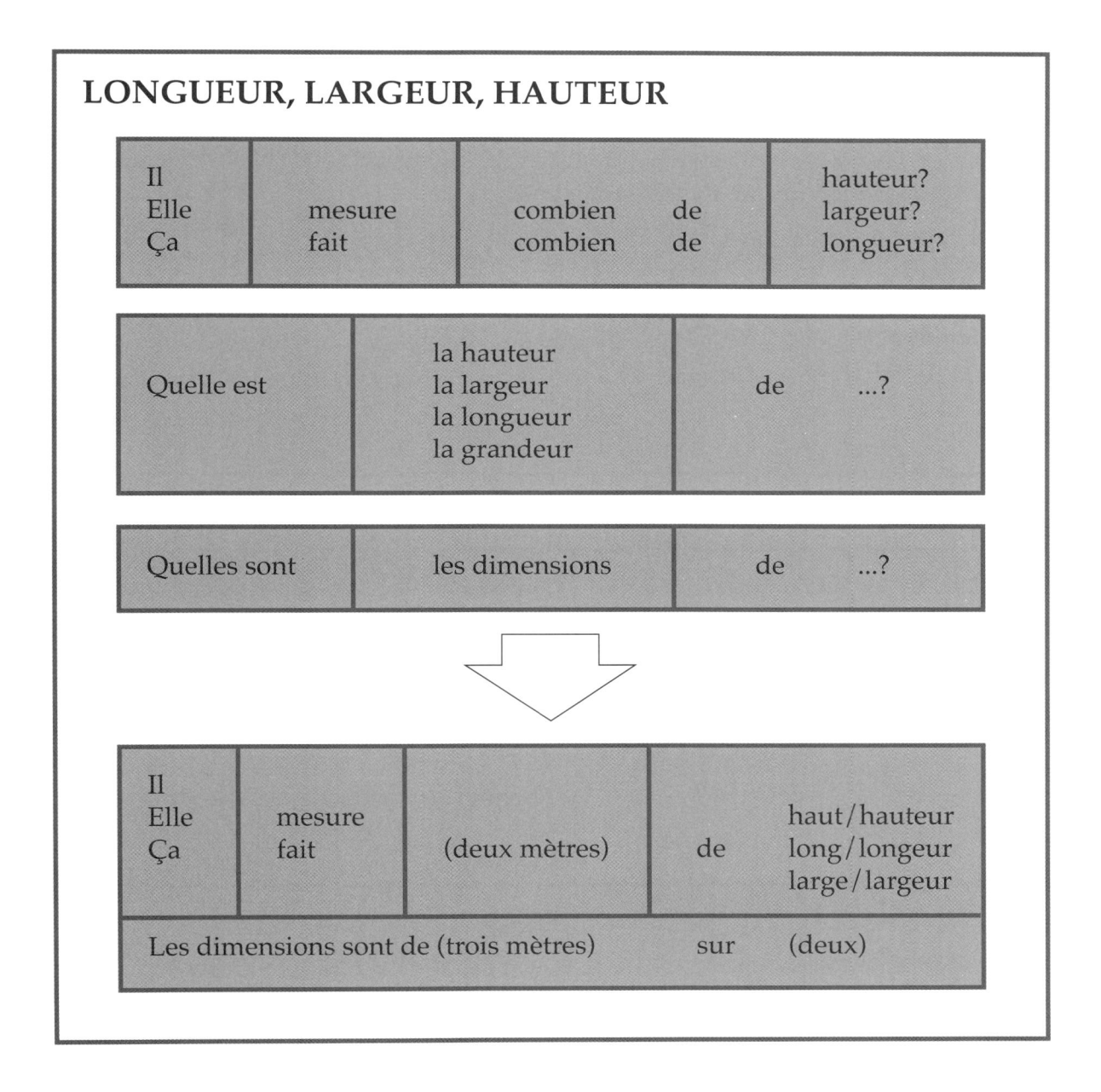

ADJECTIF	NOM
haut(e)	la hauteur
large	la largeur
long(ue)	la longueur

LONGUEUR, LARGEUR, HAUTEUR

Il Elle Ça	mesure fait	combien de combien de	hauteur? largeur? longueur?

Quelle est	la hauteur la largeur la longueur la grandeur	de	...?

Quelles sont	les dimensions	de	...?

⬇

Il Elle Ça	mesure fait	(deux mètres)	de	haut/hauteur long/longueur large/largeur
Les dimensions sont de (trois mètres)			sur	(deux)

NOTIONS DIVERSES

Objets: surface

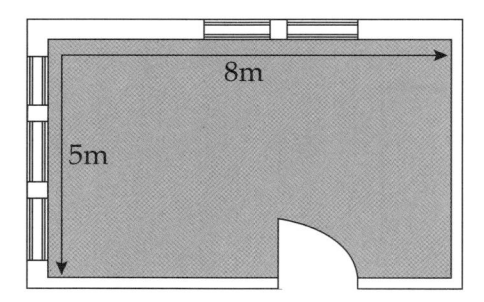

– **Quelle est la surface de** vos bureaux?
– **Ils font** 40m² (*quarante **mètres carrés***).

Objets: volume

– **Quel est le volume de** cette machine?
– **Elle a un volume de** 4m³ (*quatre **mètres cubes***).
– **Son volume est de** 4m³ (*quatre **mètres cubes***).
– **Elle fait** 4 m³ (*quatre **mètres cubes***).

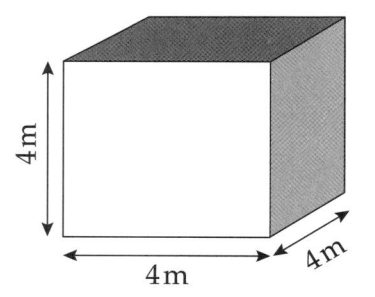

UNITÉS DE MESURES			
	Distance	*Surface*	*Volume*
0,001	millimètre (mm)		
0,01	centimètre (cm)		
0,1	décimètre (dm)		
1	mètre (m)	mètre carré (m²)	mètre cube (m³)
1 000	kilomètre (km)		

Personnes: taille

Il mesure combien?
Il fait **quelle taille?**

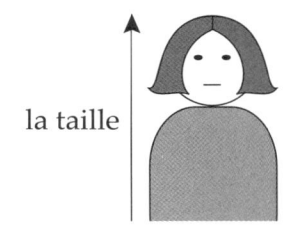

la taille

Il mesure un mètre soixante-quinze.
Il fait un mètre soixante-quinze.

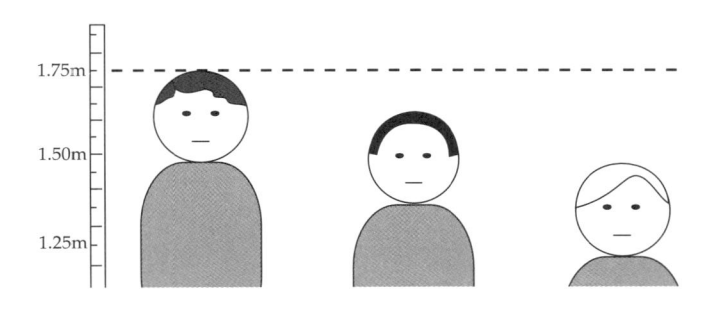

Il est grand.   Il est de taille moyenne.   Il est petit.

---

*On dit **taille** aussi pour les vêtements:*
– Vous faites quelle **taille**?
– Je fais du 38.

*Pour les chaussures, on parle de **pointure**:*
– Quelle est votre **pointure**?
– Je chausse du 40. / Je fais du 40.

Poids

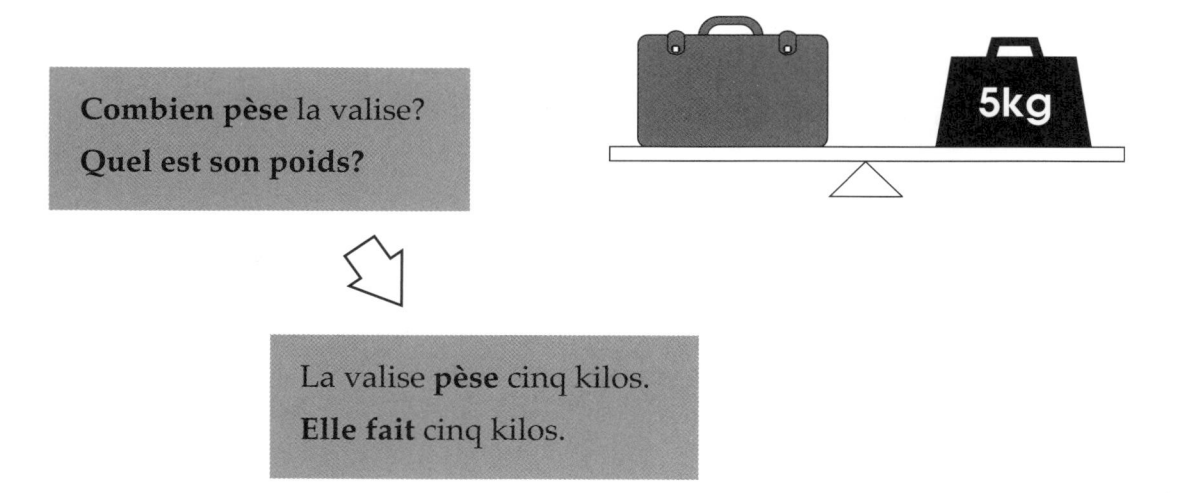

Combien pèse la valise?
Quel est son poids?

⇩

La valise **pèse** cinq kilos.
Elle fait cinq kilos.

Formes

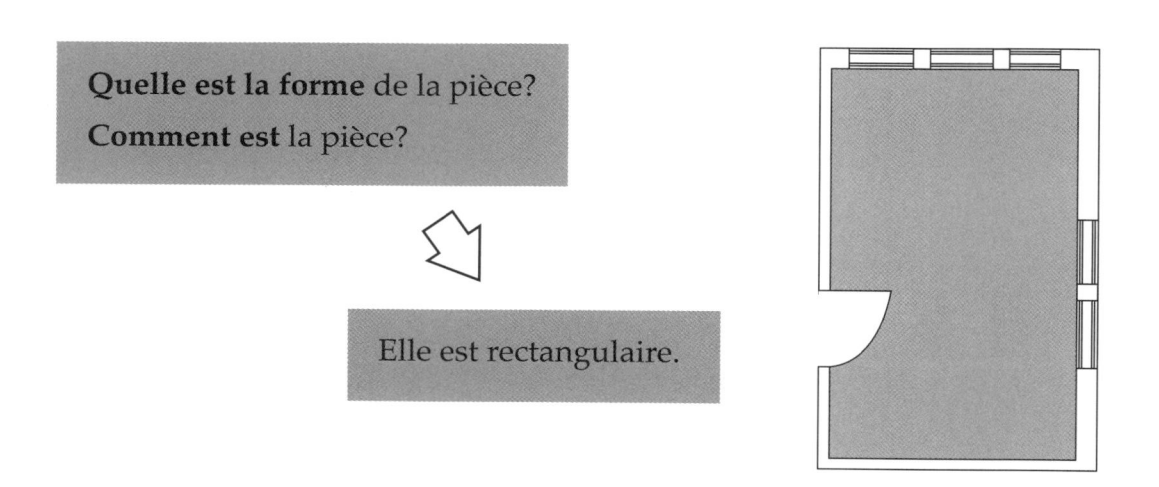

Quelle est la forme de la pièce?
Comment est la pièce?

⇩

Elle est rectangulaire.

FORMES

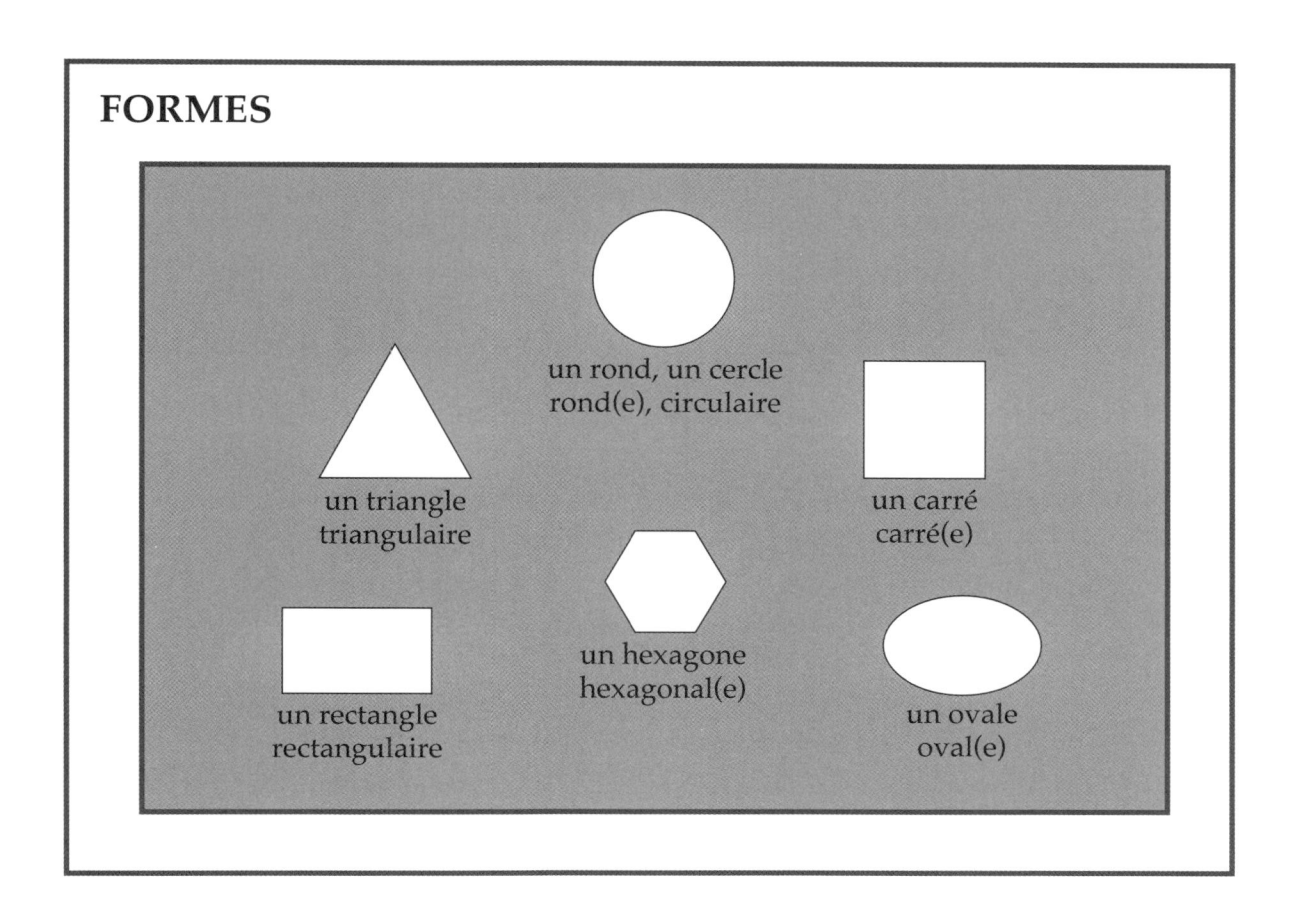

un rond, un cercle
rond(e), circulaire

un triangle
triangulaire

un carré
carré(e)

un hexagone
hexagonal(e)

un rectangle
rectangulaire

un ovale
oval(e)

*On appelle souvent la France **l'Hexagone** à cause de la forme géometrique de la carte de France.*

NOTIONS DIVERSES

Actes de Parole

50 Registre de Langue

Tu/vous

ON DIT

TU (informel)	**VOUS (formel)**
tutoyer *le tutoiement*	*vouvoyer* *le vouvoiement*
à un membre de la famille à un enfant, ou une personne beaucoup plus jeune que soi à un collègue à un ami / une amie	à une personne âgée à un inconnu / une inconnue à un supérieur hiérarchique à une personne que l'on connaît peu

Trois formes de question

QUESTION INTONATIVE
Vous parlez français?
À l'oral   au quotidien (entre amis, collègues de travail et membres de la famille)
Registre familier   Ne s'emploie pas à l'écrit.

QUESTION AVEC L'INVERSION
Parlez-vous français?
À l'oral et à l'écrit   premières rencontres   rencontres professionnelles/formelles
Registre soutenu   Plus littéraire à l'écrit

QUESTION AVEC *EST-CE QUE...?*
Est-ce que vous parlez français?
À l'oral   En toutes situations
Registre standard   Peu utilisée à l'écrit

51 *Saluer et Prendre Congé*

Saluer

(Le matin, l'après-midi)
- ●   **Bonjour** Monsieur Lepont.
- ▼   Bonjour, **comment allez-vous**?
- ●   **Je vais très bien**, je vous remercie, **et vous**?
- ▼   **Ça va bien, merci.**

Bonjour	Comment allez-vous?
Je vais très bien, et vous?	Ça va bien, merci

- Bonjour Virginie. **Comment vas-tu?**
- Bonjour Jean-Luc, **ça va, et toi**?
- **Bien merci, et comment va ton père?** Il travaille toujours dans la même société?
- Oui, mais **ça ne va pas très bien** en ce moment, il est surmené.

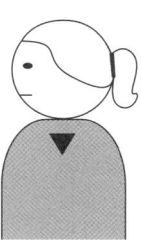

Comment vas-tu?	Ça va, et toi?
Bien merci Et comment va (ton père/ta mère)?	Ça ne va pas très bien

(Le soir)
- **Bonsoir!**
- Bonsoir, Paul! **Tu vas bien?**
- **Pas mal**, et toi?
- **Ça peut aller**, merci.

Bonsoir	Tu vas bien?
Pas mal	Ça peut aller

ACTES DE PAROLE

- **Salut**, Thierry!
- Salut! **Ça va?**
- **Ça va, merci**, et toi? **Comment ça va?**
- **Ça va bien, merci.**

Salut!	Ça va? / Comment ça va?
Ça va (bien), merci	

*Salut s'utilise à la place de **bonjour** de manière informelle.*

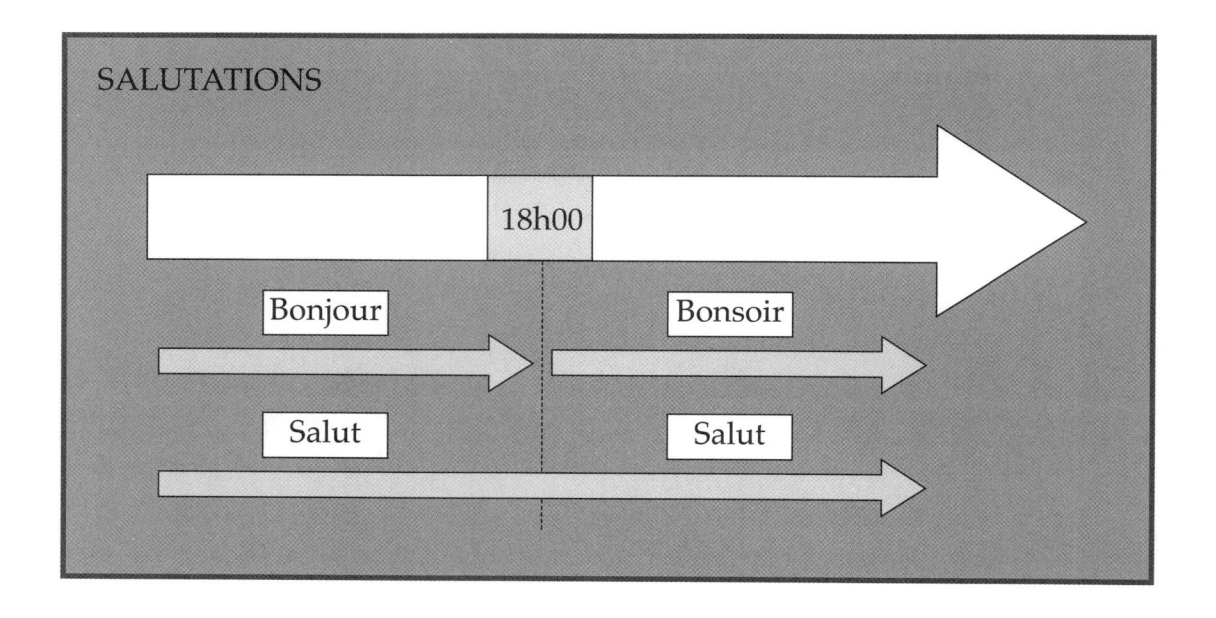

SALUTATIONS

18h00

Bonjour — Bonsoir

Salut — Salut

PRENDRE DES NOUVELLES

Formel — Comment allez-vous?
— Comment vas-tu?
— Tu vas bien?
Informel — (Comment) ça va?

Formel/standard

Je vais très bien, merci
Bien, merci

Ça va
Pas mal

Ça ne va pas très bien

Informel

Ça va bien, merci
Bien, merci

Ça peut aller
Pas mal

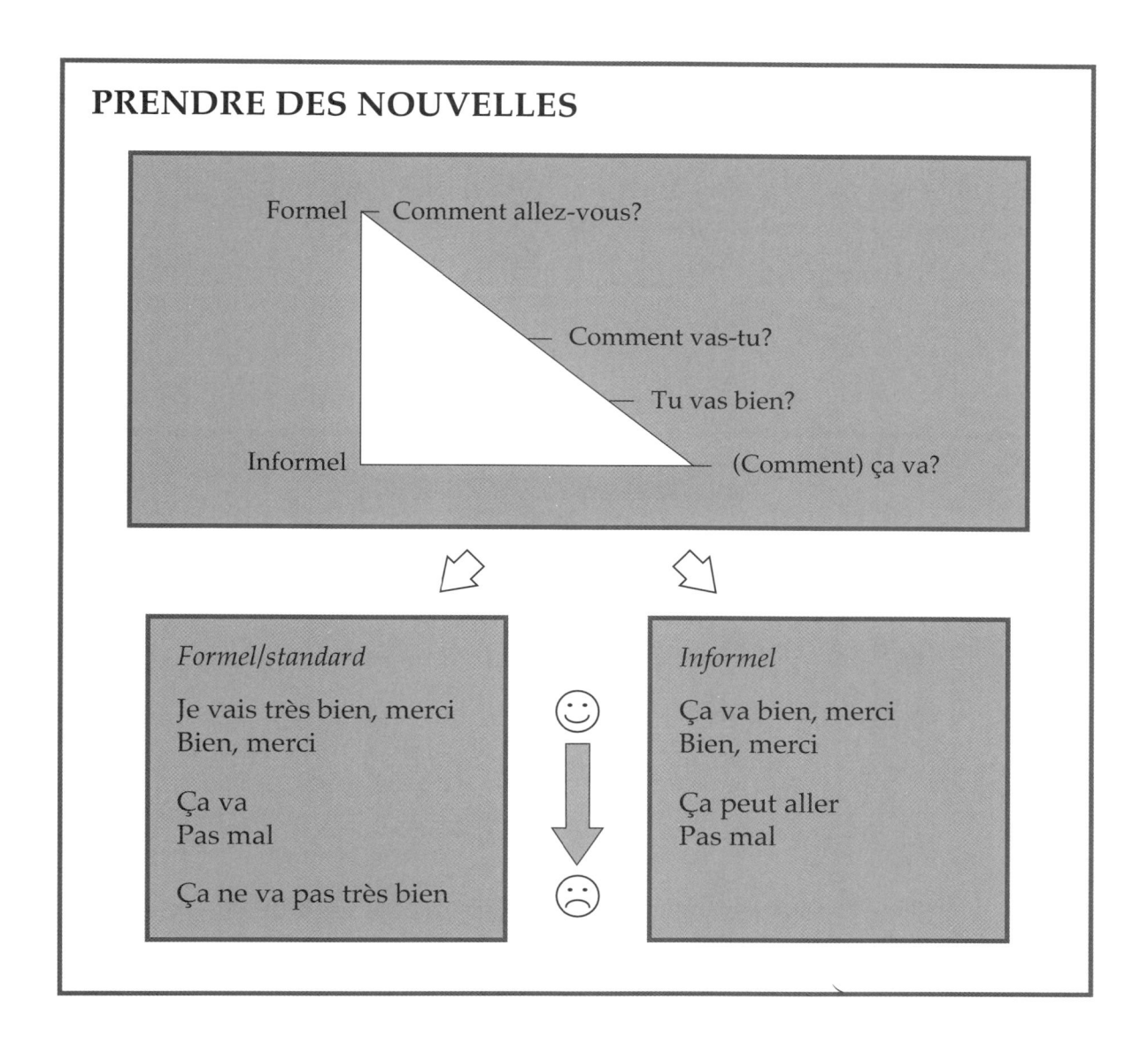

Prendre congé

- Merci de votre visite, Monsieur Duval. **Au revoir** et **bon retour à** Montréal!
- Merci, **au revoir** et **à bientôt**!

| Au revoir | Bon retour à... |
| À bientôt | |

ACTES DE PAROLE

*On dit **bon retour** à quelqu'un qui doit repartir chez lui/elle (à plusieurs kilomètres) ou dans son pays.*

● Il est tard, on y va. **Bonsoir** tout le monde et **bonne soirée**!
▼ **Bonne nuit** et **bonne route**!

Bonsoir	Bonne soirée
Bonne nuit	Bonne route

*On dit **bonne route** à quelqu'un qui part et qui prend sa voiture.*

- Gérard, on m'attend, alors **salut** et **à plus tard**!
- Salut Paul, **à la prochaine**!

Salut!	À plus tard!
	À la prochaine!

- Deux croissants et deux pains au chocolat, s'il vous plaît.
- Voilà, votre monnaie. Merci monsieur. Au revoir et **bonne journée**!
- Merci. **Vous aussi**.

Bonne journée	Vous aussi

*En quittant quelqu'un, particulièrement les commerçants, il est fréquent d'entendre **Bonne journée** pour dire **Passez une bonne journée**.*

PRENDRE CONGÉ

Formel — Au revoir
— Bonsoir
Informel — Salut

À — une autre fois
bientôt
demain
lundi
plus tard
la prochaine
la semaine prochaine
tout à l'heure

BON — après-midi
retour
voyage
week-end

BONNE — journée
nuit
route
soirée

Formel/standard

Vous aussi

Vous de même

Informel

Toi aussi

Pour saluer ou prendre congé, il est coutume:
1. *de serrer la main, ou*
2. *de s'embrasser si l'on se connaît très bien.*

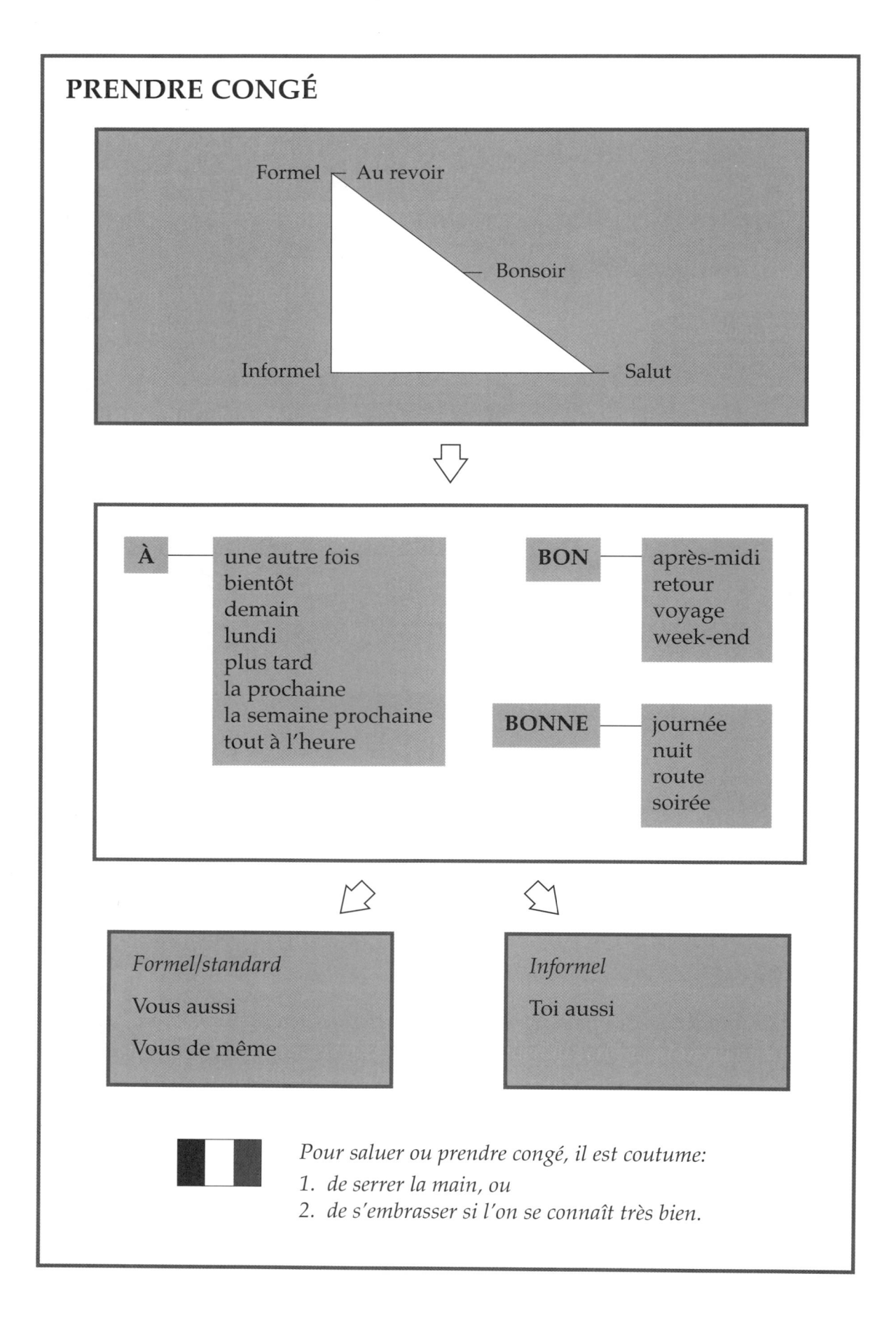

52 Se Présenter et Faire les Présentations

Se présenter, demander l'identité

(Formel)

- ● Bonjour, **je me présente**, Lucien Beaugrand de la Société Solar.
- ▼ **Enchantée**, Monsieur. **Je suis** Nicole Barbier, chef des ventes à CNB.
- ● **Très heureux**, Madame.

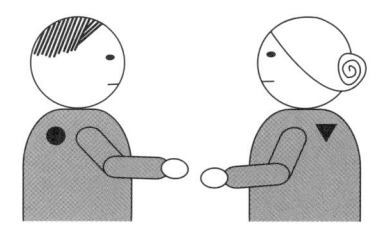

Je me présente, (prénom et nom)	👨 Enchanté Très heureux
Je suis (prénom et nom)	👩 Enchantée Très heureuse

(Formel)

- ● Madame Chevallier, **je présume**?
- ▼ **Oui, c'est moi**, **vous êtes** Monsieur…?
- ● Duhamel, **ravi de vous rencontrer**.

(Nom), je présume?	Oui, c'est moi
Vous êtes…?	Ravi(e) de vous rencontrer

(Informel)
- ● Salut! **Moi, c'est Michel**, et toi?
- ▼ Salut Michel, **je m'appelle** Isabelle.

Moi, c'est (prénom)	Je m'appelle (prénom)

On dit:

Monsieur	Madame	Mademoiselle
Aux hommes de toute condition, mariés ou non	À une femme mariée ou présumée mariée	À une jeune fille ou à une femme célibataire

Monsieur et Madame précèdent aussi une fonction, par exemple:
Monsieur le Ministre   Madame le Maire

N.B.
Il est coutume de s'adresser aux médecins et avocats en disant respectivement:
Docteur, Maître.

ACTES DE PAROLE

PRÉSENTATIONS

SE PRÉSENTER

Formel — Permettez-moi de me présenter

— Je me présente, …

— Je m'appelle

— Je suis …

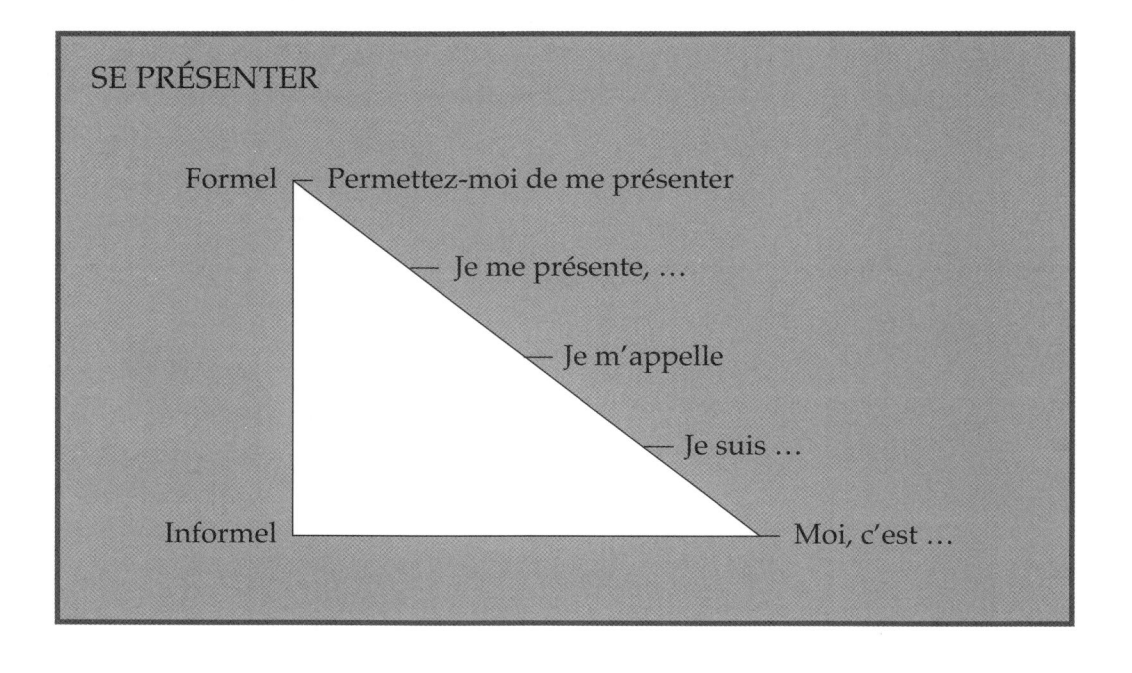

Informel — Moi, c'est …

DEMANDER L'IDENTITÉ

Formel   (Nom), je présume?
Informel   Vous êtes…?

Faire les présentations

(Formel)

- ●   Monsieur Beaugrand, **je voudrais vous présenter** Sabine Legal, notre attachée commerciale à Lille.
- ▼   Madame Legal, **enchanté de faire votre connaissance**.
- ●   Sabine, **je vous présente** Monsieur Beaugrand, client de longue date.
- ▼   **Très heureuse de vous rencontrer** Monsieur.

Je voudrais vous présenter (nom)	Enchanté de faire votre connaissance Très heureux de vous rencontrer
Je vous présente (nom)	Enchantée de faire votre connaissance Très heureuse de vous rencontrer

(Informel)

- ● Isabelle, **je te présente** mon frère, Nicolas.
- ▼ **Bonjour**, Nicolas.
- ● Nicolas, **c'est** Isabelle, une copine du conservatoire.
- ■ **Salut**, ça va?

Je te présente (prénom)	Bonjour
C'est (prénom)	Salut, ça va?

ACTES DE PAROLE

FAIRE LES PRÉSENTATIONS

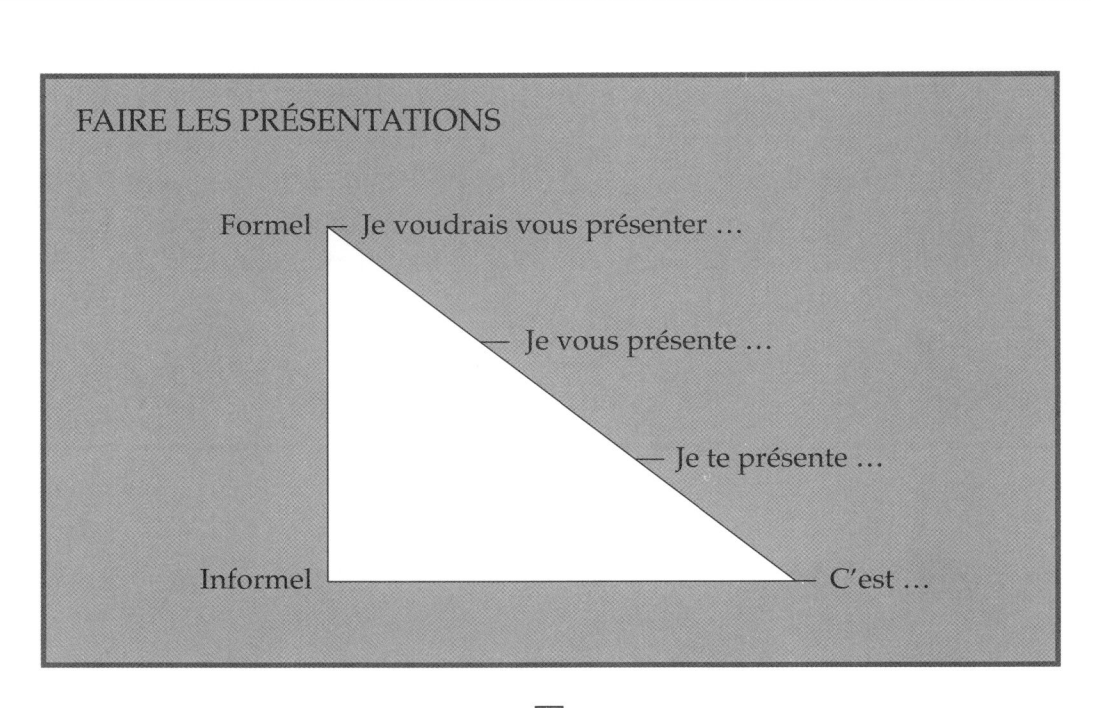

Formel — Je voudrais vous présenter …

— Je vous présente …

— Je te présente …

Informel — C'est …

⇩

RÉPONSES

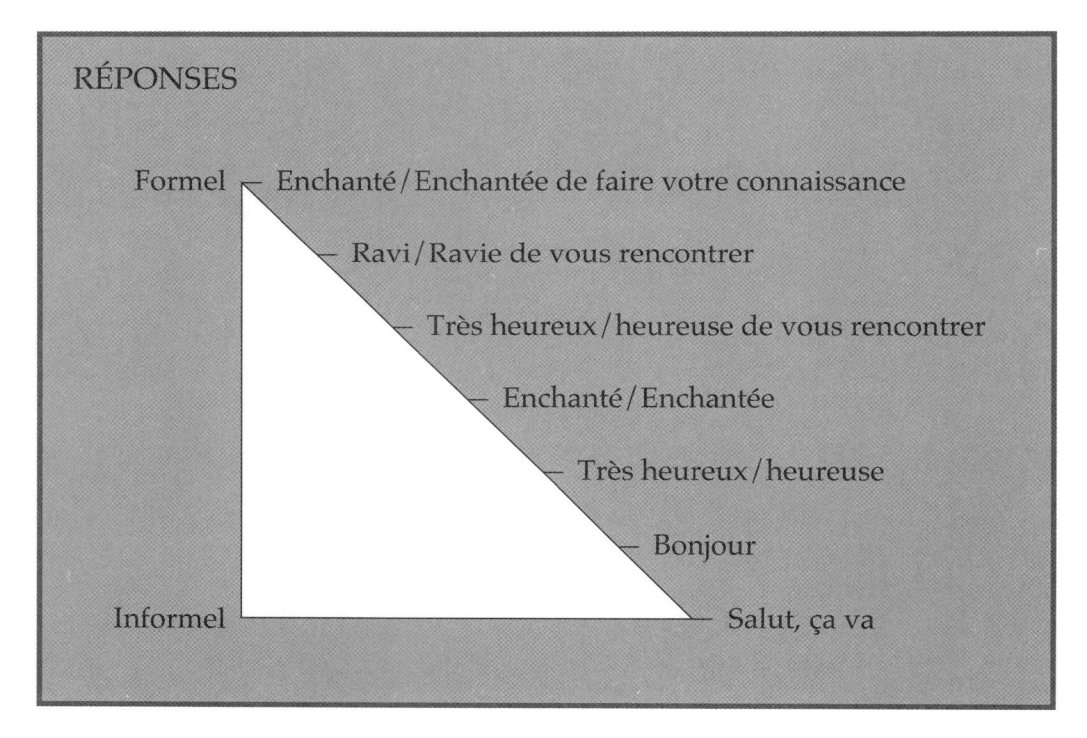

Formel — Enchanté/Enchantée de faire votre connaissance

— Ravi/Ravie de vous rencontrer

— Très heureux/heureuse de vous rencontrer

— Enchanté/Enchantée

— Très heureux/heureuse

— Bonjour

Informel — Salut, ça va

53 Offrir, Accepter et Refuser

Offrir quelque chose

- Monsieur Robin, **voulez-vous** un cigare?
- **Oui, volontiers, merci.**
- Monsieur Hervet, je vous offre un cigare?
- **Non, je vous remercie**, je ne fume pas.

Voulez-vous…?	Oui, volontiers, merci
Je vous offre…?	Non, je vous remercie

- Paul, **tu veux** un café?
- Oui, **je veux bien**, merci.
- Et toi, Catherine?
- **Non, merci.**
- **Tu veux** boire autre chose?
- **Non**, rien, **je te remercie**.

Tu veux…?	Oui, je veux bien merci
	Non, merci
	Non, rien, je te remercie

- Madame Beauchamp, **encore un peu de** tarte?
- **Avec plaisir**, elle est délicieuse.
- Nicolas, **voulez-vous** reprendre du dessert?
- **Je ne dis pas non**, j'adore les tartes!
- Et pour vous Monsieur Lemaire?
- **Non merci, c'est gentil**.

Encore un peu de…?	Avec plaisir
Voulez-vous …?	Je ne dis pas non!
	Non merci, c'est gentil

Offrir un service

(Dans un bureau)

- ● Monsieur, **je peux vous renseigner**?
- ▼ Oui merci, je cherche le bureau de Monsieur Lemoine.
- ● Vous vous trompez d'étage, son bureau est au deuxième. Venez, je vais vous y conduire.
- ▼ **Merci beaucoup**.

| Je peux vous renseigner? | Merci beaucoup |

(Dans un magasin)

- ● Madame, **je peux vous aider**?
- ▼ **Oui, je voudrais** un parfum frais et discret.
- ● C'est pour offrir?
- ▼ Oui, c'est pour une amie.
- ● Bien, elle est sportive?…

| Je peux vous aider? | Oui, je voudrais… |

(Avec un ami/une amie)
- ● **Tu veux un coup de main?**
- ▼ **Je veux bien**, je n'arrive pas à tout porter!
- ● **Je vais t'aider**, donne-moi ta valise.
- ▼ **Merci, c'est sympa**.

Tu veux un coup de main?	Je veux bien
Je vais t'aider	Merci, c'est sympa

(À l'aéroport)
- ● Vous êtes chargée, madame. **Puis-je vous aider à** porter vos bagages?
- ▼ **Ce n'est pas nécessaire**. Merci beaucoup.

Puis-je vous aider à…?	Ce n'est pas nécessaire

(À un collègue)
- ● **Je peux t'aider** à écrire le rapport Muller?
- ▼ **Non, c'est bon, merci,** je vais y arriver.

Je peux t'aider	Non, c'est bon, merci

OFFRIR QUELQUE CHOSE

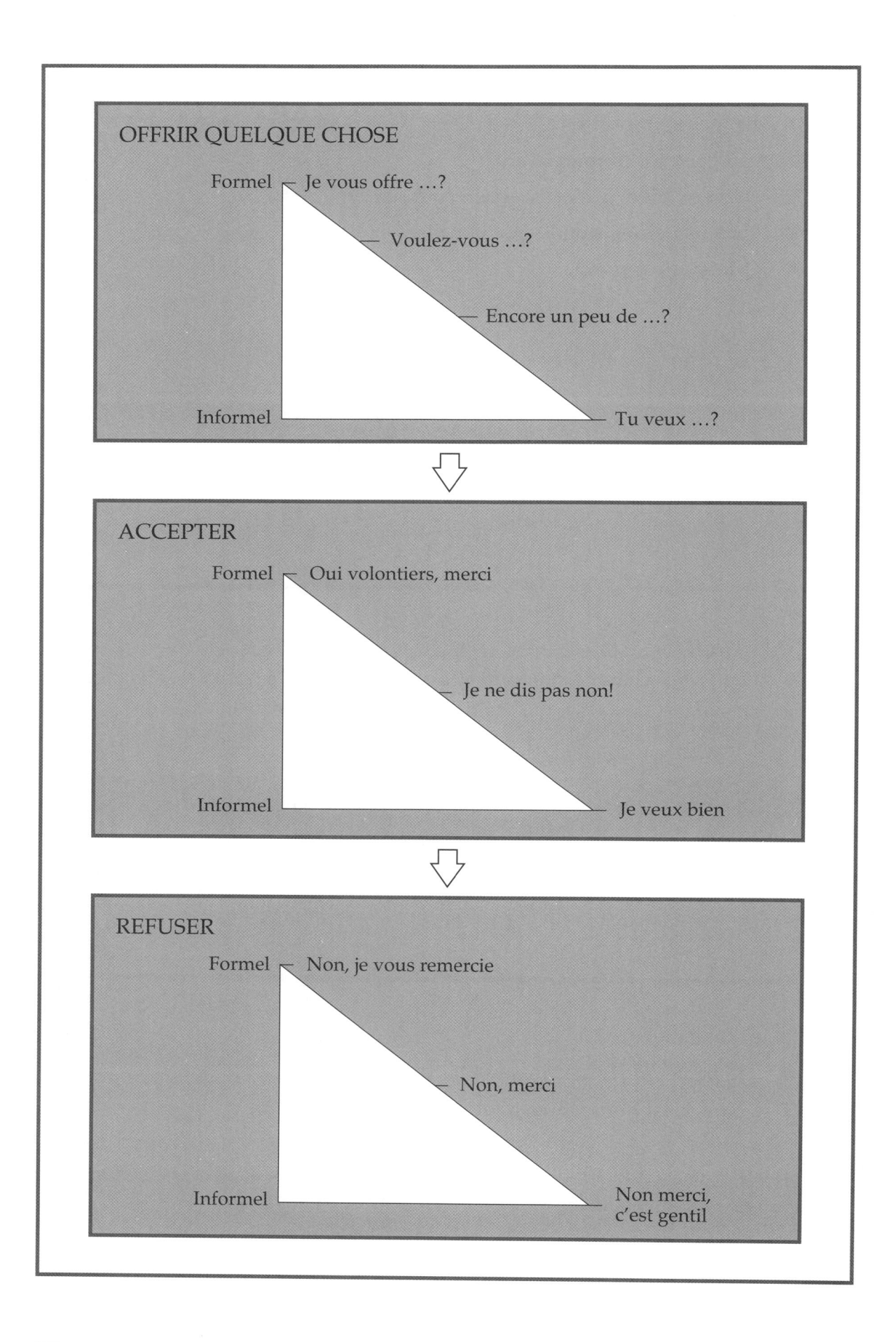

- Formel — Je vous offre …?
- — Voulez-vous …?
- — Encore un peu de …?
- Informel — Tu veux …?

⇩

ACCEPTER

- Formel — Oui volontiers, merci
- — Je ne dis pas non!
- Informel — Je veux bien

⇩

REFUSER

- Formel — Non, je vous remercie
- — Non, merci
- Informel — Non merci, c'est gentil

OFFRIR UN SERVICE

Formel — Puis-je vous aider à …?

— Je peux vous renseigner?

— Je peux vous aider?

— Tu veux un coup de main?/
Je peux t'aider?

Informel — Je vais t'aider

ACCEPTER

Formel — Oui, merci …

— Oui, je voudrais …

— Je veux bien

Informel — Merci, c'est sympa

REFUSER

Formel — Ce n'est pas nécessaire, merci beaucoup

— Non, c'est bon, merci

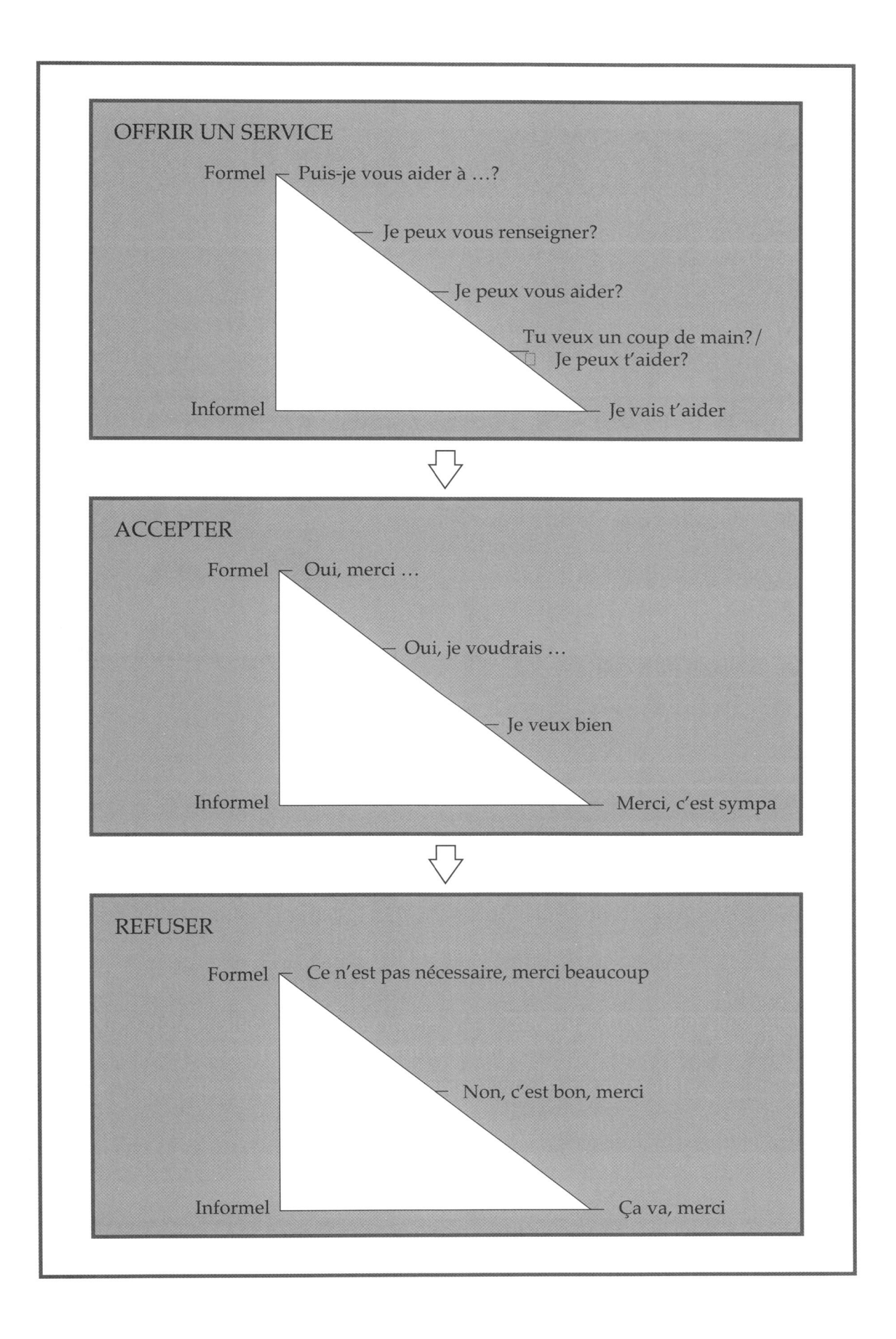

Informel — Ça va, merci

ACTES DE PAROLE

54 Demander un Renseignement et Remercier

Pouvoir: Pouvez-vous…?, Pourriez-vous…?

(À l'aéroport)
- **Pouvez-vous me dire** à quelle heure part le prochain vol pour Bruxelles, s'il vous plaît?
- Oui, il part à 17h45 (*dix-sept heures quarante-cinq*).
- **Merci beaucoup.**
- **À votre service.**

Pouvez-vous me dire…?	
Merci beaucoup	À votre service

À votre service est une réponse à un remerciement, utilisée dans le contexte d'une prestation de service, à un client, par exemple.

(Au téléphone)

- ● Bonjour madame, **pourriez-vous me renseigner, s'il vous plaît**? Je suis journaliste et je voudrais des précisions sur votre fusion avec le groupe Batik.
- ▼ Je vais vous passer Madame Blanchard, responsable des relations publiques. Elle pourra répondre à vos questions.
- ● **Je vous remercie, madame**.
- ▼ **Je vous en prie**. Au revoir.

Pourriez-vous me renseigner, s'il vous plaît?	
Je vous remercie	Je vous en prie

❗

Pourriez-vous *est la deuxième personne du pluriel du verbe* ***pouvoir*** *au conditionnel présent.*

Présent	Pouvez-vous?
Conditionnel présent	Pourriez-vous?

DEMANDER UN RENSEIGNEMENT: POUVOIR	
Pourriez-vous me renseigner? Je...	
Pourriez-vous me dire Pouvez-vous me dire	➡ si...? à quelle heure...? comment...? quand...? pourquoi...? où...?

ACTES DE PAROLE

Vouloir: Je voudrais

(Dans une banque)

- **Je voudrais savoir** s'il est possible de virer de l'argent sur mon compte à l'étranger?
- ▼ Oui bien sûr, il faut remplir ce formulaire, tenez.
- Savez-vous si les frais sont élevés?
- ▼ Cela dépend du montant de l'opération.
- **Je voudrais** aussi **des renseignements sur** les comptes épargne.
- ▼ Voilà une brochure, tout y est expliqué.

Je voudrais savoir (si)...

Je voudrais des renseignements sur...

DEMANDER UN RENSEIGNEMENT: JE VOUDRAIS

Je voudrais savoir...

Je voudrais des renseignements sur...

Je voudrais me renseigner sur...

!

Je voudrais est la première personne du singulier du verbe *vouloir* au conditionnel présent. C'est une forme de politesse.

Présent   Je veux
Conditionnel présent   Je voudrais

Savoir: Savez-vous…?

(Dans la rue)

- ● Pardon, monsieur, **savez-vous** où se trouve le commissariat le plus proche?
- ▼ Oui, ce n'est pas loin, allez tout droit et prenez la première à gauche.
- ● **Merci bien**, monsieur.
- ▼ **De rien**.
- ● Et un arrêt de taxi, **savez**-vous s'il y en a un près d'ici?
- ▼ **Ah, non, désolé**! Je ne sais pas.
- ● **Ce n'est pas grave, merci**.

Savez-vous…?	Ah, non, désolé!
Merci bien	De rien
Ce n'est pas grave, merci	

Pour aborder quelqu'un:
– Pardon monsieur, …
– Pardon, madame …
– Excusez-moi, …

DEMANDER UN RENSEIGNEMENT: SAVOIR		
Formel	Savez-vous	si…?
	Je voudrais savoir	à quelle heure…?
		comment…?
	Vous savez	quand…?
		pourquoi…?
Informel	Tu sais	où…?

ACTES DE PAROLE

Questions

(À la gare)
- ● **Avez-vous** les horaires des trains pour Marseille?
- ▼ Oui, les voici.
- ● Merci. **Combien** coûte un aller-retour en première classe?
- ▼ 230€ (*deux cent trente euros*).

| Avez-vous...? | Combien...? |

(À l'hôtel)
- ● **À quelle heure** servez-vous le petit déjeuner?
- ▼ À partir de sept heures.

| À quelle heure...? |

(Dans un centre sportif)
- ● Bonjour, je voudrais me renseigner sur les stages de tennis. **Est-ce qu'**on peut encore s'inscrire pour cet été?
- ▼ Oui, vous avez jusqu'au 30 (*trente*) mai pour vous inscrire.
- ● **Quand** commence le premier stage?
- ▼ Le 20 (*vingt*) juin.

| Est-ce que...? |

| Quand...? |

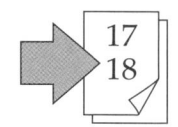

Voir aussi les chapitres 17 et 18, *Les Trois Formes de Question* et *Les Mots Interrogatifs*.

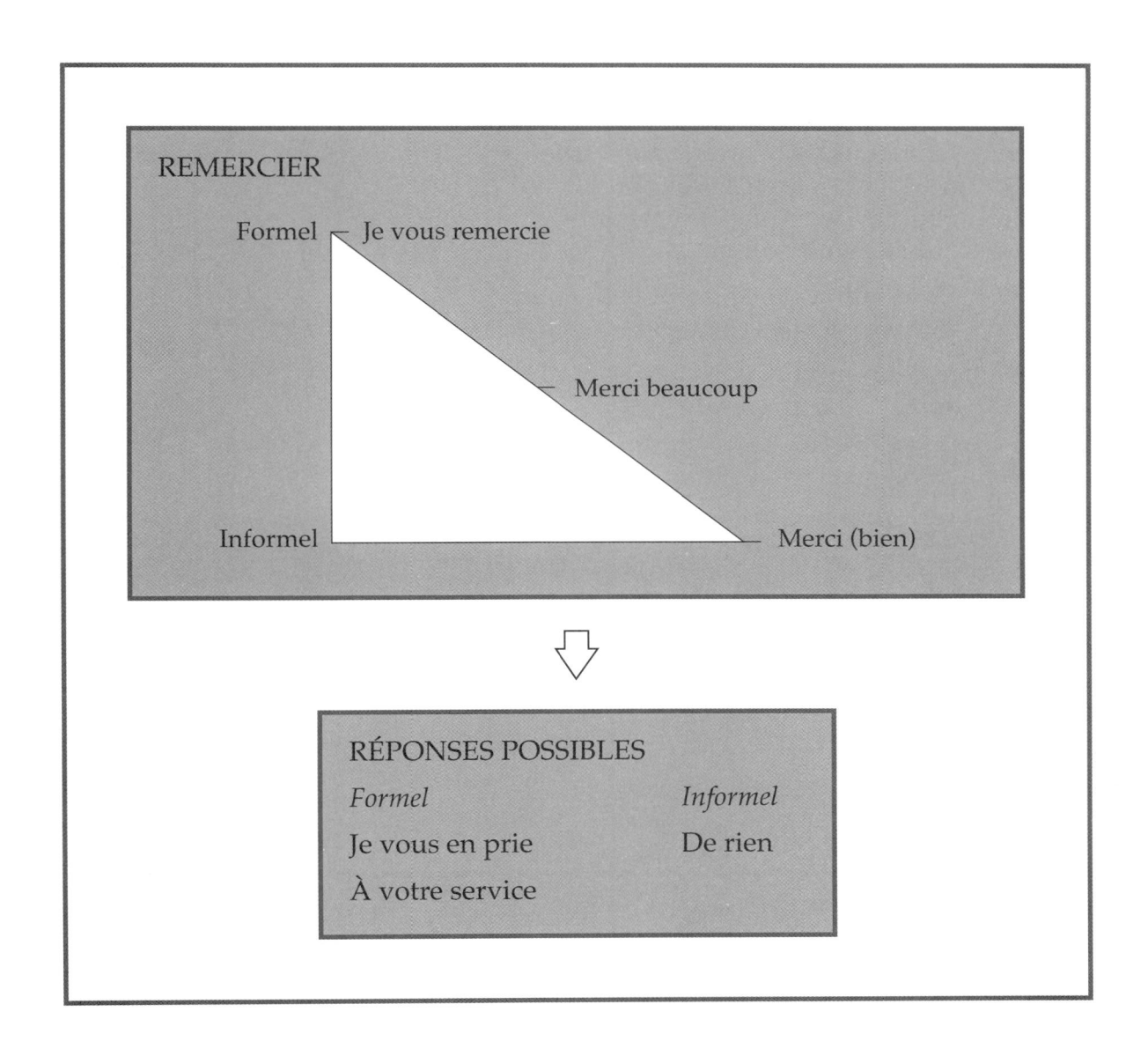

REMERCIER

Formel — Je vous remercie

— Merci beaucoup

Informel — Merci (bien)

⇩

RÉPONSES POSSIBLES

Formel	*Informel*
Je vous en prie	De rien
À votre service	

55 Inviter et Répondre à une Invitation

Inviter et accepter une invitation

- **J'aimerais vous inviter au** tournoi de Roland Garros le 15 (*quinze*) juin, pour les demi-finales messieurs. **Pourrez-vous venir?**
- ▼ **J'y viendrai avec plaisir.** J'adore le tennis et **je vous remercie**.
- **Je vous en prie.** C'est tout naturel, après tant d'années de collaboration.

J'aimerais vous inviter (à)… Pourrez-vous venir?	J'y viendrai avec plaisir
Je vous remercie	Je vous en prie

- Robert, **je voudrais vous inviter** à notre colloque sur l'information qui aura lieu le 12 (*douze*) octobre. **Votre présence serait très appréciée.**
- ▼ **Volontiers. Je serais très heureux d'y participer.**
- Très bien, alors je compte sur vous.

ACTES DE PAROLE

| Je voudrais vous inviter à… | Volontiers |
| Votre présence serait très appréciée | Je serais heureux/heureuse d'y participer |

- ● Salut Christine! C'est Nicole. Dis-moi, **tu es libre** vendredi soir?
- ▼ **Je n'ai rien de prévu**, je crois.
- ● **Je t'invite à** dîner.
- ▼ **C'est très gentil de ta part**, tu peux passer me chercher?
- ● Oui bien sûr, je passerai vers huit heures.

| Tu es libre…? | Je n'ai rien de prévu |
| Je t'invite à… | C'est très gentil de ta part |

- ● Sylvie, tu es libre demain soir?
- ▼ Oui, pourquoi?
- ● **Tu veux venir avec moi au** cinéma?
- ▼ **Oui, je veux bien**.
- ● **On va** voir le dernier film de Spielberg?
- ▼ **C'est une très bonne idée**.

| Tu veux venir (à)…? | Oui, je veux bien |
| On va (voir)…? | C'est une très bonne idée |

ACTES DE PAROLE

Refuser une invitation

- ● Monsieur Dupuis, **voudriez-vous** participer à notre table ronde sur l'aménagement du temps de travail, prévu pour le 25 (*vingt-cinq*) juin?
- ▼ Je vous remercie, mais **malheureusement ce n'est pas possible. J'ai prévu** un déplacement à cette date.
- ● **C'est dommage**. Je vais voir s'il est possible de reporter la date.

Voudriez-vous…?	Malheureusement, ce n'est pas possible. J'ai prévu…
C'est dommage	

- ● Bertrand, j'aimerais vous inviter à notre journée Portes Ouvertes, samedi le 19 (*dix-neuf*) octobre. Nous organisons une petite réception pour nos meilleurs clients.
- ▼ **Je regrette beaucoup** mais **je suis pris à cette date**.
- ● Je vous préviendrai plus tôt l'année prochaine.

Je regrette beaucoup je suis pris(e) (à cette date)

Journée Portes Ouvertes: *Accueil de visiteurs pour faire connaître l'entreprise et favoriser les contacts.*

- Sophie, tu as fini? Il est six heures.
- Oui, ça y est, j'ai terminé.
- **Tu veux** prendre un verre en face? **Je t'invite.**
- **C'est une bonne idée, mais** ce soir **c'est impossible**. J'ai rendez-vous chez le dentiste à six heures et demie. **Merci quand même**.
- **Dommage, une autre fois peut-être.**

Tu veux…? Je t'invite	C'est une bonne idée, mais… c'est impossible
Dommage, une autre fois peut-être	Merci quand même

- **Tu veux** jouer au tennis s'il fait beau samedi matin?
- C'est une bonne idée, mais **je ne suis pas libre**. J'ai invité des amis pour le week-end. Merci quand même.
- **Tant pis**! Ce sera pour un autre fois.

Tu veux…?	Je ne suis pas libre
Tant pis!	

ACTES DE PAROLE

Invitations écrites

Parfois les invitations, même à dîner, sont écrites. Elles sont alors formelles. Elles impliquent l'usage de certaines formules de politesse.

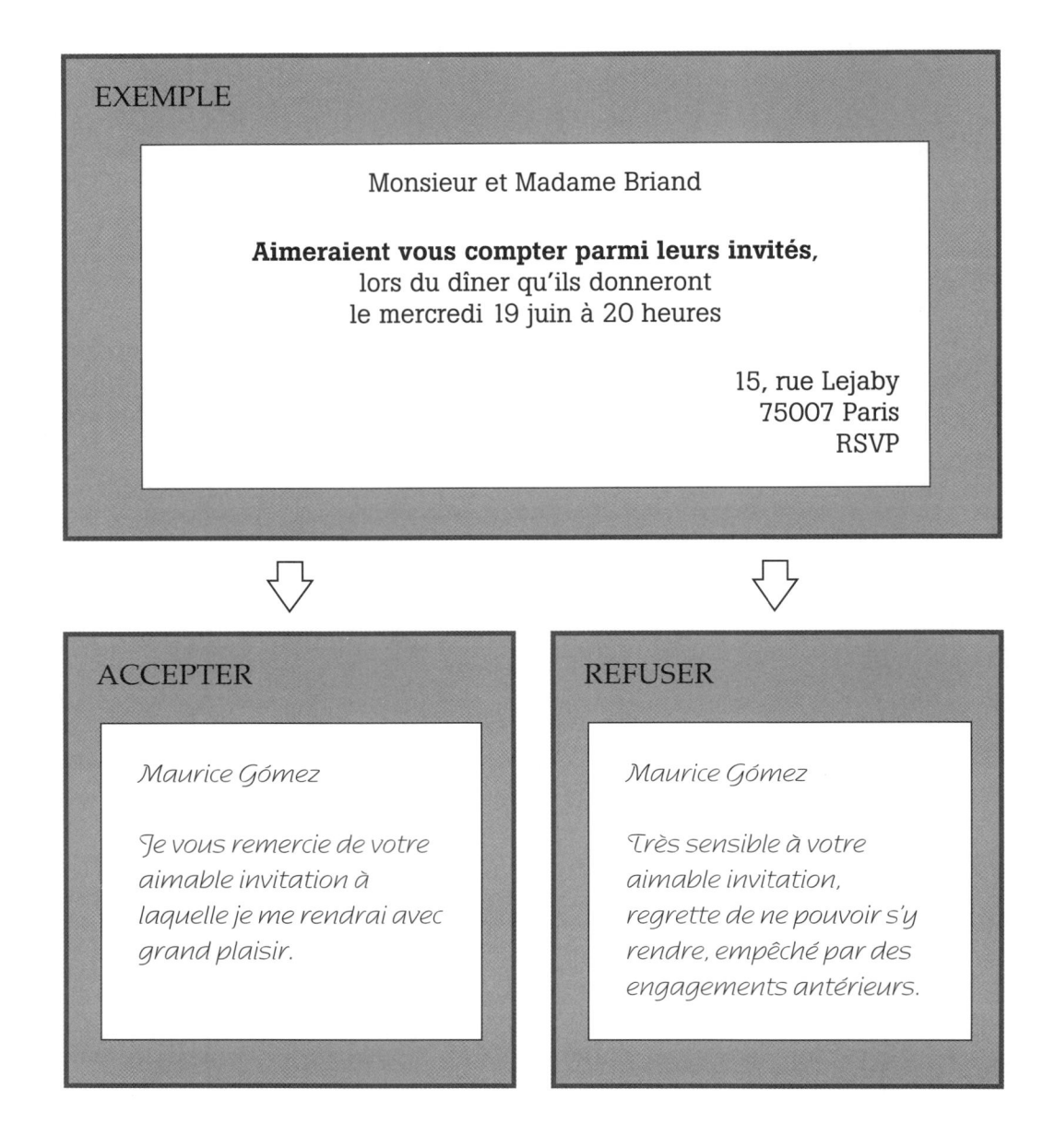

EXEMPLE

Monsieur et Madame Briand

Aimeraient vous compter parmi leurs invités,
lors du dîner qu'ils donneront
le mercredi 19 juin à 20 heures

15, rue Lejaby
75007 Paris
RSVP

ACCEPTER

Maurice Gómez

Je vous remercie de votre aimable invitation à laquelle je me rendrai avec grand plaisir.

REFUSER

Maurice Gómez

Très sensible à votre aimable invitation, regrette de ne pouvoir s'y rendre, empêché par des engagements antérieurs.

N.B.
*RSVP signifie **réponse s'il vous plaît**.*

INVITER

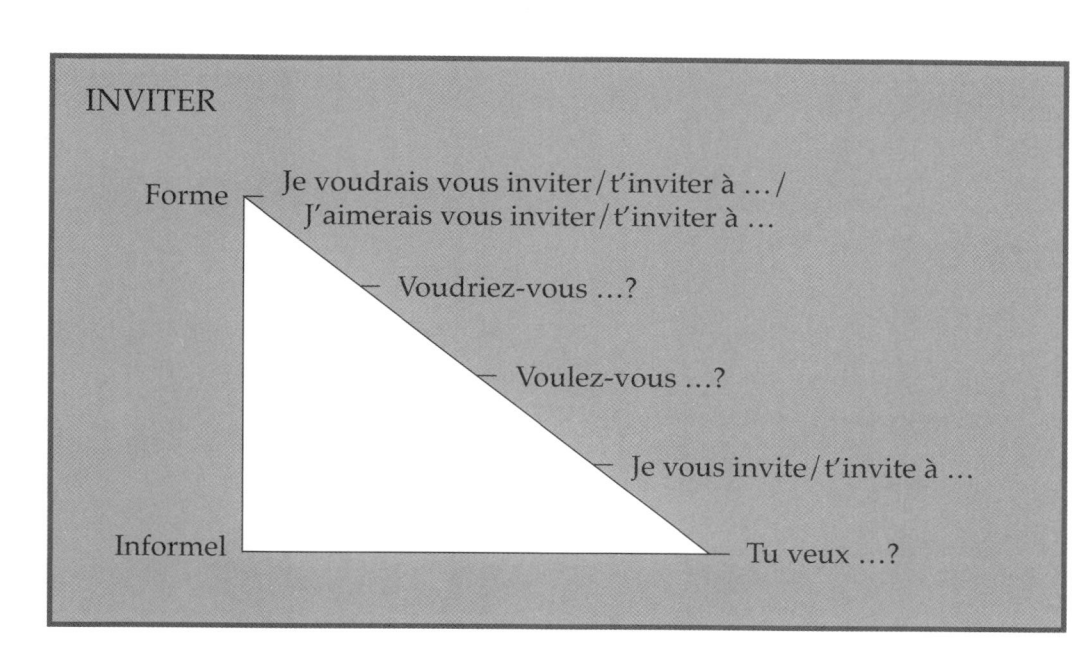

Forme — Je voudrais vous inviter/t'inviter à …/
J'aimerais vous inviter/t'inviter à …

— Voudriez-vous …?

— Voulez-vous …?

— Je vous invite/t'invite à …

Informel — Tu veux …?

⇩

ACCEPTER UNE INVITATION

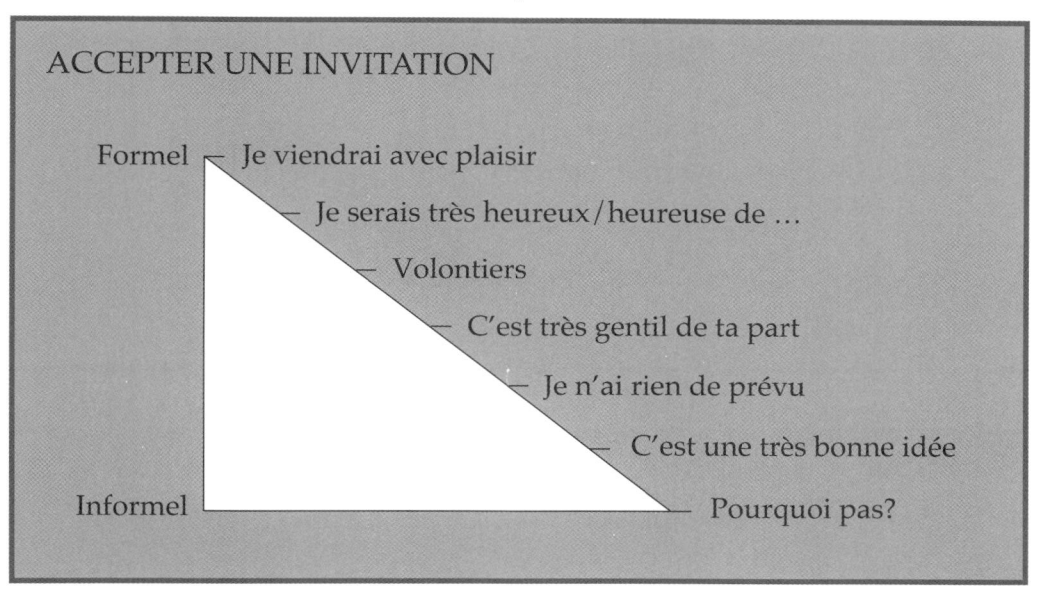

Formel — Je viendrai avec plaisir

— Je serais très heureux/heureuse de …

— Volontiers

— C'est très gentil de ta part

— Je n'ai rien de prévu

— C'est une très bonne idée

Informel — Pourquoi pas?

ACTES DE PAROLE

REFUSER UNE INVITATION

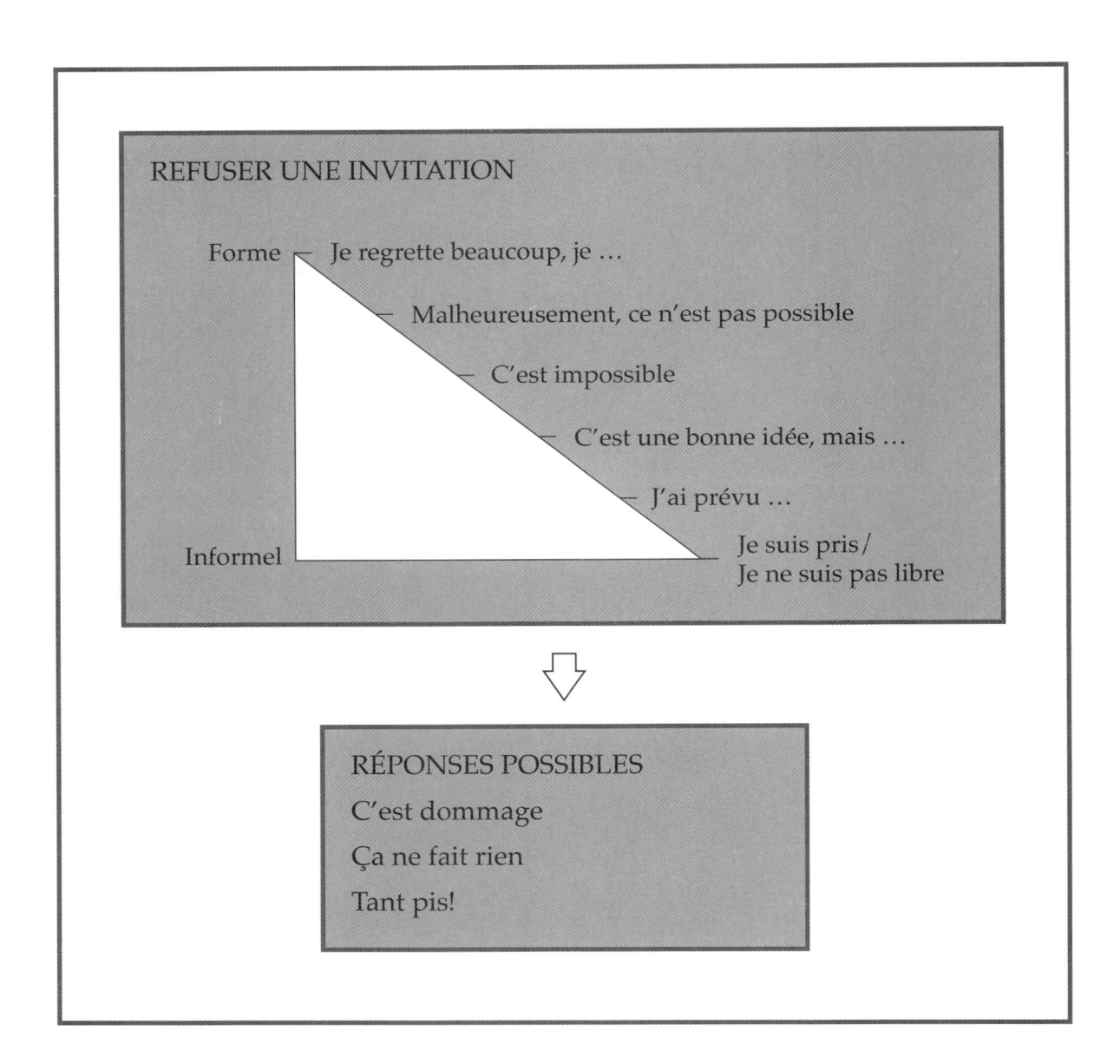

Forme — Je regrette beaucoup, je …

— Malheureusement, ce n'est pas possible

— C'est impossible

— C'est une bonne idée, mais …

— J'ai prévu …

Informel — Je suis pris / Je ne suis pas libre

⇩

RÉPONSES POSSIBLES

C'est dommage

Ça ne fait rien

Tant pis!

56 S'Excuser

Demander pardon, présenter ses excuses

(Bousculer quelqu'un)
- ● Oh, **pardon**! Je vous ai fait mal?
- ▼ Non, ça va merci.
- ● **Excusez-moi** encore.

| Pardon | Excusez-moi |

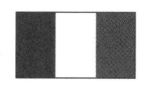

*On dit aussi **pardon** et **excusez-moi** avant de s'adresser à quelqu'un pour demander des renseignements, des directions.*

(Déranger quelqu'un)
- ● Bonjour Monsieur Montand, **excusez-moi de vous déranger**.
- ▼ Mais **non, je vous en prie**.
- ● Je voudrais votre avis sur le texte de la nouvelle brochure…

| Excusez-moi de vous déranger | Non, je vous en prie |

(Arriver en retard à une réunion)
- ● Bonjour Madame Millon.
- ▼ Bonjour Monsieur Barnier, **je vous prie de m'excuser**, je suis un peu en retard. J'ai dû attendre un taxi à l'aéroport.
- ● **Ce n'est pas grave**, nous n'avons pas encore commencé.

| Je vous prie de m'excuser | Ce n'est pas grave |

(Au téléphone)
- ● Allô Monsieur Bord, Philippe Gravier à l'appareil, je vous appelle à propos de notre rendez-vous.
- ▼ Vous n'avez pas reçu mon message?
- ● Mais non.
- ▼ Notre rendez-vous est annulé. Ma secrétaire a dû oublier de vous téléphoner, **je suis vraiment désolé**.
- ● **Ne vous inquiétez pas!** Nous allons fixer une autre date.

| Je suis vraiment désolé/désolée | Ne vous inquiétez pas! |

ACTES DE PAROLE

PRÉSENTER DES EXCUSES

Formel — Je vous prie de m'excuser

— Excusez-moi de …

— Je suis vraiment désolé/désolée

— Excusez-moi

Informel — Pardon

RÉPONSES POSSIBLES

Non, je vous en prie

Ce n'est pas grave

Ne vous inquiétez pas!

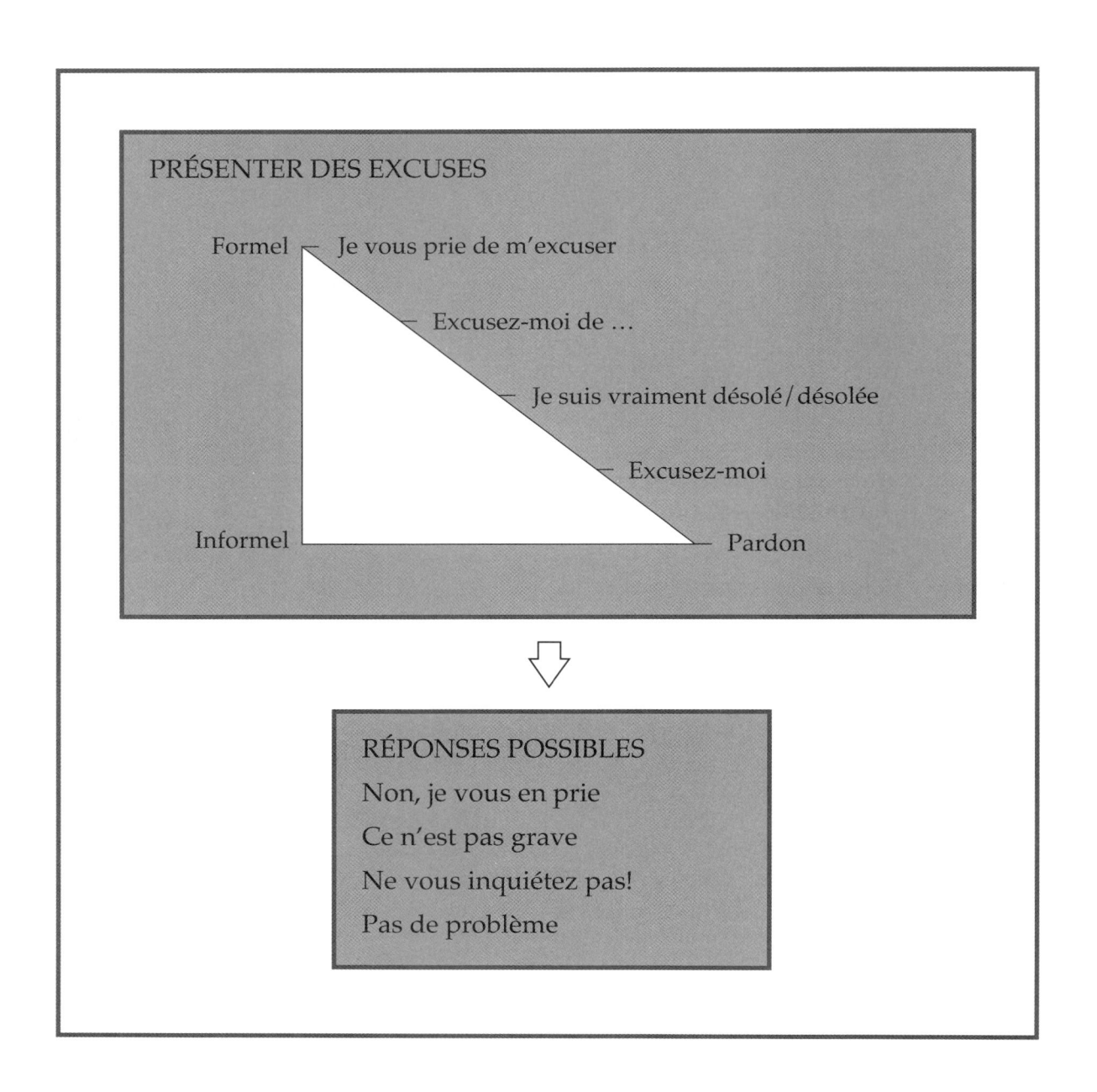

Pas de problème

!

Pas du tout *s'emploie souvent en réponse à une question interro-négative:*
– Je **ne** vous dérange **pas**?
– Non, **pas du tout**, entrez!

57 Exprimer ses Goûts et ses Préférences

Exprimer ses goûts

- **Est-ce que vous aimez** le sport? **J'aime beaucoup** le tennis et le squash, et vous?

- **Je ne déteste pas** le tennis, mais **je n'aime pas du tout** le squash, c'est trop ennuyeux.

Vous aimez…?	J'aime beaucoup…
	Je n'aime pas du tout…
	Je ne déteste pas…

Je ne déteste pas veut dire j'aime assez.

- J'ai envie d'allez voir l'exposition de peinture abstraite au Musée d'Art Moderne. Tu veux venir?
- Je te remercie, mais **je déteste** la peinture abstraite, je n'y comprends rien.
- Tant pis!

Je déteste…

(Dans un magasin)
- Ce modèle **vous plaît**?
- Oui, **j'aime bien** la coupe mais pas la couleur, ce bleu **ne me plaît pas**.

…vous plaît?	J'aime bien…
	…ne me plaît pas

ACTES DE PAROLE

- ● Tu vas regarder le match à la télé ce soir?
- ▼ Non, **j'ai horreur du** football.
- ● Moi, **j'adore** le foot, et Paris St Germain est mon équipe **préférée**.

> *J'adore* est plus emphatique que *j'aime beaucoup*.
> *J'ai horreur de…* est idiomatique mais a la même valeur que *je déteste*.

J'adore…	J'ai horreur de…
…préféré(e)	

- ● Je voyage souvent en Extrême Orient. J'aime beaucoup l'Asie, et vous?
- ▼ Oui, **moi aussi**, mais par contre je n'aime pas tellement la cuisine asiatique!
- ● **Moi si!**

Moi aussi	Moi si

EXPRIMER SES GOÛTS

Est-ce que
- vous aimez…?
- …te plaît (plaisent)?
- …vous plaît (plaisent)?

☹
- – – –   Je déteste
- – –   J'ai horreur de…
- – –   Je n'aime pas (du tout)
- –   …ne me plaît pas

☺
- + + + +   J'adore
- + + +   J'aime beaucoup
- + +   J'aime bien
- +   Je ne déteste pas

!

Plaire à…
Utilisez les pronoms indirects: me, te, lui, nous, vous, leur.
Exemple: Cette école plaît **à vos enfants**?
               Oui, elle **leur** plaît beaucoup.

		☺	☹
☺	J'aime…, et vous?	Moi aussi	Moi non
☹	Je n'aime pas…, et vous?	Moi si	Moi non plus

ACTES DE PAROLE

Exprimer ses préférences

- **Que pensez-vous de** ces slogans pour la prochaine campagne publicitaire? **Est-ce que vous avez une préférence**?
- ▼ **J'aime mieux** le deuxième, la formule est plus concise. C'est une formule choc!

Que pensez-vous de…?

Est-ce que vous avez une préférence?	J'aime mieux…

- Quel vin **préférez-vous** boire? Un bourgogne, un bordeaux?
- ▼ **Ça m'est égal**. Je vous laisse choisir, je vous fais confiance.

Quel/quelle… préférez-vous…?	Ça m'est égal

!

Ça m'est égal veut dire Je n'ai pas de préférence.

ACTES DE PAROLE

- Vous aimez la musique?
- ▼ Oui beaucoup. **Je préfère** le classique **à la** musique moderne.
- Moi aussi, **j'aime surtout** le piano.

| Je préfère... à... | J'aime surtout... |

EXPRIMER SES PRÉFÉRENCES

Que pensez-vous de...?
Est-ce que vous avez une préférence (pour...)?
Quel/quelle... préférez-vous?

⇩

Je préfère...
J'aime mieux...
Je préfère... à...
J'aime surtout
Ça m'est égal

ACTES DE PAROLE

58 Demandes Polies

Avec *pouvoir*

(Au bureau)

- Madame Bruneau, **pouvez-vous** m'apporter le livre de comptes du mois de juin, **s'il vous plaît**?
- Oui, je vous l'apporte **tout de suite**.

| Pouvez-vous…, s'il vous plaît? | …tout de suite |

(À l'hôtel)

- **Pourriez-vous** me réveiller à 6h00 (*six heures*) demain matin, **s'il vous plaît**?
- **Certainement**, monsieur.
- Pouvez-vous également réserver un taxi pour 7h00 (*sept heures*)?
- **Bien sûr**, je m'en occupe immédiatement.
- **Merci beaucoup**.

ACTES DE PAROLE

Pourriez-vous…, s'il vous plaît?	Certainement Bien sûr
Merci beaucoup	

(À table)
- ● Sophie, **tu peux** me passer la carafe d'eau, **s'il te plaît**?
- ▼ Oui, **tiens**.

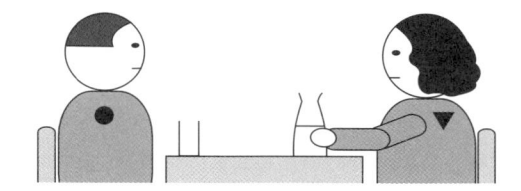

Tiens et *Tenez* indiquent que l'on donne quelque chose à quelqu'un.

Tu peux…, s'il te plaît?	Tiens

- ● Tu peux corriger cette lettre pour moi?
- ▼ **Pas de problème**.

Pas de problème

ACTES DE PAROLE

Avec *avoir*

(À la gare)
- **Avez-vous** les horaires de trains pour Marseille, **s'il vous plaît**?
- **Les voici!**
- **Merci.**

Avez-vous…, s'il vous plaît?	Le/la/les voici
Merci	

Avec *avoir*

(Au bureau)
- **Avez-vous** la copie du contrat japonais? J'en ai besoin pour la réunion.
- Oui, **tenez!**

Avez vous…?	Tenez!

Avec *je voudrais*

(Au téléphone)
- Allô, Société Motoron, bonjour.
- Bonjour, **je voudrais** le poste 280 (*deux cent quatre-vingts*), s'il vous plaît.
- Oui monsieur, ne quittez pas.

Je voudrais (+ nom)

(À une réunion)

- Excusez-moi, je ne me sens pas bien, **je voudrais** sortir un instant.
- Bien sûr, je vous en prie.

> Je voudrais (+ verbe)

!

Je voudrais + verbe à l'infinitif

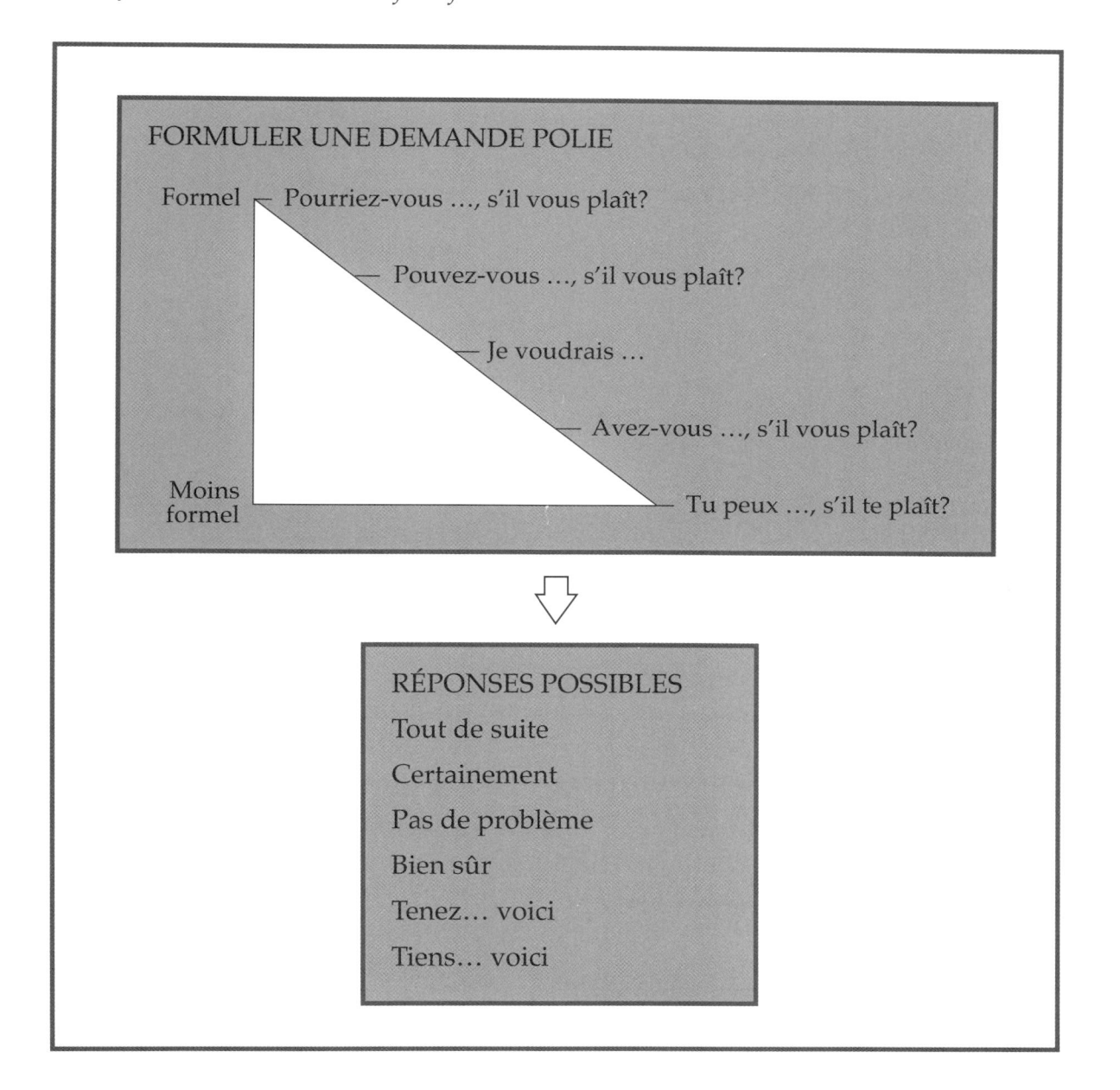

FORMULER UNE DEMANDE POLIE

Formel — Pourriez-vous ..., s'il vous plaît?

— Pouvez-vous ..., s'il vous plaît?

— Je voudrais ...

— Avez-vous ..., s'il vous plaît?

Moins formel — Tu peux ..., s'il te plaît?

⇩

RÉPONSES POSSIBLES

Tout de suite

Certainement

Pas de problème

Bien sûr

Tenez... voici

Tiens... voici

ACTES DE PAROLE

59 Exprimer l'Obligation et l'Interdiction

Obligation

(À la banque)

- Je voudrais ouvrir un compte en banque. Où **faut-il** s'adresser?
- C'est ici. Tenez, **il faut** remplir ce formulaire.
- **Est-ce qu'on doit** verser de l'argent sur le compte tout de suite?
- Non, **ce n'est pas obligatoire**.

…faut-il…?	Il faut…
Est-ce qu'on doit…?	Ce n'est pas obligatoire

(Au bureau)

- Véronique, pourrez-vous dire à Monsieur Laval qu'**il doit** absolument terminer son rapport avant la fin de la semaine?
- Bien, monsieur. Je vais lui dire.

Il doit…

ACTES DE PAROLE

OBLIGATION (CONCEPT GÉNÉRAL)	
Questions	*Réponses possibles*
Est-ce qu'il faut…?	Il faut…
	C'est obligatoire
Est-ce qu'on doit…?	On doit…

OBLIGATION PERSONNELLE	
Questions	*Réponses possibles*
Dois-je…?	
Est-ce que je dois…?	Vous devez…
Est-ce qu'on doit…?	On doit…
Est-ce qu'il doit…?	Il doit (absolument)…

Devoir + *Verbe à l'infinitif*
Il faut + *Verbe à l'infinitif*

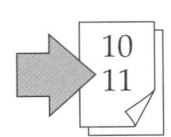

Voir aussi les chapitres 10 et 11, *Falloir* et *Devoir*.

Interdiction

(À la gare)

- **On peut** licencier facilement dans votre pays?
- Cela dépend, mais en tout cas **on ne peut pas** licencier sans verser d'indemnités au salarié.

| On peut… | On ne peut pas… |

(Dans la rue)

- Bonsoir monsieur. **Vous ne pouvez pas** rester là. Le stationnement **est interdit**.
- J'en ai seulement pour cinq minutes.
- Je regrette, **c'est défendu**.

| Vous ne pouvez pas… est interdit | C'est défendu |

(Dans une usine)

- ● **Est-ce que je peux** visiter l'usine?
- ▼ Je regrette monsieur, **il est formellement interdit d'**entrer sans casque et chaussures de sécurité. Allez voir le gardien!

| Est-ce que je peux… | Il est formellement interdit de… |

Formellement

*Pour accentuer l'interdiction, on utilisera **formellement** ou **strictement**:*

Il est formellement interdit de…
Il est strictement interdit de…

INTERDICTION	
Questions	*Réponses*
Est-ce que je peux…? Est-ce qu'on peut…? On peut…?	Vous ne pouvez pas… On ne peut pas… Il ne faut pas…
	Il est (*strictement/formellement*) interdit/défendu de…
	C'est interdit! C'est défendu!

ACTES DE PAROLE

60 *Exprimer la Permission*

Demander la permission, donner la permission

(Au bureau)

- ● Monsieur, **permettez-moi** d'interrompre la réunion. Il est une heure, je propose de déjeuner et de reprendre à 14h00 (*quatorze heures*).
- ▼ Monsieur le Directeur, **est-ce que je pourrais** passer un coup de fil à mon bureau?
- ● **Je vous en prie**, allez-y.
- ▼ **Est-ce qu'il serait** également **possible d'**envoyer un fax?
- ● **Certainement**, je vais appeler la secrétaire.

Permettez-moi de...	Est-ce que je pourrais...?
Je vous en prie	Est-ce qu'il serait possible de...?
Certainement	

ACTES DE PAROLE

(Au bureau)
- ● Monsieur Durand, vos produits m'intéressent, mais je voudrais en discuter avec mon directeur.
- ▼ Je comprends.
- ● **Pouvons-nous** étudier la question ensemble et vous donner une réponse dans quelques jours?
- ▼ **D'accord**.
- ● Alors, je vous appellerai mercredi.

| Pouvons-nous...? | D'accord |

(Dans le train)
- ● Pardon madame, **je peux** m'asseoir?
- ▼ **Bien sûr**.

| Je peux...? | Bien sûr |

- ● Il fait un peu chaud ici, **cela vous dérange si** j'ouvre la fenêtre?
- ▼ **Non, pas du tout**, allez-y.

| Cela vous dérange si...? | Non, pas du tout, allez-y |

ACTES DE PAROLE

> *Cela vous dérange si...* fait partie du registre familier. On peut y répondre par:
> Non, pas du tout   =   *accorder la permission*
> Oui, un peu (+ explication) =   *refuser la permission*

Demander la permission, refuser la permission

(Au bureau)

- ● Monsieur le Directeur, **puis-je** prendre deux jours de congés la semaine prochaine?
- ▼ Je regrette, **je ne peux pas vous le permettre**. Nous avons vraiment trop de travail, pouvez-vous patienter encore quelques jours?
- ● Oui, d'accord. J'attendrai la semaine suivante.

| Puis-je...? | Je ne peux pas vous le permettre |

(Entre amis)

- ● **Est-ce que je peux** emprunter ta voiture demain?
- ▼ **Ce n'est pas possible**, j'en ai besoin pour aller chercher un ami à l'aéroport.

| Est-ce que je peux...? | Ce n'est pas possible |

(À l'aéroport)
- **Pouvons-nous** prendre ce sac en bagage à main?
- **Non**, **je regrette**, il est trop gros. Je dois l'enregistrer.

| Pouvons-nous…? | Non, je regrette, … |

DEMANDER LA PERMISSION

Formel — Permettez-moi de …
— Puis-je …?
— Est-ce qu'il serait possible de …?
— Est-ce que je pourrais …?
— Pouvons-nous …?
— Est-ce que je peux …?
Informel — Je peux …?

DONNER LA PERMISSION

Formel   Je vous en prie

Certainement

Bien sûr

Allez-y

Informel   Vas-y

REFUSER LA PERMISSION

Formel   Je regrette, …

Je ne peux pas vous le permettre

Informel   Ce n'est pas possible

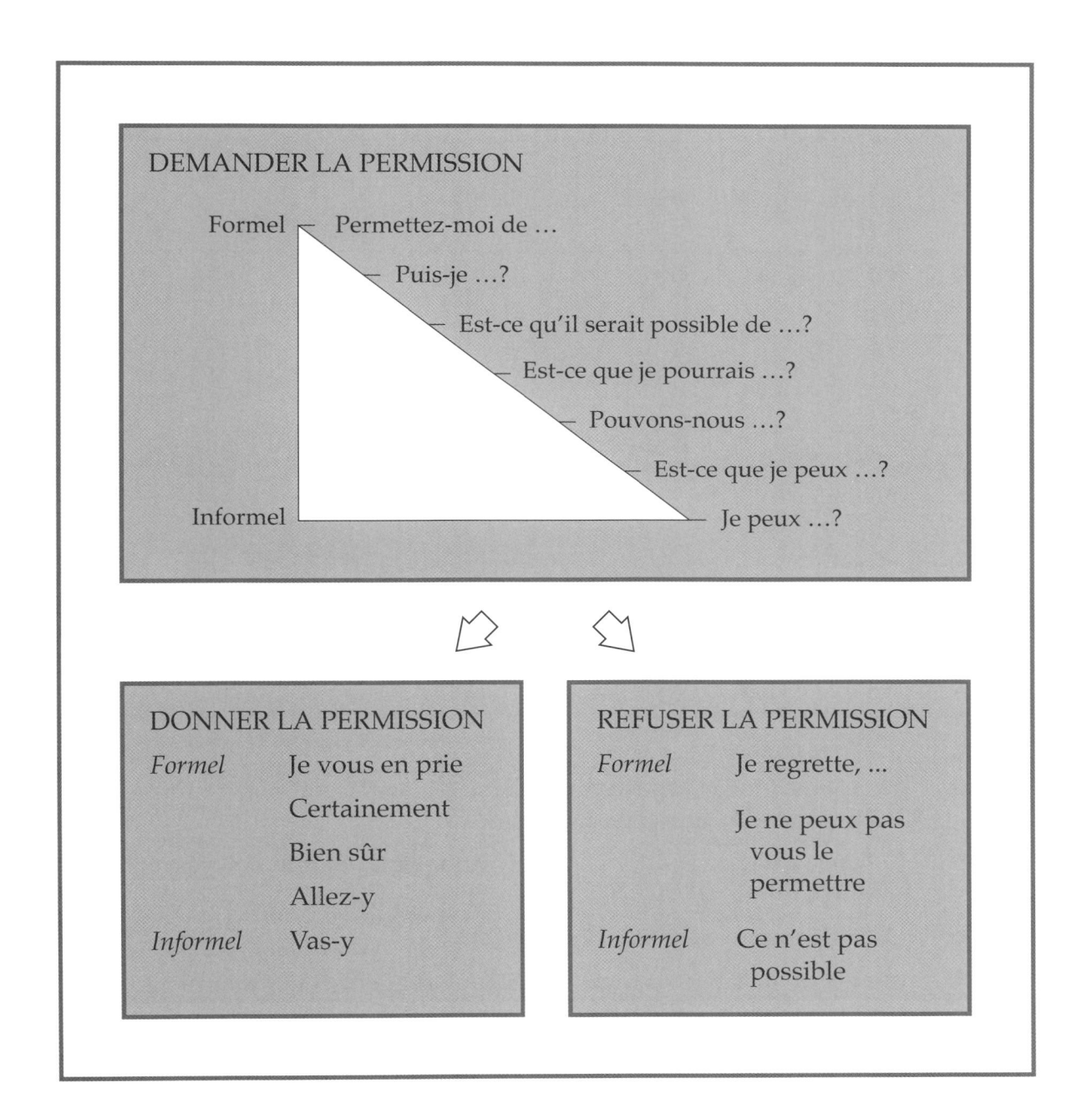

ACTES DE PAROLE

61 Opinions, Accord et Désaccord

Demander l'opinion, exprimer son opinion

- Bernard, **quel est votre avis sur** notre dernière brochure?
- **Je trouve qu'**elle est attrayante, claire et précise.
- Moi aussi, je vais féliciter toute l'équipe.

| Quel est votre avis sur...? | Je trouve que... |

- Monsieur Bonnard, êtes-vous satisfait de vos récentes opérations en République Tchèque et en Hongrie?
- **Je pense que** nos résultats sont encourageants. **Selon moi**, ces marchés sont très prometteurs.
- **Qu'en pensez-vous**, Monsieur Tissot?
- Je suis satisfait, mais **à mon avis**, il faut quand même rester prudent. L'économie dans ces pays reste fragile.

Je pense que...	Selon moi...
Qu'en pensez-vous?	À mon avis, ...

Qu'en pensez-vous ne s'utilise que si le sujet de la discussion a été clairement énoncé. *En* est un pronom, voir aussi chapitre 40, **Y et En**.

- **Qu'est-ce que tu penses de** l'article sur la mondialisation publié dans le 'Courrier du Nord'?
- ▼ **Personnellement, je trouve qu'**il est trop pessimiste.
- **Pour ma part**, **j'estime qu'**il analyse très bien le problème.

Qu'est-ce que tu penses de...?	Personnellement, je trouve que...
Pour ma part, j'estime que...	

Personnellement et *pour ma part* précèdent souvent les verbes exprimant l'opinion. Ils confirment que l'opinion est **personnelle**.

ACTES DE PAROLE

- ● Tu as regardé le débat sur l'avenir de la télévision sur France 2 hier soir?
- ▼ Oui, bien sûr.
- ● Et **quelle est ton opinion sur** la qualité des émissions?
- ▼ **Je crois qu'**il y a peu d'émissions de qualité et beaucoup trop de jeux télévisés.

| Quelle est ton/votre opinion sur...? | Je crois que… |

- ● Notre campagne publicitaire est réussie. **Non?**
- ▼ **Oui**, elle est très réussie.
- ■ **Non, moi je ne trouve pas.**

| ...Non? | Oui |
| | Non, moi je ne trouve pas |

DEMANDER L'OPINION

Que pensez-vous de...?/Qu'est-ce que tu penses de...?

Qu'en pensez-vous?/Qu'en penses-tu?

Quelle est votre/ton opinion sur...?

Quel est votre/ton avis sur...?

(Affirmation) Non?

ACTES DE PAROLE

EXPRIMER SON OPINION		
(Personnellement) (Pour ma part)	Je pense Je trouve J'estime Je crois	que...
À mon avis, ... Selon moi, ... D'après moi, ...		

Exprimer l'accord

● Il faut fermer l'usine de Champigny, elle n'est plus rentable et trop éloignée du siège social, qu'en pensez-vous?

▼ **Je suis tout à fait d'accord avec** vous, nous ne pouvons plus continuer ainsi.

Je suis tout à fait d'accord avec...

● Catherine, j'ai envie de changer la disposition des meubles dans ce bureau, nous n'avons pas assez de place, qu'en penses-tu?

▼ **Je suis de ton avis**, nous sommes vraiment trop à l'étroit, il faut faire quelque chose.

Je suis de votre/ton avis

ACTES DE PAROLE

Exprimer le désaccord

- Je pense que nos coûts de production sont trop élevés, il faut essayer de les réduire. Il faut peut-être geler les salaires, qu'en pensez-vous?
- ▼ **Je ne suis pas d'accord**, je pense qu'il y a d'autres moyens.

> Je ne suis pas d'accord

- Le discours du P.D.G. est très optimiste pour l'avenir de notre société.
- ▼ **Je ne suis pas du tout de ton avis**, il parle de délocalisation, donc de futurs licenciements.

> Je ne suis pas du tout de votre/ton avis

- Je pense qu'il faut étudier sérieusement l'offre de ce fournisseur.
- ▼ **Je le pense aussi.** Elle peut être très intéressante pour nous.

> Je le pense aussi

- Le concept de ce slogan publicitaire est dépassé.
- ▼ **Pas du tout.** It est très actuel.

> Pas du tout

- Nous devons relancer nos clients avant le mois prochain. Qu'est-ce que tu en penses?
- **Tout à fait**. C'est une excellente idée.

Tout à fait

Tout à fait et pas du tout accentuent l'accord ou le désaccord. Tout à fait peut être remplacé par entièrement et absolument.

Ils peuvent être utilisés seuls pour exprimer l'accord (tout à fait) et le désaccord (pas du tout).

EXPRIMER L'ACCORD	EXPRIMER LE DÉSACCORD
Je suis de votre/ton avis	Je ne suis pas de votre/ton avis
Je suis d'accord avec vous/toi	Je ne suis pas d'accord avec vous/toi
Je le pense aussi	
Tout à fait	Pas du tout
Absolument	
Accentué	*Accentué*
Je suis **tout à fait/entièrement** de votre/ton avis	Je ne suis **pas du tout** de votre/ton avis
Je suis **tout à fait/entièrement** d'accord avec vous/toi	Je ne suis **pas du tout** d'accord avec vous/toi

ACTES DE PAROLE

62 Demander et Donner des Directions

Dans un bâtiment

(Grand magasin)

- **Pouvez-vous me dire où se trouve** le rayon papeterie, s'il vous plaît?
- Oui, **c'est au** sous-sol. **Quand vous sortez de l'ascenseur, c'est tout de suite à gauche.**

Pouvez-vous me dire où se trouve...?	C'est au (sous-sol/premier étage)
	Quand vous sortez de l'ascenseur.../ C'est tout de suite à gauche/ droite.

- **Pardon** monsieur, **où est** la salle de conférence, s'il vous plaît?
- **Allez jusqu'au** bout du couloir, **tournez à droite**. **C'est la deuxième** porte **à gauche, en face du** bureau de Monsieur Bouvier.

Pardon	Allez jusqu'à...
Où est...?	Tournez à droite/gauche
	C'est la deuxième... à droite/à gauche
	En face de...

En ville (à pied)

- Pardon monsieur, **est-ce qu'il y a** un supermarché **près d'ici**?
- Oui, **allez tout droit** et **prenez la première à gauche**. C'est la rue Kellermann, il y a un supermarché **au coin de la rue à droite**.

Est-ce qu'il y a... près d'ici?	Allez tout droit
	Prenez la première (deuxième, troisième) à droite (à gauche)
	...au coin de la rue

ACTES DE PAROLE

- Excusez-moi, **pour aller à la** Concorde, s'il vous plaît?
- ▼ **Il faut** traverser le pont et **prendre à droite**.
- **C'est loin d'ici?**
- ▼ **C'est à** dix **minutes**.
- Merci beaucoup.

Pour aller à..., s'il vous plaît?	Il faut traverser... / prendre à droite (à gauche)
C'est loin d'ici?	C'est à... minutes

En ville (dans le métro)

- Pardon. **Où se trouve** la station Monge, **s'il vous plaît**?
- ▼ Sur la ligne 7 (*sept*). **Prenez la direction** gare d'Austerlitz, **changez** à Jussieu et ensuite **prenez la direction** Villejuif, c'est l'arrêt suivant.
- Merci beaucoup.

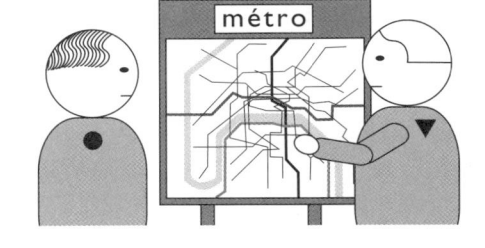

Où se trouve..., s'il vous plaît?	Prenez la direction...
	Changez à...

En ville (en voiture)

- ● Excusez-moi madame, **pouvez-vous m'indiquer comment aller au** boulevard de l'Amérique?
- ▼ Alors, **vous continuez jusqu'aux** prochains feux et **vous tournez à gauche**.
- ● Jusqu'aux prochains feux, puis à gauche.
- ▼ Ensuite, **vous suivez la direction** Hôtel de Ville. **Quand vous arrivez au** grand carrefour, le boulevard est sur votre droite.

Pouvez-vous m'indiquer comment aller à...?	Vous continuez jusqu'à... Vous tournez à droite/à gauche
	Vous suivez la direction...
	Quand vous arrivez à...

Pardon/Excusez-moi

Formules de politesse pour aborder quelqu'un dans la rue, pour demander un renseignement.

Ces formules de politesse servent aussi à présenter des excuses dans divers contextes.

ACTES DE PAROLE

Réponse négative

- Pardon, **connaissez-vous** l'impasse des Bois?
- ▼ **Je regrette** monsieur, **je ne connais pas** cette rue.
- **Je cherche** un café-théatre qui s'appelle 'le Chat Blanc'.
- ▼ **Je suis désolé**, monsieur, **je ne suis pas d'ici, je ne peux pas vous renseigner**.

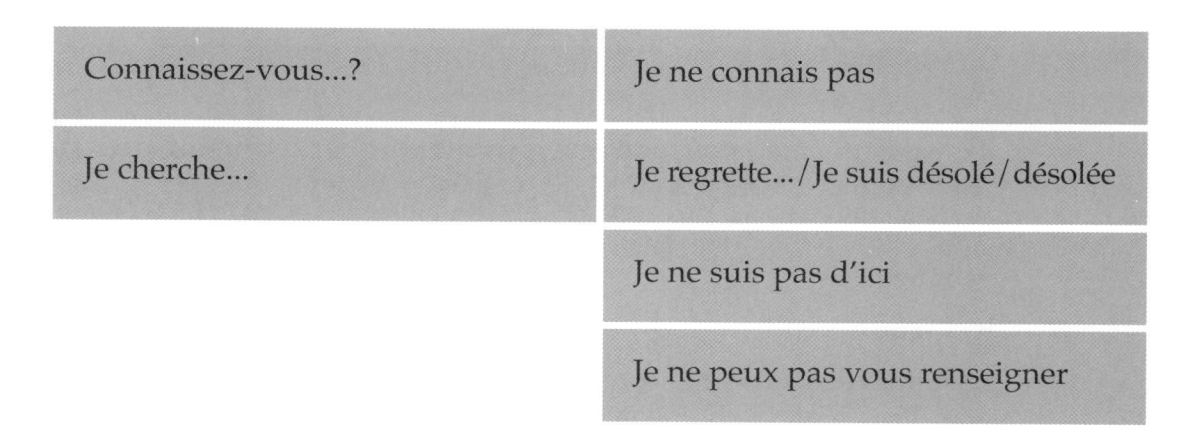

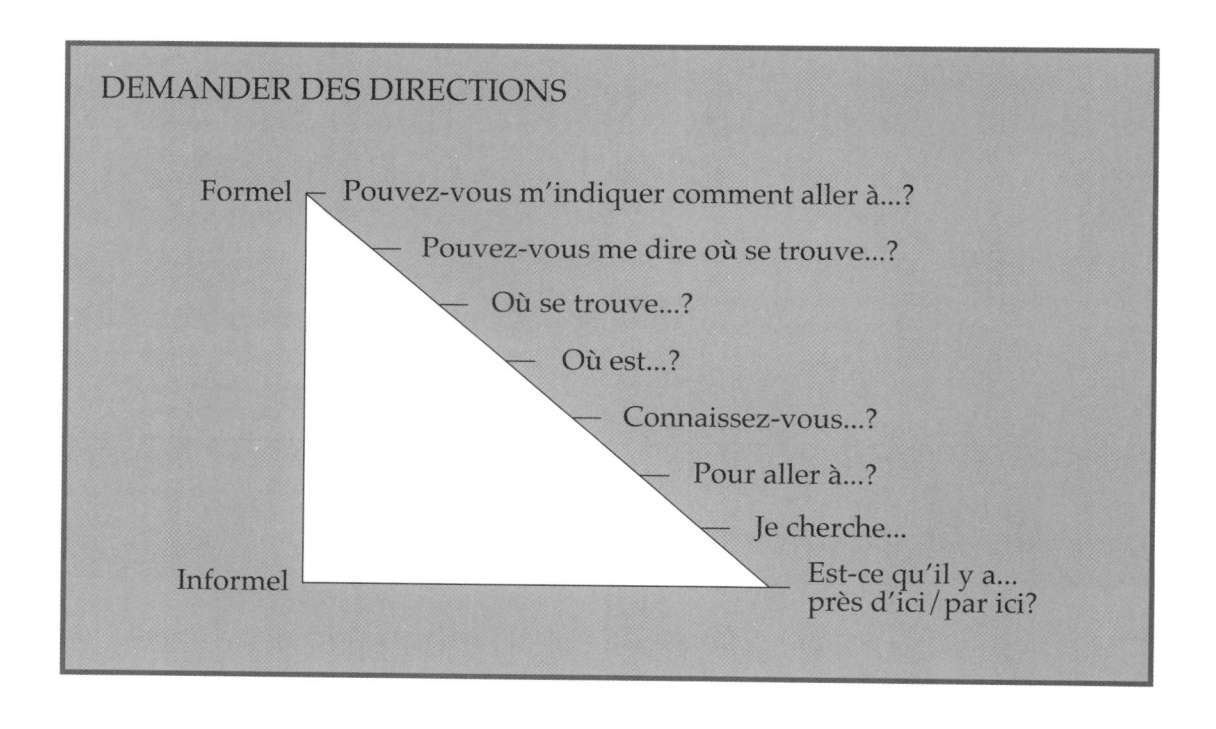

Connaissez-vous...?	Je ne connais pas
Je cherche...	Je regrette.../Je suis désolé/désolée
	Je ne suis pas d'ici
	Je ne peux pas vous renseigner

DEMANDER DES DIRECTIONS

Formel — Pouvez-vous m'indiquer comment aller à...?
— Pouvez-vous me dire où se trouve...?
— Où se trouve...?
— Où est...?
— Connaissez-vous...?
— Pour aller à...?
— Je cherche...
Informel — Est-ce qu'il y a... près d'ici/par ici?

DONNER DES DIRECTIONS

(Vous) allez / (Vous) continuez ⇨ tout droit
- jusqu'aux feux
- jusqu'au bout de la rue
- jusqu'au bout du couloir

(Vous) tournez ⇨
- à droite
- à gauche

Il faut prendre ⇨ la première / la deuxième à gauche / à droite

Il faut traverser ⇨
- la rue / le boulevard / l'avenue
- le pont / la place

(Vous) suivez / (Vous) prenez ⇨ la direction…

C'est ⇨
- en face de
- à (cinq) minutes
- la deuxième à gauche / à droite
- au sous-sol / au premier étage / au deuxième étage

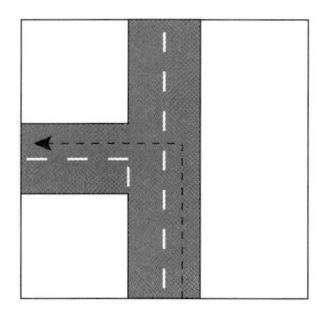

À gauche

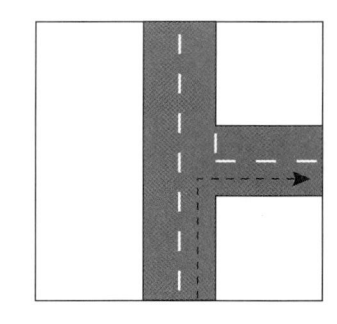

À droite

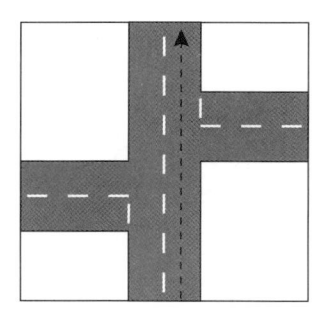

Tout droit

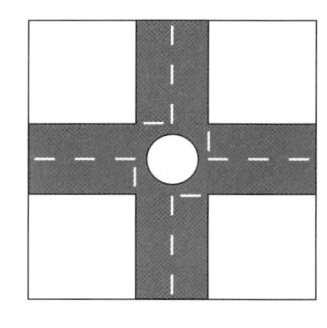

Un rond-point

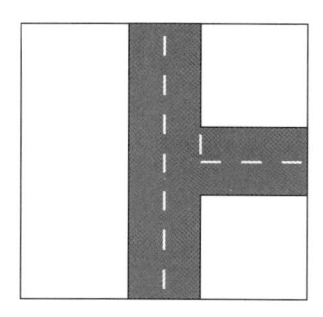

Une intersection

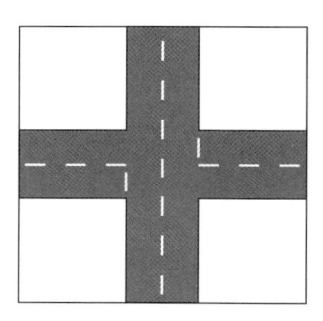

Un carrefour
Un croisement

Les feux

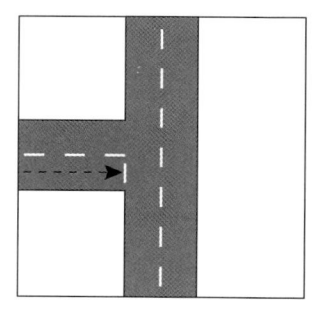

Le bout de la rue

63 Communiquer au Restaurant

Arriver avec une réservation

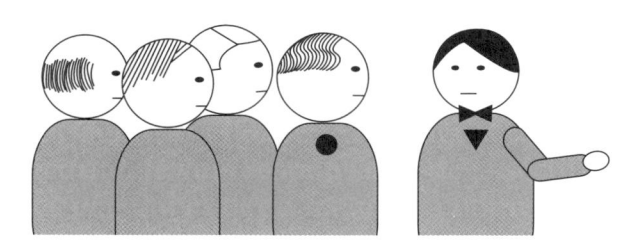

- ● Bonsoir, **j'ai reservé une table au nom de** Blanchard.
- ▼ Pour quatre personnes, n'est-ce pas?
- ● Oui, c'est exact.
- ▼ **Votre table est prête, par ici** s'il vous plaît.

J'ai reservé… au nom de…	Votre table est prête
	Par ici

Arriver sans réservation

- ● Bonsoir messieurs-dames.
- ▼ Bonsoir, **avez-vous une table pour cinq personnes**, s'il vous plaît?
- ● Cinq couverts, oui. **En salle fumeurs ou non-fumeurs**?
- ▼ Non-fumeurs, s'il vous plaît.
- ● **Suivez-moi**, messieurs-dames. **Ça va cette table**?
- ▼ Oui, **très bien merci**.

Avez-vous une table pour… personnes?	En salle fumeurs ou non-fumeurs?
Très bien merci	Suivez-moi. Ça va cette table?

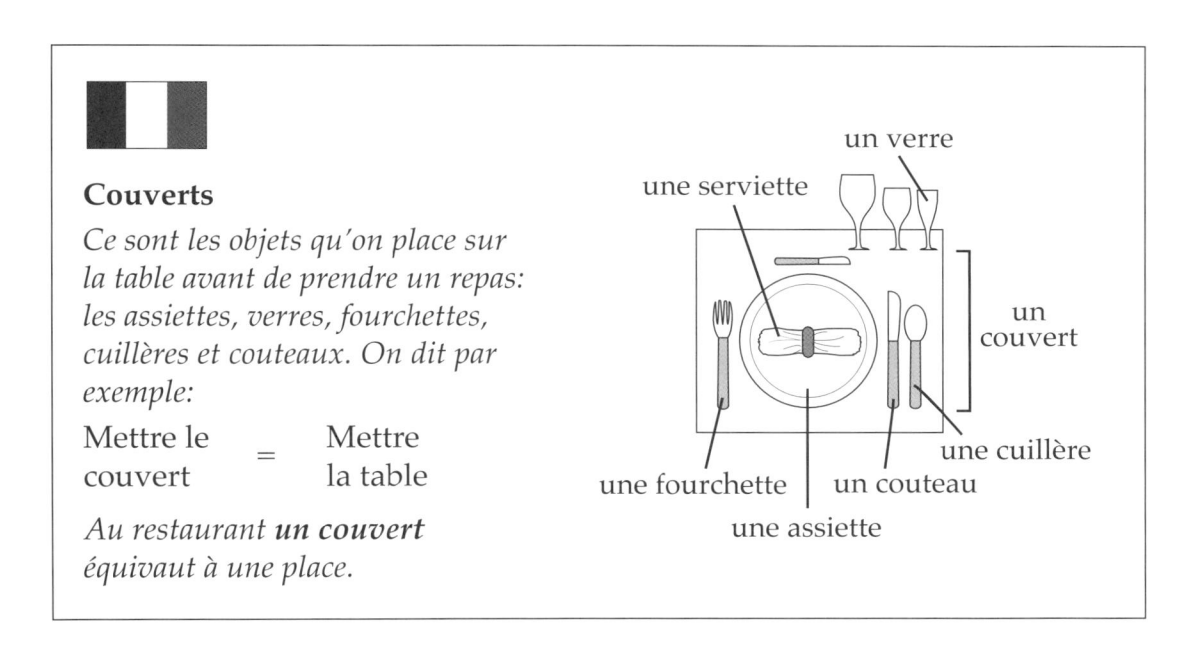

Couverts

Ce sont les objets qu'on place sur la table avant de prendre un repas: les assiettes, verres, fourchettes, cuillères et couteaux. On dit par exemple:

Mettre le couvert = Mettre la table

*Au restaurant **un couvert** équivaut à une place.*

- un verre
- une serviette
- un couvert
- une cuillère
- un couteau
- une assiette
- une fourchette

ACTES DE PAROLE

Réserver par téléphone

- ● Restaurant 'la Chaumière', bonsoir.
- ▼ Bonsoir, **je voudrais réserver** une table **pour le** samedi 15 (*quinze*) septembre, s'il vous plaît. C'est possible?
- ● Oui monsieur, **pour combien de personnes** et **à quelle heure**?
- ▼ **Pour quatre personnes, non-fumeurs**, à 20h00 ou 20h30 (*vingt heures ou vingt heures trente*).
- ● Je regrette monsieur, **nous sommes complets jusqu'à** 21h30 (*vingt et une heures trente*) en salle non-fumeurs.
- ▼ Alors, à 21h30.
- ● Bien, **à quel nom**, s'il vous plaît?
- ▼ Durand. Paul Durand.
- ● Bien Monsieur Durand. Quatre couverts à 21h30 pour le samedi 15 septembre. **C'est noté**.
- ▼ Je vous remercie.
- ● Je vous en prie, au revoir.

Je voudrais réserver une table…
   pour le (jour, date)
   pour… personnes
   à (heure)

Pour combien de personnes?
À quelle heure?
À quel nom?

C'est noté

ARRIVER AVEC RÉSERVATION		
	RESTAURANT	CLIENT
Réservation		J'ai réservé une table…
Nom		Au nom de…
Table + directions	Votre table est prête, par ici s'il vous plaît	

ARRIVER SANS RÉSERVATION		
	RESTAURANT	CLIENT
Demande		Avez-vous une table pour …personnes, s'il vous plaît?
Salles	En salle fumeurs ou non-fumeurs?	
Table + directions	Suivez-moi, s'il vous plaît. Ça va cette table?	

RÉSERVER PAR TÉLÉPHONE		
	RESTAURANT	CLIENT
Réservation	Nous sommes complets	Je voudrais réserver une table
Date		Pour le (jour/date)
Nombre de couverts	Pour combien de personnes?	Pour… personnes
Heure	À quelle heure?	À(heure)
Nom	À quel nom?	…(nom)
Confirmation	…couverts à… (heure) pour le (date). C'est noté	

ACTES DE PAROLE

Commander

- ● **Désirez-vous prendre l'apéritif**?
- ▼ Oui, deux kirs, s'il vous plaît.
- ● Bien, messieurs-dames.

Désirez-vous prendre l'apéritif?

- ● Messieurs-dames, **vous avez choisi**? Madame?
- ▼ **Pour commencer, je voudrais** les moules marinières **et ensuite** la raie au beurre noir.
- ● Bien madame, et pour monsieur?
- ▼ **Pour moi**, la soupe de poissons **et ensuite** l'entrecôte sauce bordelaise, s'il vous plaît.
- ● **Et la cuisson**?
- ▼ **Saignante**.
- ● **Que désirez-vous boire**?
- ▼ Une bouteille de Saumur-Champigny et une bouteille d'eau minérale gazeuse.
- ● Merci messieurs-dames.

Vous avez choisi?	Pour commencer, je voudrais…
Ensuite…	Pour moi, …
Et la cuisson?	Saignant/saignante
Que désirez-vous boire?	

ACTES DE PAROLE

*La **cuisson** des viandes rouges:*

Bien cuit(e):   *cuit longuement, la viande n'est plus rouge à l'intérieur*
À point: *cuit moyennement entre bien cuit et saignant*
Saignant(e):   *très peu cuit*
Bleu: *très saignant*

- ● Messieurs-dames. Avez-vous choisi? **Que désirez-vous prendre?**
- ▼ **Nous allons prendre** deux menus à 30€ (*trente euros*).
- ● Très bien, je vous écoute.
- ▼ Alors, **comme entrée**, pour madame les escargots de bourgogne et pour moi la terrine de lièvre. Ensuite nous allons prendre deux magrets de canard. **Quelle est la garniture?**
- ● Un assortiment de légumes.
- ▼ Très bien.
- ● **Et comme boisson?**
- ▼ Une carafe d'eau et une demi-carafe de Beaujolais.
- ● Merci messieurs-dames.

Que désirez-vous prendre?	Nous allons prendre… Comme entrée, …
Comme boisson?	
	Quelle est la garniture?

*La **garniture**: les légumes d'accompagnement*

COMMANDER		
	SERVEUR/SERVEUSE	CLIENT
Apéritif	Désirez-vous prendre l'apéritif?	
Menu	Vous avez choisi? Que désirez-vous prendre?	Pour commencer… Ensuite… Pour moi… Nous allons prendre…
Légumes		Quelle est la garniture?
Viandes	Et la cuisson?	Bien cuit(e), à point, saignant(e)
Boissons	Que désirez-vous boire? Comme boisson?	

Au cours du repas

- Voilà les crudités pour madame et le pâté pour monsieur.
- ▼ Merci. **Pouvez-vous nous apporter** une carafe d'eau plate, s'il vous plaît?
- Bien sûr… Voilà messieurs-dames, **bon appétit!**

Pouvez-vous nous apporter…?	Bon appétit!

*Il est coûtume de dire **Bon appétit** avant de commencer à manger.*

- S'il vous plaît!
- Oui madame.
- Ces haricots verts ne sont pas assez cuits, **je voudrais autre chose**!
- Toutes nos excuses, madame, **je vais le signaler en cuisine**. Je peux vous proposer une purée d'épinards ou des carottes vichy.
- Une purée d'épinards, s'il vous plaît.

Je voudrais autre chose	Je vais le signaler en cuisine

- Messieurs-dames, **tout va bien**?
- Très bien merci, **c'est très bon**.
- Oui, **c'est délicieux**!

Tout va bien?	C'est très bon
	C'est délicieux

AU COURS DU REPAS	SERVEUR/SERVEUSE	CLIENT
Demander quelque chose		Pouvez-vous nous apporter…? Je voudrais autre chose
Commentaires	Tout va bien?	C'est très bon/délicieux

ACTES DE PAROLE

À la fin du repas

- Messieurs-dames, **vous avez terminé**?
- Oui, nous avons terminé.
- **Désirez-vous un dessert**?
- Non merci, simplement deux cafés et l'addition, s'il vous plaît.
- Tout de suite, messieurs-dames.

| Vous avez terminé? | Désirez-vous un dessert? |

- **L'addition, s'il vous plaît**.
- Tout de suite.
- **Vous acceptez** les cartes de crédit?
- Oui, bien sûr.
- **Le service est compris**?
- Oui.

L'addition, s'il vous plaît

Vous acceptez les cartes de crédit?

Le service est compris?

*En France, dans la plupart des restaurants, le service est compris. Vous êtes libre d'ajouter **un pourboire** (de deux à dix euros) si vous jugez la qualité du service et de la cuisine exceptionnelle.*

CARTE

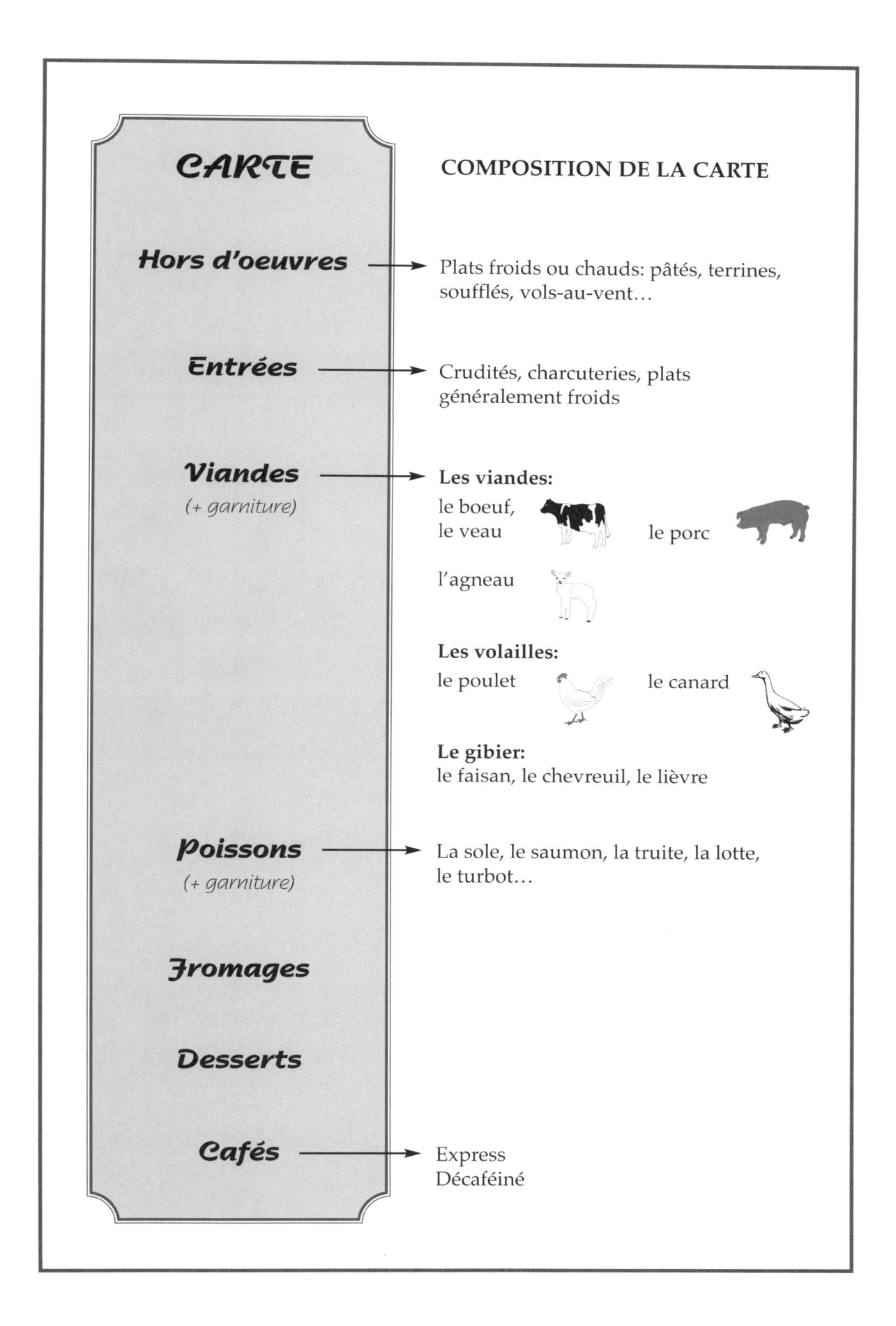

COMPOSITION DE LA CARTE

Hors d'oeuvres → Plats froids ou chauds: pâtés, terrines, soufflés, vols-au-vent…

Entrées → Crudités, charcuteries, plats généralement froids

Viandes
(+ garniture)
→ **Les viandes:**
le boeuf,
le veau   le porc

l'agneau

Les volailles:
le poulet   le canard

Le gibier:
le faisan, le chevreuil, le lièvre

Poissons
(+ garniture)
→ La sole, le saumon, la truite, la lotte, le turbot…

Fromages

Desserts

Cafés → Express
Décaféiné

64 Communiquer à l'Hôtel

Réserver une chambre

- ● Hôtel Darmont, bonjour.
- ▼ Bonjour. **Je voudrais réserver une chambre pour deux personnes,** s'il vous plaît.
- ● **Pour combien de nuits**, s'il vous plaît?
- ▼ Pour trois nuits, **du** 12 **au** 15 (*du douze au quinze*) novembre…
- ● Oui, c'est possible.
- ▼ **C'est combien?**
- ● C'est 110 (*cent dix*) euros, petit déjeuner compris.
- ▼ D'accord.
- ● **C'est à quel nom**, monsieur?
- ▼ Mesnel. Jacques Mesnel.
- ● Donc, trois nuits à partir du 12 novembre au nom de Monsieur Mesnel.
- ▼ C'est ça.
- ● **C'est noté. Pouvez-vous confirmer votre réservation par fax** ou **par e-mail.**
- ▼ Oui, bien sûr.
- ● Merci, monsieur. Au revoir.

Je voudrais réserver une chambre pour deux personnes pour… nuits du… au…	Pour combien de nuits?
	C'est combien?

C'est à quel nom?

C'est noté

Pouvez-vous confirmer par fax ou par e-mail?

Du… au…
*On précise la date d'arrivée (**du**) et la date de départ (**au**), ainsi que le nombre de nuits passées à l'hôtel.*

Arriver à l'hôtel avec une réservation

- ● Bonjour, monsieur.
- ▼ **J'ai réservé une chambre au nom de** Mesnel.
- ● Oui, **voilà la clef**, chambre 242 (*deux cent quarante-deux*) **au deuxième étage**.
- ▼ **C'est une chambre calme?**
- ● Oui très calme, **elle donne sur** le jardin.
- ▼ Où est l'ascenseur?
- ● À droite, monsieur.

J'ai réservé une chambre… au nom de…	Voilà la clef, chambre… au… étage
C'est une chambre calme?	Elle donne sur…

*L'expression **donner sur…** est idiomatique. On peut aussi dire **une chambre avec vue sur…***

- ● Bonsoir, messieurs-dames.
- ▼ Bonsoir, monsieur. **Nous avons une réservation pour ce soir.**
- ● **À quel nom**, s'il vous plaît?
- ▼ **Au nom de** Rivière.
- ● **C'est la chambre** 105 (*cent cinq*) au premier étage. Avez-vous des bagages?
- ▼ Oui, ces deux valises.
- ● Le portier va vous accompagner.

Nous avons une réservation pour ce soir	À quel nom?
Au nom de…	C'est la chambre…

ACTES DE PAROLE

RÉSERVER PAR TÉLÉPHONE		
	HÔTEL	CLIENT
Contact	Hôtel…, bonjour	Bonjour
Demande		Je voudrais réserver une chambre…
Nombre de nuits		Pour… nuits
Dates		Du… au…
Prix	C'est… euros, petit déjeuner compris	C'est combien?
Nom	C'est à quel nom?	
Confirmation	Pouvez-vous confirmer par lettre / par fax / par e-mail?	Je confirmerai par fax / par e-mail

HÔTEL AVEC RÉSERVATION		
	HÔTEL	CLIENT
Réservation		J'ai réservé une chambre Nous avons une réservation
Nom	À quel nom, s'il vous plaît?	Au nom de…
Chambre/clef	Voilà la clef C'est la chambre… Chambre…	

Arriver à l'hôtel sans réservation

- ● Bonsoir, madame.
- ▼ Bonsoir. **Je voudrais une chambre avec bains pour** deux **nuits**, s'il vous plaît.
- ● **Il me reste** une chambre double avec douche. **Est-ce que ça vous convient?**
- ▼ Oui, **je la prends**…
- ● Voilà la clef, chambre 15 (*quinze*). Elle donne sur le jardin.
- ▼ Merci.

Je voudrais une chambre avec bains pour… nuits, s'il vous plaît	Il me reste… Est-ce que ça vous convient?
Oui, je la prends	

- ● Bonjour, monsieur.
- ▼ Bonjour. **Avez-vous une chambre pour** une **nuit**, s'il vous plaît?
- ● **Je regrette, nous sommes complets** pour cette nuit. **Vous pouvez essayer** l'hôtel Select plus loin à gauche, il leur reste peut-être une chambre.
- ▼ Merci bien, madame. Au revoir.
- ● Au revoir.

Avez-vous une chambre pour une nuit/… nuits, s'il vous plaît?	Je regrette, nous sommes complets
	Vous pouvez essayer…

Demander des renseignements

- ● **À quelle heure servez-vous** le petit déjeuner?
- ▼ **De** sept heures **à** dix heures, au rez-de-chaussée.
- ● **Est-ce qu'il y a** un sèche-cheveux dans la chambre?
- ▼ Oui madame, dans la salle de bains.
- ● **Avez-vous** un plan de la ville?
- ▼ Oui, il y en a un dans votre chambre, sur le bureau.
- ● Merci.

À quelle heure servez-vous…?	De… à…
Est-ce qu'il y a…?	
Avez-vous…?	

Demander un service

- ● **Pourriez-vous** me réveiller demain matin à six heures trente, s'il vous plaît?
- ▼ Certainement monsieur. **Désirez-vous** prendre le petit déjeuner dans votre chambre ou dans la salle à manger?
- ● Dans ma chambre, à six heures quarante-cinq, s'il vous plaît.
- ▼ Bien, monsieur.
- ● Merci beaucoup.
- ▼ À votre service, monsieur.

Pourriez-vous…?	Désirez-vous…?

ACTES DE PAROLE

HÔTEL SANS RÉSERVATION		
	HÔTEL	CLIENT
Demandes	Il me reste… Est-ce que ça vous convient? Cela vous convient-il? Je regrette, nous sommes complets	Je voudrais une chambre pour… nuits Avez-vous une chambre pour… nuits? Oui, je la prends
Suggestions	Vous pouvez essayer…	

RENSEIGNEMENTS/SERVICE		
	HÔTEL	CLIENT
Petit déjeuner	De… à… heures Désirez-vous prendre le petit déjeuner dans votre chambre ou dans la salle à manger?	À quelle heure servez-vous le petit déjeuner? Dans ma chambre à (heure), s'il vous plaît
Réveil		Pourriez-vous me réveiller à (heure)?

Hôtel * Hôtel **	Hôtel *** Hôtel ****
Hôtels simples, mais propres et assez confortables. *Prix:* bon marchés	Hôtels confortables, offrant une variété de services. *Prix:* abordables à chers

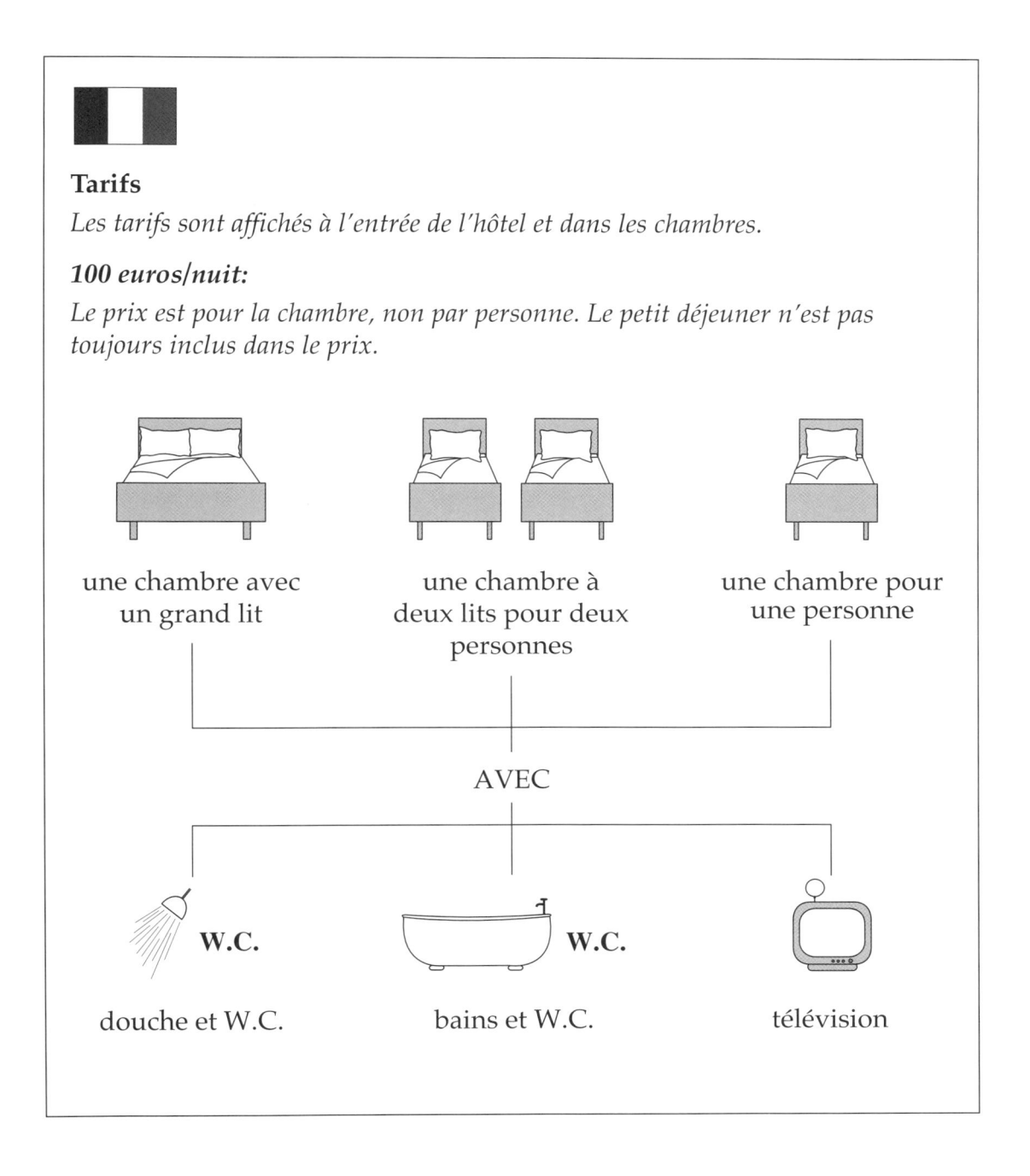

Tarifs
Les tarifs sont affichés à l'entrée de l'hôtel et dans les chambres.

100 euros/nuit:
Le prix est pour la chambre, non par personne. Le petit déjeuner n'est pas toujours inclus dans le prix.

une chambre avec un grand lit

une chambre à deux lits pour deux personnes

une chambre pour une personne

AVEC

douche et W.C.

bains et W.C.

télévision

ACTES DE PAROLE

Français des Affaires

65 Communiquer au Téléphone: Prendre Contact

Vérifier son numéro

- Agence Vidal, bonjour.
- Allô, **je suis bien au** 01 42 04 92 15 (*zéro un, quarante-deux, zéro quatre, quatre-vingt-douze, quinze*)?
- Oui, **c'est exact, est-ce que je peux vous aider**?

Je suis bien au...?	C'est exact
	Est-ce que je peux vous aider?

En France les numéros sont à 10 chiffres, et se lisent deux par deux.
02 34 76 02 12 = zéro deux, trente-quatre, soixante-seize, zéro deux, douze

RÉPONDRE AU TÉLÉPHONE			
	Salutations		Réponses
Sociétés, entreprises	(Nom de la société, de l'entreprise),	bonjour j'écoute	Allô, ... Bonjour, ...
Particuliers (personnes)	Allô,	bonjour oui?	Allô, ... Bonjour, ...

Se tromper de numéro

- Allô, Pierre?
- ▼ **Je regrette**, **vous faites erreur**.
- **Excusez-moi, je me suis trompé de numéro**.
- ▼ Je vous en prie, au revoir.

Je regrette, vous faites erreur	Excusez-moi, je me suis trompé(e) de numéro

VÉRIFICATION / ERREUR		
Vérifier le numéro	Je suis bien au…? Je suis bien chez…?	Oui, tout à fait Vous désirez?
Se tromper de numéro	Je suis bien au…? Je suis bien chez…? Excusez-moi je me suis trompé(e) de numéro.	Je regrette, vous faites erreur.

FRANÇAIS DES AFFAIRES

Obtenir son correspondant

- ● Allô.
- ▼ Bonjour, **je suis bien chez** Monsieur Dufour?
- ● Oui, **tout à fait. Vous désirez parler à...?**

Je suis bien chez...?	Tout à fait
	Vous désirez parler à...?

- ● Établissements Moret, **bonjour**.
- ▼ **Bonjour, je voudrais parler à** Monsieur Lucas, s'il vous plaît.
- ● Oui, **qui est à l'appareil?**
- ▼ Madame Bordas.
- ● **Ne quittez pas**, madame, **je vous passe** sa secrétaire.

Bonjour	Bonjour, je voudrais parler à...
Ne quittez pas, je vous passe...	Qui est à l'appareil?

- Assurances Lenoir. **J'écoute**.
- Bonjour, **est-ce que je pourrais parler** à Claire Bonnard?
- Pardon, **qui demandez-vous**?
- Madame Claire Bonnard.
- **C'est de la part de qui?**
- **De** Robert Pinault.
- Un instant, s'il vous plaît, **je vous la passe**.

J'écoute	Est-ce que je pourrais parler à...
Qui demandez-vous?	
C'est de la part de qui?	De...
Je vous (le/la) passe	

- Banque Villard Frères, bonjour.
- Bonjour, **pouvez-vous me passer le poste** 54 (*cinquante-quatre*), s'il vous plaît?
- Oui monsieur, un instant, je vous prie.
- Merci.

Pouvez-vous me passer le poste...?

FRANÇAIS DES AFFAIRES

- Allô, oui?
- Allô, Marcel, **c'est** Jean-Pierre.
- Bonjour, Jean-Pierre.
- Nathalie **est là**? **Est-ce que je peux lui parler**?
- Oui, **je vais la chercher**, **ne quitte pas**.

C'est...	
...est là? Est-ce que je peux lui parler?	Je vais le/la chercher, ne quitte pas/ne quittez pas

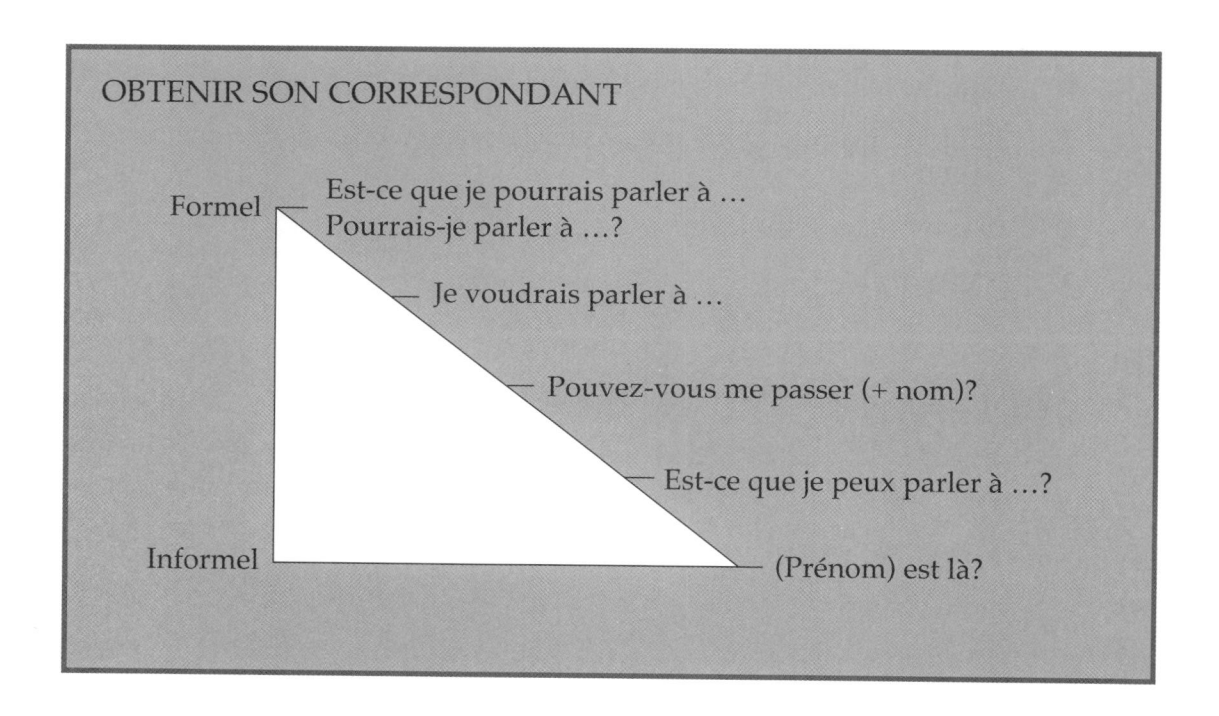

OBTENIR SON CORRESPONDANT

Formel
- Est-ce que je pourrais parler à ...
- Pourrais-je parler à ...?
- Je voudrais parler à ...
- Pouvez-vous me passer (+ nom)?
- Est-ce que je peux parler à ...?
- (Prénom) est là?

Informel

FRANÇAIS DES AFFAIRES

AUTRES QUESTIONS		
	VOUS RÉPONDEZ	VOUS APPELEZ
Se présenter		C'est... à l'appareil
Identité	Qui est à l'appareil? C'est de la part de qui?	C'est (nom) De (nom)
Assistance	Qui demandez-vous? Je peux vous aider? Vous désirez?	Nom
Attente	Un instant, s'il vous plaît Ne quittez pas/ne quitte pas	
Poste	Pouvez-vous me passer le poste (numéro)?	

	VOUS APPELEZ	VOUS RÉPONDEZ
Mettre en contact	Je voudrais parler à (nom)? Est-ce que je pourrais parler à (nom)? Est-ce je peux (lui) parler?	Je vous passe (nom) Je vous le/la passe Je vais le/la chercher

FRANÇAIS DES AFFAIRES

66 Communiquer au Téléphone: Messages

Votre correspondant n'est pas disponible

- Allô, je voudrais parler à Monsieur Bonnard, s'il vous plaît.
- **Je regrette**, Monsieur Bonnard **est en ligne** actuellement, **pouvez-vous patienter quelques instants**?
- Non, **est-ce qu'il peut me rappeler?**

Je regrette, ...est en ligne	
Pouvez-vous patienter quelques instants?	Est-ce qu'il peut me rappeler?

- Bonjour, est-ce que je peux parler à Madame Pons?
- **Je suis désolé**, **elle n'est pas là** pour le moment. **Elle vient de sortir.**
- **Savez-vous quand elle sera de retour**?
- Vers 17h00 (*dix-sept heures*) je pense, car elle a une réunion à 17h30 (*dix-sept heures trente*).
- Merci, **je rappellerai à** 17h00. Au revoir.
- Au revoir.

Je suis désolé(e), il/elle n'est pas là	Savez-vous quand il/elle sera de retour?
Il/elle vient de sortir	Je rappellerai (à...)

- Allô, pouvez-vous me passer Paul Durand, s'il vous plaît?
- Je regrette, **il est en réunion**, **je ne peux pas le déranger**.
- **Ça ne fait rien**, je rappellerai plus tard.

...est en réunion	
Je ne peux pas le/la déranger	Ça ne fait rien

FRANÇAIS DES AFFAIRES

VOTRE CORRESPONDANT N'EST PAS DISPONIBLE	RÉPONSES POSSIBLES

Je regrette,
 Je suis désolé(e),
    il/elle est en ligne
    il/elle n'est pas là
    il est absent/elle est absente
    il/elle vient de sortir
    il/elle est en réunion/ en rendez-vous
	Savez-vous quand il/elle rentrera?
	 Savez-vous quand il/elle sera de retour?
	 Est-ce qu'il/elle peut me rappeler?
	 Je rappellerai (plus tard/à...)
	 Ça ne fait rien

Laisser et prendre un message

- Allô, est-ce que je pourrais parler à Paul Rodríguez, s'il vous plaît? De la part de Michel Dufresne.
- Ne quittez pas, je vais voir s'il est là... Je regrette, il est en rendez-vous, **voulez-vous laisser un message**?
- Non, je rappellerai plus tard.

Voulez-vous laisser un message?

- ● Allô, je voudrais parler à Marc Leduc, s'il vous plaît.
- ▼ Je suis désolée, il vient de sortir. **Puis-je lui transmettre un message?**
- ● Oui, **pouvez-vous lui dire que** je ne pourrai pas venir à la réunion de vendredi, je dois partir d'urgence à New York demain matin.
- ▼ De la part de qui?
- ● Monsieur Pelletier de la Banque du Nord.
- ▼ Bien Monsieur Pelletier, **je lui dirai**.
- ● Merci, au revoir.

| Puis-je lui transmettre un message? | Pouvez-vous lui dire que... |

| Je lui dirai |

- ● Assurances Bernard, bonjour.
- ▼ Bonjour, pourrais-je parler à Michel Tournier, s'il vous plaît? C'est Jacques Lefranc de la Société Barnier.
- ● Monsieur Tournier est actuellement occupé, il reçoit un client.
- ▼ Alors, **pouvez-vous lui demander de me rappeler?**
- ● **À quel numéro?**
- ▼ **Au** 01 47 52 10 50 (*zéro un, quarante-sept, cinquante-deux, dix, cinquante*).
- ● Bien monsieur, **il vous rappellera** dès que possible.
- ▼ Je vous remercie, au revoir.

| Pouvez-vous lui demander de me rappeler? | À quel numéro? |

| Au... | Il/elle vous rappellera |

- Allô, Madame Lemerle?
- Non, c'est son associée Isabelle Jourdan. Madame Lemerle est partie déjeuner.
- **Pourrais-je lui laisser un message**?
- Bien sûr, **je vous écoute**.
- Pouvez-vous lui dire que sa voiture est prête et qu'elle peut venir la chercher cet après-midi.
- Très bien. **Je lui transmettrai le message**.
- Merci, au revoir.

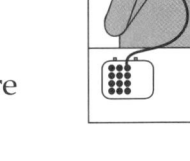

Pourrais-je lui laisser un message?	Je vous écoute
	Je lui transmettrai le message

- Allô, oui?
- Bonjour, c'est Gérard, est-ce que je peux parler à Nathalie?
- Bonjour Gérard. Nathalie est sortie, **je peux lui faire une commission** si tu veux?
- Oui. **Dis-lui** simplement **de me rappeler** quand elle rentrera.
- D'accord, **c'est noté**, je lui dirai.
- Merci. Au revoir.

Je peux lui faire une commission?	Dis-lui de me rappeler
C'est noté	

FRANÇAIS DES AFFAIRES

LAISSER ET PRENDRE UN MESSAGE

Suggestion
- Voulez-vous laisser un message?
- Puis-je lui transmettre un message?
- Je peux lui faire une commission?

⇩

Message
- Pouvez-vous lui dire que...?
- Pouvez-vous lui demander de me rappeler?
- Dis/dites-lui de me rappeler
- Je rappellerai plus tard

⇩

Confirmation
- Je lui dirai
- Il/elle vous rappellera
- Je lui transmettrai le message
- C'est noté

À quel numéro? ⇦

⇩

Au...

MESSAGES: EXEMPLES DIVERS

Pouvez-vous lui dire que...	j'ai téléphoné (nom de la personne) a téléphoné je ne pourrai pas venir à...

FRANÇAIS DES AFFAIRES

67 Décrire ses Responsabilités

Nommer son poste

- **Quelle profession exercez-vous**, Monsieur Joubert?
- **Je travaille pour** la Compagnie d'Assurance VIDAL. **Je suis** agent de sécurité. **Je suis responsable de** la sécurité des personnes et du matériel à notre siège social, avenue Kléber.

Quelle profession exercez-vous?	Je travaille pour...
	Je suis...
	Je suis responsable de...

- **Qu'est-ce que vous faites dans la vie**, Pascale?
- **Je suis chef du** personnel dans une entreprise du bâtiment. **Je gère** un effectif de 200 (*deux cents*) personnes, c'est un poste à responsabilités.

FRANÇAIS DES AFFAIRES

Qu'est-ce que vous faites dans la vie?	Je suis chef de...
	Je gère...

🇫🇷

Chef: *Nom donné à la personne qui est à la tête d'une équipe (d'un service) qui dirige et commande.*

- Monsieur Verdain, **vous travaillez** dans l'industrie, je crois?
- Oui, c'est exact. **Je suis** P.D.G. de la société Electra. Nous fabriquons des câbles électriques. **Je suis à la tête de** cette entreprise **depuis** 5 (*cinq*) **ans**. **Je dirige** 150 (*cent cinquante*) personnes en tout.

Vous travaillez..., je crois?	Je suis P.D.G. de...
	Je suis à la tête de... depuis... ans
	Je dirige...

🇫🇷

P.D.G. = Président Directeur Général.
*On dit **le** P.D.G. pour une femme comme pour un homme.*
*On dit aussi **Directeur** pour une femme.*

FRANÇAIS DES AFFAIRES

- Eric, **quel poste occupez-vous**?
- Moi, **je travaille au service** informatique de la société, je suis programmeur.

| Quel poste occupez-vous? | Je travaille au service... |

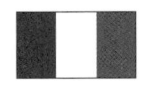

Un service: *Une partie de l'entreprise représentant une activité ou un secteur. Exemples:*

le service des achats
le service informatique
le service des ventes

le service des finances
le service du personnel

NOMMER SON POSTE		
Société	Je travaille pour	la société X l'entreprise Y la compagnie Z
Service	Je travaille au service	informatique du personnel des finances
Poste	Je suis	représentant programmeur, comptable chef de... à la tête de... P.D.G. (de...)
Fonctions	Je suis responsable de... Je gère... Je dirige...	

FRANÇAIS DES AFFAIRES

Expliquer ses responsabilités

- **Quelles sont vos responsabilités**, Monsieur Douroux?
- **En tant que** Directeur Technique, **j'analyse** les besoins de nos services, et **je fournis** le matériel, la technologie nécessaire.

Quelles sont vos responsabilités?	En tant que... (poste, rôle), je... (+ verbe)
	J'analyse...
	Je fournis...

- Monique, vous êtes aide-comptable, mais **en quoi consiste votre travail**?
- **Je m'occupe des** comptes de l'entreprise. Je m'occupe des factures, des salaires et du budget. **J'assiste** le chef comptable **dans** tout son travail.

En quoi consiste votre travail?	Je m'occupe de...
	J'assiste... dans...

FRANÇAIS DES AFFAIRES

- Alors Paul, ce nouveau poste. Ça marche? **Qu'est-ce que tu fais exactement?**
▼ **Je suis chargé de** la formation professionnelle des employés. **Je dois** organiser des stages pour les jeunes diplômés et **je supervise** les programmes de formation continue. **Mon rôle est** aussi **de** conseiller la direction en matière de recrutement.

Qu'est-ce que tu fais (exactement)? Qu'est-ce que vous faites (exactement)?	Je suis chargé de…/Je supervise…
	Je dois…
	Mon rôle est de…

EXPLIQUER SES RESPONSABILITÉS	
En tant que… (rôle, poste)	j'analyse… je fournis… je dois… (+ *infinitif*) j'assiste… dans …
Je suis chargé Je m'occupe Mon rôle est	de…

FRANÇAIS DES AFFAIRES

Se situer dans la hiérarchie

- Qui est votre patron?
- ▼ Eh bien, dans toutes mes missions, **je rends compte de mes activités à** mon supérieur, Monsieur Boucher. Il dirige le service commercial.

> Je rends compte de mes activités à...

- Quelle est votre place dans l'organigramme de la société?
- ▼ **Je travaille sous les ordres du** Directeur Commercial, Monsieur Dutoit. Il dirige les services des ventes, des achats et du marketing. Moi, je suis chef des ventes. Je fais partie des cadres, **je suis cadre moyen**, Monsieur Dutoit est **cadre supérieur**.

> Je travaille sous les ordres de...   Je suis cadre moyen/supérieur

---

*Le terme **cadre** définit la catégorie des employés d'une entreprise, aptes à prendre des décisions. On distingue:*

cadre moyen: *degré moyen de responsabilité*
cadre supérieur: *haut degré de responsabilité*

FRANÇAIS DES AFFAIRES

● Qui dirige votre entreprise?
▼ C'est Madame Blondel, le P.D.G., **nous sommes** tous **placés sous son autorité**.

Nous sommes placés sous l'autorité de...

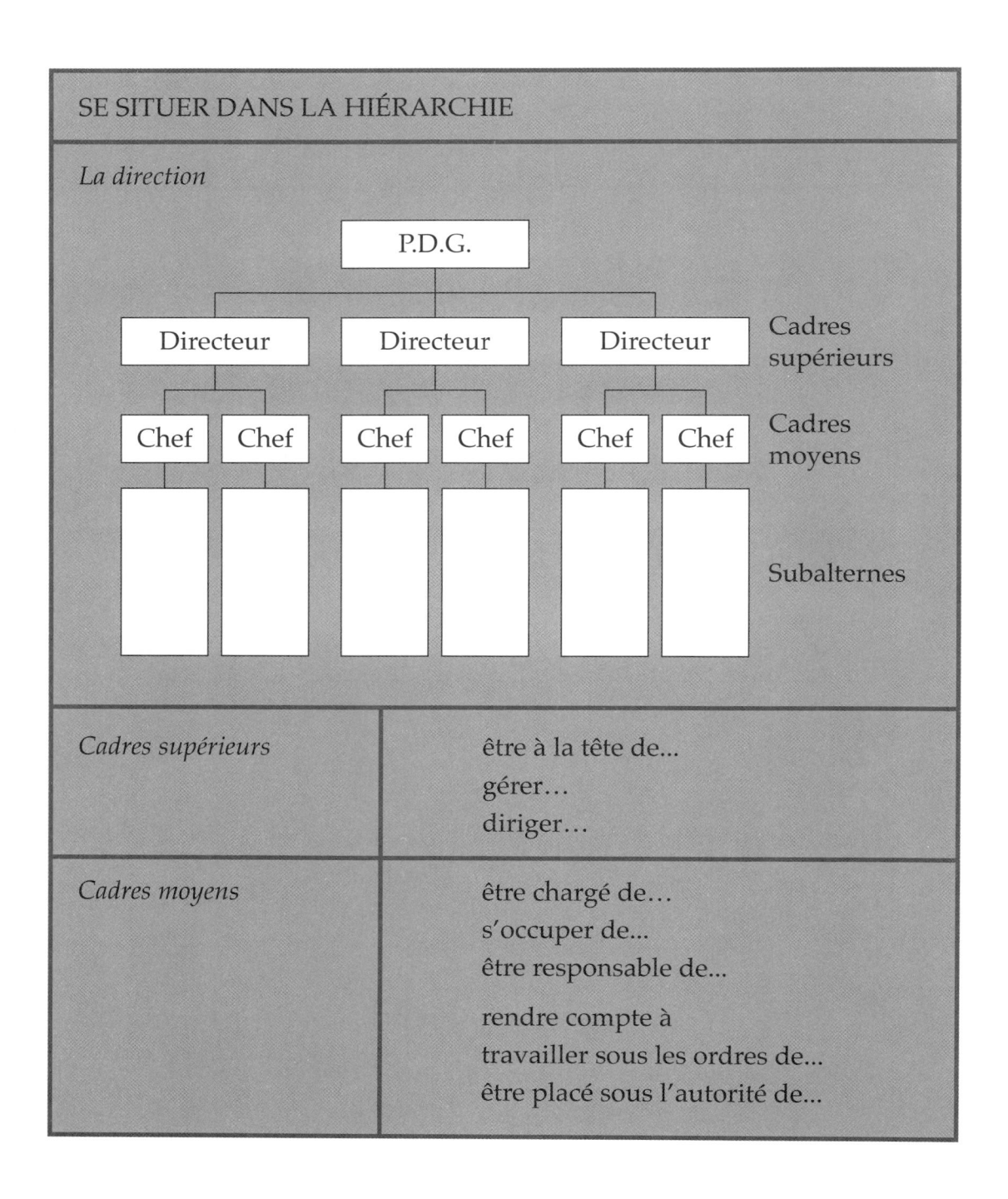

SE SITUER DANS LA HIÉRARCHIE

La direction

```
                    P.D.G.
         ┌────────────┼────────────┐
    Directeur    Directeur    Directeur      Cadres
                                              supérieurs
      ┌─┴─┐        ┌─┴─┐        ┌─┴─┐
    Chef Chef   Chef Chef    Chef Chef       Cadres
                                              moyens


                                              Subalternes
```

Cadres supérieurs	être à la tête de... gérer... diriger...
Cadres moyens	être chargé de... s'occuper de... être responsable de... rendre compte à travailler sous les ordres de... être placé sous l'autorité de...

FRANÇAIS DES AFFAIRES

FRANÇAIS DES AFFAIRES

68 Faire des Projets d'Avenir

Vie personnelle

- Dans quel quartier **pensez-vous** vous installer à Paris?
- ▼ Nous ne savons pas encore, **nous allons** demander conseil à nos amis, nous ne connaissons pas assez bien Paris.
- **Comptez-vous** louer ou acheter?
- ▼ **Nous comptons** louer un meublé.

...pensez-vous...?	Nous allons...
Comptez-vous...?	Nous comptons...

- Quels sont tes projets pour cet été?
- ▼ J'ai l'intention d'aller en Italie chez mon frère, et toi? **Qu'est-ce que tu penses faire?**
- **Je projette** un voyage au Mexique. **Je voudrais** visiter le Yucatan.

FRANÇAIS DES AFFAIRES

Quels sont tes projets pour...?	J'ai l'intention de...
Qu'est-ce que tu penses faire?	Je projette...
	Je voudrais...

Vie professionnelle

- Monsieur le Directeur, **quels sont vos projets d'avenir**?
- Nous voulons poursuivre notre politique d'expansion. **Nous sommes sur le point de** conclure une fusion avec l'entreprise allemande Schwarzen. Grâce à cette opération, **nous espérons** augmenter considérablement notre part de marché. **Notre objectif** à long terme **est d'**atteindre le premier rang à l'échelon européen.

Quels sont vos projets d'avenir?	Nous sommes sur le point de...
Qu'est-ce que tu penses faire?	Nous espérons...
	Notre objectif est de...

À long terme
*On dit aussi: **à moyen terme, à court terme**.*

FRANÇAIS DES AFFAIRES

- Madame Verdier, votre entreprise connaît des difficultés à l'heure actuelle, **comment comptez-vous** les résoudre?
- **Nous envisageons** une restructuration complète du groupe...
- C'est à dire, supprimer des emplois?
- **Nous n'envisageons pas** de réduction d'effectif, simplement une réorganisation plus efficace.

| Comment comptez-vous...? | Nous (n') envisageons (pas)... |

- Monsieur le Directeur, **comment voyez-vous l'avenir** de la société?
- Nous comptons poursuivre notre expansion sur les marchés de l'Europe Centrale. **Nous projetons d'**ouvrir une antenne à Prague l'année prochaine.

| Comment voyez-vous l'avenir | Nous projetons de... |

FAIRE DES PROJETS D'AVENIR

POSER DES QUESTIONS

(*Mot interrogatif*) pensez-vous (+ *verbe à l'infinitif*)...?
Pensez-vous (+ *verbe à l'infinitif*)

Qu'est-ce que vous pensez/tu penses faire?
Quels sont vos/tes projets pour...?
Quels sont vos/tes projets d'avenir?
Comment voyez-vous l'avenir?

Comptez-vous (+ *verbe à l'infinitif*)
(*Mot interrogatif*) comptez-vous (+ *verbe à l'infinitif*)?

⇩

RÉPONSES POSSIBLES

Penser Aller Espérer Compter Je voudrais	(+ *verbe à l'infinitif*)	
Projeter Être sur le point Avoir l'intention Envisager	+ de	(+ *verbe à l'infinitif*)
Projeter Envisager	+ nom	

FRANÇAIS DES AFFAIRES

69 *Faire une Présentation*

Étapes à suivre

Pour faire une présentation, il faut procéder par étapes successives.

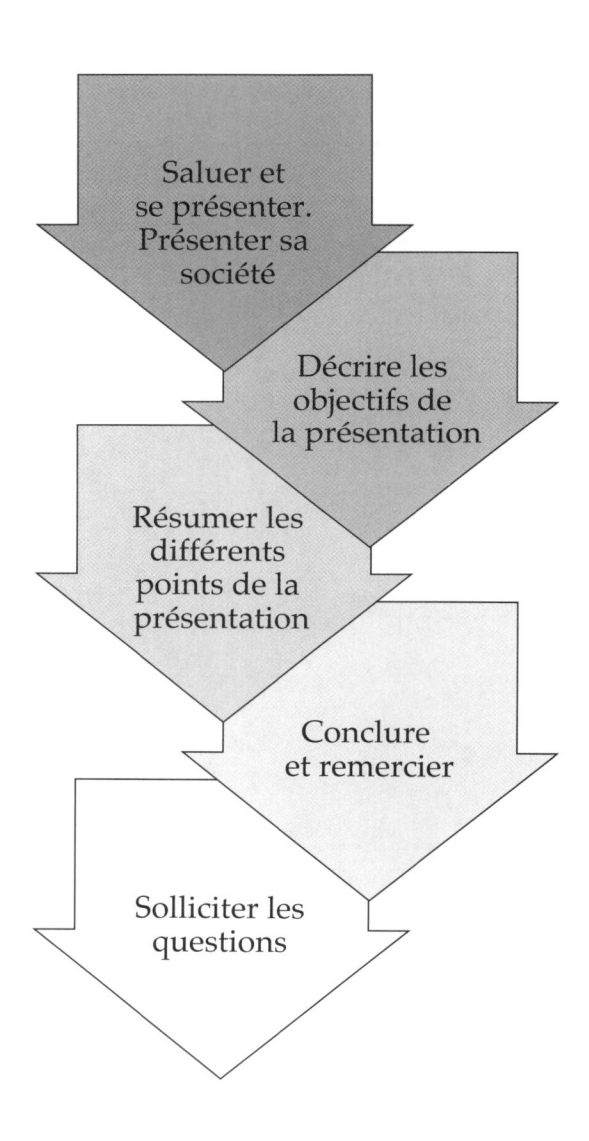

- Saluer et se présenter. Présenter sa société
- Décrire les objectifs de la présentation
- Résumer les différents points de la présentation
- Conclure et remercier
- Solliciter les questions

Saluer et se présenter

- **Bonjour mesdames et messieurs, je voudrais tout d'abord vous souhaiter la bienvenue** à Paris.
  Je suis Michel Desnoyer, analyste financier à la Banque Aubert.

- **Bonjour à tous, je vous remercie d'être venus si nombreux.**
  Permettez-moi de me présenter, Nicole Laval, **je suis** Directeur de la formation **à** Delta Finances.

- **Bonjour et bienvenue à tous** à Finexport, **je m'appelle** Jacques Lacoste et **je suis** directeur commercial.

SALUER ET SE PRÉSENTER	
Salutations	Bonjour/bonsoir mesdames et messieurs Bonjour/bonsoir messieurs-dames Bonjour/bonsoir à tous Bonjour/bonsoir
Remerciements *Bienvenue*	Je vous remercie d'être venus si nombreux Je voudrais (tout d'abord) vous souhaiter la bienvenue Bienvenue à tous
Présentations	Permettez-moi de me présenter Je suis... Je m'appelle...
Poste	Je suis (Directeur des Ventes) à...

FRANÇAIS DES AFFAIRES

Présenter sa société

- **Notre société fabrique** et **distribue** des pièces détachées pour l'industrie automobile.

  Nous sommes basés à Grenoble.

  Nous exportons dans tous les pays industrialisés du monde.

- Je travaille pour la Banque Crédoc, une banque d'affaires **spécialisée dans** les opérations de fusions-acquisitions.

  Nous conseillons nos clients **en matière d'**introduction en bourse et d'augmentation de capital.

  Nous offrons également **les services de** crédits et gestion d'actifs.

PRÉSENTER SA SOCIÉTÉ	
Activité	Notre société fabrique... Notre société distribue... Nous exportons dans...
Situation	Nous sommes basés à...
Spécialités	Nous sommes spécialisés dans... Notre société est spécialisée dans...
Conseil	Nous conseillons en matière de...
Services	Nous offrons les services de...

Décrire les objectifs de la présentation

- **Cette présentation aura pour objectif de** vous expliquer les récents changements opérés dans notre entreprise.

- Ce soir, **je voudrais vous parler de** notre programme de formation et de nos stages de recyclage.

- **L'objectif de mon intervention sera de** vous faire connaître la société ELECTRA **et de** vous présenter la gamme de ses produits.

> DÉCRIRE LES OBJECTIFS DE LA PRÉSENTATION
>
> Cette présentation aura pour objectif de...
> Je voudrais vous parler de...
> L'objectif de mon intervention sera de...

Résumer les différents points de la présentation

- **Pour commencer, je voudrais** rappeler l'historique de notre société, **ensuite j'aimerais** vous parler de nos derniers résultats financiers, et **pour terminer j'aborderai** le sujet de nos projets d'avenir.

- **Je voudrais aborder trois points** aujourd'hui. **Tout d'abord**, les récentes réglementations imposées par la Commission Européenne, **deuxièmement** les conséquences de ces réglementations et **pour finir** nos prévisions pour l'année prochaine.

RÉSUMER LES DIFFÉRENTS POINTS DE LA PRÉSENTATION

Pour commencer,
Ensuite,
Pour terminer,
⇨
je voudrais (+ *verbe à l'infinitif*)
j'aimerais (+ *verbe à l'infinitif*)
j'aborderai (*le sujet de...*)

Je voudrais aborder... points
⇩
Tout d'abord...
⇩
Deuxièmement...
Troisièmement...
⇩
Pour finir...

Conclure et remercier

- **Pour conclure, j'aimerais** vous rappeler notre rendez-vous annuel, au Salon de l'Informatique qui aura lieu cette année le 9 septembre.
  Merci de votre attention.

- **En conclusion, je dirai que** notre priorité est de réduire nos dépenses avant la fin de l'année.

- **Nous arrivons maintenant au terme de cette présentation.** J'espère qu'elle a été informative et utile.

  Mesdames et messieurs, je vous remercie de votre attention.

CONCLURE
Nous arrivons maintenant au terme de cette présentation
Pour conclure,   j'aimerais (+ *verbe à l'infinitif*)
En conclusion,   je dirai que...

⇨

REMERCIER
Je vous remercie de votre attention
Merci de votre attention

Solliciter les questions

- Mesdames et messieurs, merci de votre attention. Maintenant, **si vous avez des questions, je serai ravi d'y répondre**.

- J'ajoute enfin que **je reste à votre disposition pour répondre à vos questions**.

SOLLICITER LES QUESTIONS
Si vous avez des questions, je serai ravi(e) d'y répondre
Je reste à votre disposition pour répondre à vos questions

Exercices

Exercices 1-3

Être, Avoir et Il y a

A. Complétez les phrases avec le verbe *être* ou *avoir* conjugués à la forme qui convient.

> **Exemple**
> Voici Anne Rivière. Elle _____ mannequin, et elle _____ de Namur.
> Voici Anne Rivière. Elle **est** mannequin, et elle **est** de Namur.

1. – Pierre et Nicolas, vous _____ français?

   – Non, nous ne _____ pas français, nous _____ belges.

2. – Tu _____ marié?

   – Non, je _____ célibataire. Je n'_____ pas envie de me marier pour l'instant.

3. Je m'appelle Louis Challe, je _____ banquier. Est-ce que vous _____ banquier aussi?

4. Paula et moi _____ étudiants en sciences économiques, nous _____ 20 ans.

5. M. et Mme. Robert _____ canadiens. Ils _____ deux enfants.

6. Cet ordinateur _____ très performant.

7. – Vous _____ des enfants?

   – Oui, deux. Ils _____ étudiants.

8. Tu _____ malade?

9. Notre société _____ présente dans le monde entier, elle _____ des filiales dans les principaux pays.

B. Complétez les phrases suivantes par:

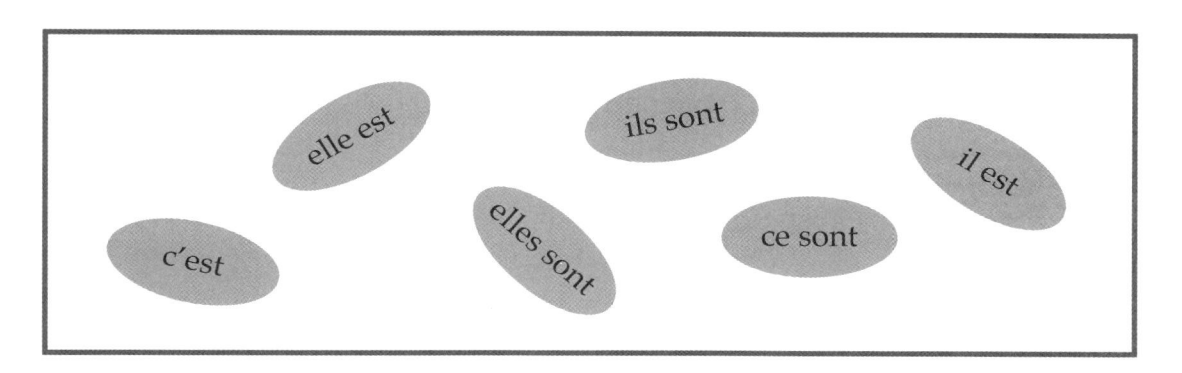

> c'est   elle est   elles sont   ils sont   ce sont   il est

> **Exemple**
> _____ la voiture du Directeur.
> **C'est** la voiture du Directeur.

1. – Avez-vous apporté vos nouvelles brochures?

   – Oui, _____ sur la table.

2. _____ minuit, _____ tard.

3. Tenez, _____ nos derniers tarifs.

4. – Que fait votre femme?

   – _____ comptable.

5. – Qui est Karl Lagerfeld?

   – _____ un grand couturier.

6. – Qu'est-ce que _____?

   – _____ des petits gâteaux salés, une spécialité de ma région.

7. – Pourquoi prenez-vous cette route?

   – Parce que _____ plus court.

8. – Avez-vous une filiale à Paris?

   – Oui, _____ à la Défense.

9. – Qui est-ce?

   – _____ la secrétaire de Direction.

10. Ce restaurant est très sympa. _____ un peu éloigné du centre-ville, _____ dommage.

C. Complétez les phrases suivantes par:

> avoir chaud avoir faim avoir l'air
> avoir lieu avoir mal avoir raison
> avoir sommeil avoir tort

Exemple
Quand _____ la conférence?
Quand **a lieu** la conférence?

1. Elle ne peut pas courir, elle _____ au genou.

2. Tu _____ de critiquer Pierre, il est très compétent.

3. Je n'ai pas dormi la nuit dernière, alors ce matin j'_____.

4. _____-vous _____? Allons déjeuner si vous voulez.

5. Pouvez-vous ouvrir la fenêtre, j'_____ trop _____.

6. – As-tu vu le P.D.G.?

    – Oui, il _____ jeune.

7. – Où _____ la conférence?

    – À Lyon.

D. Choississez la bonne réponse.

1. Nicole a 18 ans.
   (a) Elle a le droit pour voter. ☐
   (b) Elle a le droit de voter. ☐

2. Pour Noël, les enfants
   (a) ont envie d'un ordinateur. ☐
   (b) ont envie d'ordinateur. ☐

3. Vous travaillez trop,
   (a) vous avez besoin du repos. ☐
   (b) vous avez besoin de repos. ☐

4. De quel dossier
   (a) avez-vous besoin? ☐
   (b) avez-vous besoin de? ☐

5. J'aime la campagne, mais
   (a) j'ai horreur d'une ville. ☐
   (b) j'ai horreur de la ville. ☐

E. Construisez des phrases à partir des mots donnés.

> **Exemple**
> de/dimanche/il n'y a pas/le/courrier
> **Le dimanche, il n'y a pas de courrier.**

1. votre/combien/dans/d'/est-ce qu'/société/il y a/employés?

2. autoroutes/il y a/de/circulation/beaucoup/sur/les

3. un/il y a/vous/réception/pour/la/message/à

4. d'/bureau/y a-t-il/près/un/ici/change/de?

5. avion/de/il n'y a pas/dans/de/l'/midi/place

6. il n'y a pas/réunion/de/aujourd'hui

Exercices 4

Les Verbes Usuels au Présent

A. Complétez le tableau ci-dessous en conjuguant le verbe à la forme demandée, au présent de l'indicatif.

	parler	acheter	appeler	choisir	attendre
je				*choisis*	
tu			*appelles*		
il/ elle					*attend*
nous		*achetons*			
vous					
ils/ elles	*parlent*				

B. Complétez les phrases suivantes en conjuguant les verbes entre parenthèses au présent de l'indicatif.

> **Exemple**
> (NE PAS REGARDER) Nos enfants _____ la télévision le soir.
> Nos enfants **ne regardent pas** la télévision le soir.

1. (PENSER) Que _____ - vous du résultat des élections?

2. (DÉJEUNER) Où _____ - tu à midi?

3. (PRÉFÉRER) Mes enfants _____ la mer à la montagne.

4. (GARANTIR) Ces fonds _____ un revenu fixe de 8 pour cent par an.

5. (METTRE) Les visiteurs _____ des casques avant d'entrer dans l'usine.

6. (NE PAS ENTENDRE) Pouvez-vous répéter, je _____ bien.

7. (REMPLIR) Si vous _____ le questionnaire suivant, vous pouvez gagner dix mille francs.

8. (PRÉSENTER, TRAVAILLER) Jean, je vous _____ mon assistante Nicole Fabre, elle _____ dans notre équipe depuis le début de l'année.

9. (ARRIVER) À quelle heure est-ce que votre patron _____ au bureau?

EXERCICES

10. (VENDRE, FOURNIR) Notre société _____ des câbles électriques, nous _____ les sociétés d'ingénierie.

11. (COMMENCER, FINIR) Nous _____ à 8h00 et _____ vers cinq heures.

12. (RÉFLÉCHIR) Nous _____ aux propositions de l'architecte pour agrandir notre maison.

C. Complétez le tableau ci-dessous en mettant le verbe à la forme demandée.

Infinitif	je	tu	il/elle	nous	vous	ils/elles
			va			
dire						
		connais				
					venez	
boire						
		sors				
écrire						
		reçois				

D. Complétez les phrases suivantes en conjuguant les verbes entre parenthèses au présent de l'indicatif.

> **Exemple**
> (CONSTRUIRE) Nous _____ une usine au Maroc.
>   Nous **construisons** une usine au Maroc.

1. (OBTENIR) Grâce à cette carte d'achat, vous _____ immédiatement 10 pour cent de réduction.

2. (S'ASSEOIR) Je _____ toujours côté fenêtre en avion.

3. (PARAÎTRE) Ce journal _____ tous les dimanches.

4. (FAIRE) Nous _____ du sport avec nos amis en fin de semaine.

5. (OUVRIR) À quelle heure _____ les magasins le matin?

6. (COMPRENDRE) Est-ce que vous _____ l'accent marseillais?

7. (MOURIR) Des milliers de personnes _____ chaque année sur les autoroutes.

8. (POUVOIR, VENIR)
   – _____-vous me passer Monsieur Lebrun, s'il vous plaît?
   – Je regrette, il _____ juste de sortir.

9. (ÊTRE, TRADUIRE) Notre secrétaire _____ bilingue, elle _____ tous nos documents.

10. (NE PAS PRODUIRE, DEVOIR) Cette usine _____ assez, nous _____ augmenter sa productivité.

11. (NE PAS VOIR) Je _____ sans mes lunettes.

12. (NE PAS POUVOIR, PLEUVOIR, NE PAS AVOIR)
    Nous _____ sortir parce qu'il _____ et
    nous _____ de parapluie!

13. (VENIR) Les experts-comptables _____ vérifier nos comptes en janvier.

14. (DIRE, COMPRENDRE) Qu'est-ce qu'il _____ ? Je ne _____ pas.

15. (ATTEINDRE) Cette année notre chiffre d'affaires _____ 120 millions d'euros

E. Complétez avec le verbe qui convient et conjuguez.

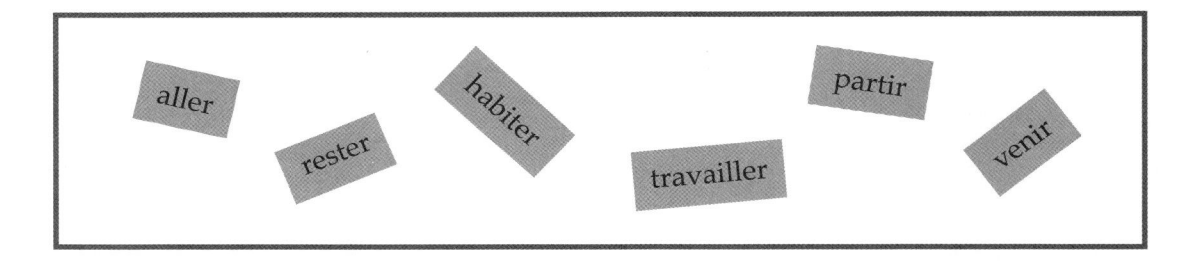

aller, rester, habiter, travailler, partir, venir

Bernard, sa femme et ses enfants (1)_____ à Grenoble.

Bernard (2)_____ comme ingénieur à IBM et il

(3)_____ souvent à l'étranger en voyage d'affaires.

Françoise (4)_____ à la maison avec les enfants. Mais le samedi

quand ils (5)_____ au cinéma ou au restaurant, une jeune

fille (6)_____ chez eux garder les enfants.

Exercices 5-7

Faire, Mettre et Prendre

A. Complétez les phrases dans le texte par le verbe qui convient et conjuguez.

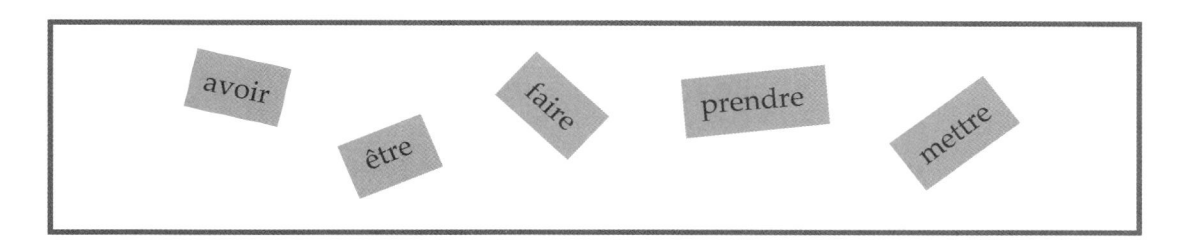

avoir, être, faire, prendre, mettre

> **Exemple**
>
> Tu _____ l'air malade, pourquoi est-ce que tu ne _____ pas un cachet d'aspirine?
>
> Tu **as** l'air malade, pourquoi est-ce tu ne **prends** pas un cachet d'aspirine?

1. Les politiciens _____ toujours des promesses à leurs électeurs.

2. Il _____ chaud ici, je vais _____ l'air dehors!

3. Je _____ en retard et il _____ mauvais, alors je _____ ma voiture.

4. En vacances nous _____ nos bicyclettes pour _____ des excursions à la campagne.

5. – Il _____ chaud aujourd'hui!

– Vous _____ soif? Allons _____ une bière à la terrasse.

6. Notre secrétaire _____ des problèmes avec le patron, elle _____ trop de fautes d'orthographe.

7. On _____ une heure pour _____ la visite guidée de la ville c'_____ 3€ par personne.

B. Complétez les phrases avec les verbes *faire*, *mettre* ou *prendre*, et conjuguez les verbes au présent quand cela est nécessaire.

> **Exemple**
> – Combien de temps est-ce qu'on _____ pour y aller?
> – Une demi-heure.
> – Combien de temps est-ce qu'on **met** pour y aller?

1. Il _____ froid aujourd'hui, je vais _____ mon manteau. Je ne _____ de parapluie, il ne pleuvra pas aujourd'hui.

2. – Comment _____ vous pour venir au bureau les jours de grève?

   – Je _____ ma voiture.

3. Lucien ne _____ pas attention, il _____ toujours ce dossier dans le mauvais classeur.

4. Vous _____ combien de temps pour _____ une étude de marché?

5. Elle _____ deux jours de congé pour rendre visite à ses parents.

6. – Quels sports pratiquez-vous?

    – Je joue au tennis. Je _____ aussi du ski.

C. Remettez ces questions dans l'ordre et conjuguez les verbes *faire*, *mettre* ou *prendre* au présent.

> **Exemple**
> (FAIRE) du / sport / vous?
> **Vous faites du sport?**

1. (FAIRE) que / elle?

   _____?

2. (PRENDRE) qu' / est-ce que / vous?

   _____?

3. (METTRE) de temps / tu / est-ce que / combien / aller / du / l'aéroport / bureau / à / pour?

   _____

   _____?

4. (FAIRE) une étude / pourquoi / de marché / ils?

   _____?

5. (METTRE) Est-ce que / costume / tu / travailler / un / pour?

   _____

   _____?

6. (PRENDRE) vous / métro / quelle / de / ligne?

   _____?

7. (FAIRE) la / qui / cuisine / chez vous?

   _____?

8. (PRENDRE) souvent / photos / vous / des?

   _____?

Exercices 8-11 : *Pouvoir, Vouloir, Falloir et Devoir*

A. Complétez avec le verbe qui convient (*devoir, falloir, pouvoir* ou *vouloir*).

> **Exemple**
> J'ai soif, je _____ un Coca.
> J'ai soif, je **voudrais** un Coca.

1. Tu _____ absolument réserver ton billet quinze jours à l'avance pour bénéficier de l'offre spéciale.

2. L'alcool est dangereux, boire ou conduire il _____ choisir.

3. Si vous _____ réserver les billets par téléphone, il _____ une carte de crédit.

4. Je suis perdu; est-ce que vous _____ m'indiquer la gare St. Lazare, s'il vous plaît?

5. Il est tard, nous _____ coucher les enfants.

6. Ils ne _____ pas skier aujourd'hui, les pistes sont fermées.

7. Les chambres _____ être libérées avant midi.

8. M. Morin est absent, _____ - vous laisser un message?

9. Pour appeler la France de l'étranger, il _____ faire le 33.

10. Si tu _____ apprendre le français, je _____ t'aider, je suis enseignante.

B. Faites correspondre les éléments de la colonne A avec ceux de la colonne B.

Colonne A

1. **Vous désirez?**
2. La route est barrée,
3. Les employés ne sont pas satisfaits,
4. Pour les renseignements
5. Je ne me sens pas très bien,
6. Ils partent s'installer à l'étranger alors,
7. Si nous voulons rester compétitifs,
8. Je n'ai pas compris votre nom,
9. Avant de monter dans le train
10. Interdit de stationner,

Colonne B

(a) il faut composter son billet.
(b) ils doivent vendre leur maison.
(c) **Je voudrais quatre croissants s'il vous plaît,**
(d) pouvez-vous répéter?
(e) nous ne pouvons pas nous garer ici.
(f) il faut composer le 12.
(g) nous ne pouvons pas passer.
(h) ils veulent une augmentation.
(i) je voudrais sortir un instant.
(j) nous devons baisser nos prix.

Exercices 12 — *Savoir et Connaître*

A. Complétez les phrases par *savoir* ou *connaître* et conjuguez.

> **Exemple**
> Tu _____ Juliette Binoche, l'actrice?
> Tu **connais** Juliette Binoche, l'actrice?

1. _____-vous à quelle heure part le prochain avion pour Zürich?

2. Pardon, je cherche l'hôtel Regina, vous _____ le chemin, peut-être?

3. Vous _____, je voudrais bien acheter une maison par ici.

4. On ne _____ ni son nom, ni son adresse.

5. Personne ne _____ où il habite maintenant.

6. Je ne _____ personne du nom de Chantal Virmeaux.

7. Nous _____ bien les Vincent, ce sont nos amis!

8. C'est un très bon dentiste, il _____ bien son métier.

9. Il ne _____ pas où il va être muté.

B. Complétez par le verbe *savoir* (conjugué à la forme qui convient) suivi par un des mots suivants. N'utilisez ces mots qu'une fois.

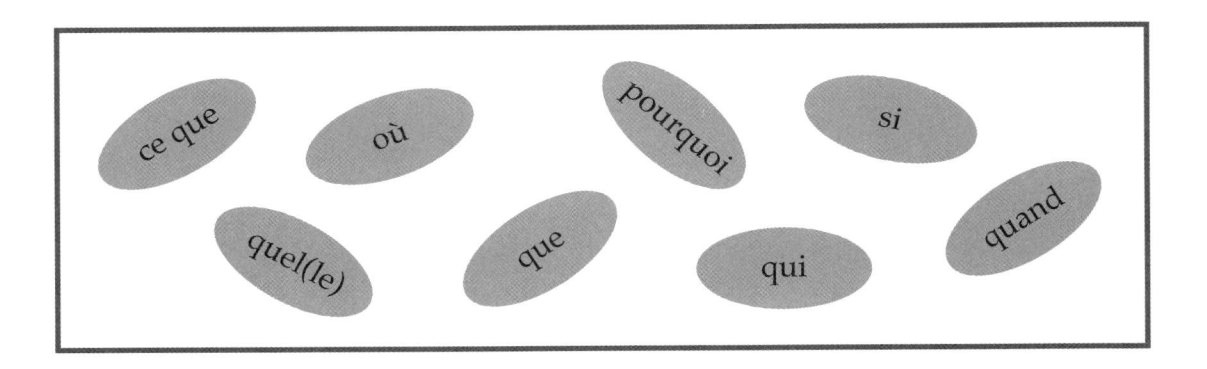

ce que — où — pourquoi — si — quel(le) — que — qui — quand

> **Exemple**
> Je ne _____ pas _____ est mon passeport.
> Je ne **sais** pas **où** est mon passeport.

1. _____-vous _____ dirige le service des ventes?

2. Je ne _____ pas _____ il a dit, je n'ai pas assisté à la réunion.

3. Tu _____ à _____ aérogare arrive l'avion?

4. – Est-ce que vous _____ _____ Monsieur Chrétien est arrivé?
   – Oui, il est arrivé.

5. Les Dumont ne _____ toujours pas _____ ils vont partir en vacances.

6. Je ne _____ pas _____ elle pleure.

7. _____-tu _____ notre entreprise va fusionner avec une entreprise allemande?

– Oui, je le sais.

8. Nous ne _____ pas _____ les marchandises vont être livrées, peut-être la semaine prochaine.

Exercices 13 — Les Verbes Pronominaux (Se...)

A. Choisissez et conjuguez le verbe qui convient.

Exemple
Le dimanche matin M. Dubois _____ (laver / se laver) sa voiture.
Le dimanche matin M. Dubois **lave** sa voiture.

1. Quand Pierre est en retard le matin, il _____ (DÉPÊCHER / SE DÉPÊCHER) et il _____ (APPELER / S'APPELER) un taxi.

2. À la station service les clients _____ (SERVIR / SE SERVIR) à la pompe et vont payer à la caisse.

3. Le soir quand nous rentrons, nous _____ (INSTALLER / S'INSTALLER) dans le salon et nous _____ (REGARDER / SE REGARDER) la télévision.

4. Pourquoi est-ce que vous _____ (COUCHER / SE COUCHER) si tard? Le matin vous _____ (RÉVEILLER / SE RÉVEILLER) plus difficilement.

5. Vous _____ (SERVIR / SE SERVIR) le petit déjeuner à quelle heure?

6. Bertrand et Virginie _____ (MARIER / SE MARIER) le mois prochain.

7. De combien de temps avez-vous besoin pour _____ (PRÉPARER/SE PRÉPARER) le matin?

8. Tu _____ (LEVER/SE LEVER) à quelle heure le matin?

9. Ils _____ (ENNUYER/S'ENNUYER) pendant les réunions.

B. Remettez la phrase dans l'ordre et conjuguez le verbe au présent.

> **Exemple**
> (SE LEVER) je/est-ce qu'/à quelle heure?
> À quelle heure est-ce qu'il se lève?

1. (S'ENDORMIR) je/dans/quelque fois/le métro.

2. (S'INSTALLER) regarder/dans/nous/pour/le salon/la télévision.

3. (SE SOUVENIR) je/nom/pas/de/votre/ne.

4. (S'INTÉRESSER) je/la politique/la littérature/à/à/et.

5. (S'OCCUPER) du/qui/marketing?

   _____?

6. (S'ASSEOIR) ma/je/place/à.

   _____?

7. (S'OCCUPER) secrétaire/mon/la/de/agenda.

   _____?

8. (SE LEVER) à/vous/quelle heure/matin/est-ce que/le?

   _____
   _____?

Exercices 14 — L'Emploi du Présent de l'Indicatif

A. Complétez les phrases et indiquez la valeur de chaque présent selon le modèle.

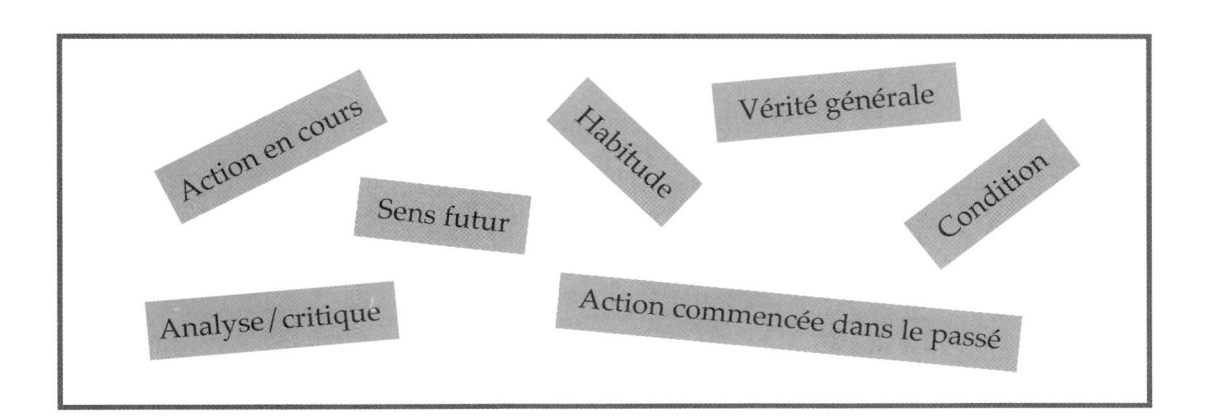

- Action en cours
- Habitude
- Vérité générale
- Sens futur
- Condition
- Analyse/critique
- Action commencée dans le passé

Exemple

(FAIRE) — Que _____ -elle?
(ÉCRIRE) — Elle _____ une lettre
(_____)

— Que **fait**-elle?
— Elle **écrit** une lettre.
(**Action en cours**)

1. (PASSER) Ils _____ leurs examens la semaine prochaine.
(_____)

2. (DÉCRIRE) Cet article _____ la situation économique au Vietnam.

   (_____)

3. (NEIGER) Il _____ depuis trois jours.

   (_____)

4. (ÊTRE) La capitale du Canada _____ Ottawa.

   (_____)

5. (OBTENIR, OFFRIR) Si j'_____ cette promotion, j'_____ le champagne.

   (_____)

6. (SE PROMENER) Le dimanche, nous _____ en forêt.

   (_____)

7. (ATTENDRE) J'_____ Michelle, elle est en retard.

   (_____)

B. Composez une phrase en employant le présent, puis l'expression *être en train de* et une verbe à l'infinitif.

> **Exemple**
> (S'HABILLER) Que fait Isabelle?
> Elle est en train de **s'habiller**.

1. (POSER UN INTERRUPTEUR) Que fait l'électricien?

   _____

2. (RÉPARER UNE PIÈCE) Que fait cet ouvrier?

   _____

3. (CLASSER DES FACTURES) Que faites-vous?

   _____

4. (DÉCORER L'ARBRE DE NOËL) Que font les enfants?

   _____

Exercices 15 — La Phrase Négative

A. Mettez les phrases suivantes à la forme négative selon le modèle.

> **Exemple**
> J'ai envie d'aller au cinéma ce soir.
> Je **n'**ai **pas** envie d'aller au cinéma ce soir.

1. Il met du lait dans son café.

2. Nous avons écouté les informations ce matin.

3. C'est vrai!

4. J'ai trouvé un appartement.

5. Wolfgang comprend bien le français.

6. J'irai en vacances dans deux semaines.

7. Je m'intéresse à la politique.

8. Je vais rentrer au bureau.

9. Je vous donnerai un coup de fil demain .

B. Transformez les phrases suivantes en imitant le modèle.

Exemple
Il reste seulement une place de libre.
Il **ne** reste **qu'**une place de libre.

1. Nous prenons seulement deux semaines de congés.

2. Ils ont seulement une filiale à l'étranger.

3. Ce modèle coûte seulement 90€.

   _____

4. Nous travaillons seulement pour l'industrie automobile.

   _____

5. Il est arrivé à minuit seulement.

   _____

6. Nous avons seulement une voiture.

   _____

C. Complétez les phrases en imitant le modèle suivant.

> **Exemple**
> (PRÉFÉRER) Il ne prend pas le dessert.
> Il **préfère ne pas** prendre le dessert.

1. (REGRETTER DE) Elle ne vient pas à la conférence.

   _____

2. (PROMETTRE DE) Je n'oublierai pas notre rendez-vous.

   _____

3. (ÊTRE ENNUYÉ DE) Il ne trouve pas de logement.

   _____

4. (PRÉFÉRER) Ils ne font pas de grève.

   _____

5. (DÉCIDER DE, AU PASSÉ COMPOSÉ) Nous nous installons en banlieue.

   _____

D. Répondez négativement aux questions selon le modèle, en utilisant *ne... plus*, *ne... pas encore*, *ne... jamais* ou *non plus*.

> **Exemple**
> – Est-ce qu'il fume toujours?
> – Non, il **ne** fume **plus**.

1. – Les magasins sont déjà ouverts?

   – Non, _____

2. – Allez-vous quelquefois à l'opéra?

   – Non, _____

3. – Est-ce qu'il pleut encore?

   – Non, _____

4. – Je n'aime pas le golf, et vous?

   – Moi, _____

5. – Tu as déjà fini ton livre?

   – Non, _____

Exercices 16 — Questions et Réponses avec *Être*

A. Trouvez la question qui convient à l'aide de *est-ce que*, *qu'est-ce que* ou *qui est-ce*.

> **Exemple**
> Réponse : Oui, je suis marié.
> Question : **Est-ce que vous êtes/tu es marié ?**

1. R : C'est Monsieur Durand.
   Q : _____ ?

2. R : Oui, mon numéro de carte de crédit est le 01 23 77 04 04.
   Q : _____ ?

3. R : C'est un télécopieur ?
   Q : _____ ?

4. R : Non, ce ne sont pas des clients.
   Q : _____ ?

5. R: Oui, je suis libre.

    Q: _____?

6. R: C'est le directeur de la banque.

    Q: _____?

7. R: Non, le 02 34 06 15 05 n'est pas mon numéro de téléphone.

    Q: _____?

8. R: Oui, c'est Julien.

    Q: _____?

B. Répondez aux questions selon les indications données.

> **Exemple**
> Qu'est-ce que c'est? (BRIQUET)
> **R. C'est un briquet**

1. Est-ce que vous êtes français? (NON)

    R. _____

2. Qui sont ces messieurs? (LES INSPECTEURS DE POLICE)

    R. _____

3. C'est votre adresse? (NON)

    R. _____

4. Qu'est-ce que c'est? (LES RAPPORTS DE LA COMMISSION)

   R. _____

5. Est-ce que ce sont vos lunettes? (OUI)

   R. _____

6. Est-ce que tu es cadre? (NON)

   R. _____

7. Est-ce que c'est un nouveau client? (NON)

   R. _____

8. Qui est le Directeur de la société? (MONSIEUR LAPORTE)

   R. _____

C. Posez les questions en fonction des réponses données.

Exemple
Réponse: C'est mon ami Roland.
Question: **Qui est-ce?**

1. R. Oui, c'est ma voiture.

   Q. _____?

2. R. Ce sont nos commerciaux.

   Q. _____?

3. R. Non, ce ne sont pas nos meilleurs résultats.

   Q. _____?

4. R. Non, il n'est pas agent d'assurance, il est ingénieur.

   Q. _____?

5. R. Oui, vous êtes à l'heure.

   Q. _____?

6. R. C'est un contrat de travail.

   Q. _____?

7. R. Oui, je suis satisfait de mon travail.

   Q. _____?

Exercices 17: Les Trois Formes de Question

A. Complétez le tableau suivant.

	Inversion	Est-ce que	Intonation
1.	Où dois-je signer?		
2.		Est-ce qu'on va chez toi à pied?	
3.			Vous faites quoi ce weekend?
4.	Quand allons-nous à cette conférence?		
5.		Est-ce qu'elle a besoin d'aide?	
6.			Les cigarettes coûtent combien?
7.	Pourquoi êtes-vous en retard?		
8.		Est-ce que vous vous fâchez souvent?	

B. Posez les questions en fonction de la réponse donnée, observez la forme interrogative imposée.

> **Exemple**
> Réponse: – **Oui**, je suis française.
> Question: – _____?
> (INVERSION)
> Question: – **Êtes-vous française?**

1. R: – Nous prenons le train **à huit heures**.

   Q: – _____?
   (EST-CE QUE)

2. R: – **Non**, vous ne pouvez pas ouvrir la fenêtre, elle est bloquée.

   Q: – _____?
   (INTONATION)

3. R: – La réunion a lieu **au premier étage, salle 115**.

   Q: – _____?
   (INVERSION)

4. R: – La chambre coûte **130€**.

   Q: – _____
   (INTONATION)

5. R: – Au petit déjeuner, je prends **du café et des croissants**.

   Q: – _____?
   (EST-CE QUE)

6. R: – Elle vient au bureau **en voiture**.

   Q: – _____?

   (INVERSION)

7. R: – Je vais à la poste **pour acheter des timbres**.

   Q: – _____?

   (EST-CE QUE)

8. R: – J'ai rendez-vous **avec le Directeur Commercial**.

   Q: – _____?

   (INVERSION)

Exercices 18 — Les Mots Interrogatifs

A. Complétez ces phrases à l'aide des mots interrogatifs suivants.

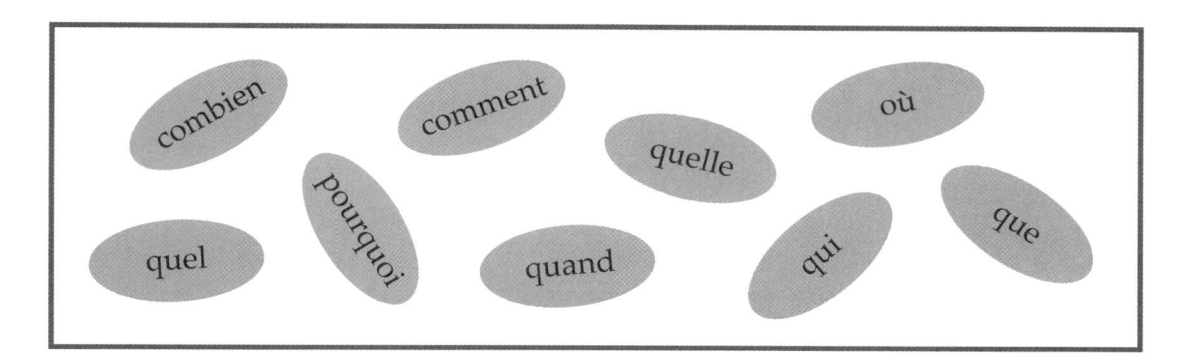

combien, comment, où, quelle, quel, pourquoi, quand, qui, que

Exemple
– _____ vas-tu?
– Très bien, merci.
– **Comment** vas-tu?

1. – _____ est votre sport préféré?

   – C'est le tennis.

2. – _____ es-tu de mauvaise humeur?

   – Parce que j'ai perdu mon portefeuille.

3. – Pour _____ banque travaille-t-il?

   – Pour la BNP.

4. – _____ d'employés y a-t-il dans cette usine?

   – Deux cent cinquante.

5. – Tu rentres chez toi _____?

   – En train.

6. – _____ avez-vous appris le français?

   – Au Canada, à Montréal.

7. – _____ est-ce qu'ils disent?

   – 'Non aux licenciements'.

8. – Avec _____ avez-vous rendez-vous?

   – Avec Monsieur Brassard.

9. – _____ est-ce que je peux rappeler?

   – Demain matin.

B. Reliez les éléments de la colonne de gauche avec les éléments de la colonne de droite.

1. Qui dirige l'équipe de ventes?   a. À six heures.

2. Où faut-il mettre ces factures?   b. Deux jours.

3. Qu'est-ce que vous prenez?   c. Pour mon travail.

4. Tu viens comment au bureau?   d. Le deux octobre.

5. D'où venez-vous?   e. Dans le classeur.

6. Pourquoi prends-tu des cours d'espagnol?   f. À pied.

7. Depuis combien de temps êtes-vous ici?   g. Russe.

8. À quelle heure commence la réunion?   h. Une bière, s'il vous plaît.

9. Quelle est votre nationalité?   i. **Paul Lavoie.**

10. Quand a lieu cette conférence?   j. De Vienne.

EXERCICES

Exercices
19-21

Les Articles

A. Complétez les phrases suivantes par *le*, *la*, *les*, *l'*, *un*, *une* ou *des*.

> **Exemple**
> Je prends ____ vol de 20h50.
> Je prends **le** vol de 20h50.

1. Demain c'est _____ anniversaire de mon fils.

2. Avez-vous visité _____ États-Unis?

3. Je n'ai pas pris le petit déjeuner, j'ai _____ faim de loup!

4. Il fait trop chaud ici, ouvrez _____ porte, s'il vous plaît!

5. Il porte _____ chemise rouge et _____ lunettes de soleil.

6. Monsieur Hamilton arrive par _____ train de 12h30.

7. Avez-vous _____ clients en Suisse?

8. Vous voulez _____ cigarette?

9. Avez-vous lu _____ oeuvres de Victor Hugo?

10. Nous avons _____ heure pour faire notre présentation.

11. Il y a _____ dame à la réception qui veut vous parler.

12. _____ mathématiques ne m'intéressent pas du tout.

13. _____ Hôtel du Nord se trouve près de _____ Gare du Nord.

14. Encore _____ jour de plus et c'est les vacances!

15. J'ai _____ emploi du temps chargé aujourd'hui, _____ réunion le matin, _____ déjeuner à midi et _____ rendez-vous l'après-midi.

B. Trouvez l'article qui convient en mettant une croix dans la case correspondante.

Exemple

- [ ] du
- [ ] de la
- [x] de l'
- [ ] des

argent

1.
- [ ] du
- [ ] de la
- [ ] de l'
- [ ] des

pertes

2.
- [ ] du
- [ ] de la
- [ ] de l'
- [ ] des

chômage

3. ☐ du   4. ☐ du
   ☐ de la   inflation   ☐ de la   travail
   ☐ de l'   ☐ de l'
   ☐ des   ☐ des

5. ☐ du   6. ☐ du
   ☐ de la   concurrence   ☐ de la   courage
   ☐ de l'   ☐ de l'
   ☐ des   ☐ des

C. Mettez les phrases suivantes à la forme négative.

> **Exemple**
> Il y a des places dans l'avion de 20h00.
> Il **n'**y a **pas de** places dans l'avion de 20h00.

1. Elle prend du thé le matin.

   _____

2. Nous achetons des matières premières.

   _____

3. J'ai des ennuis financiers.

   _____

4. Il a de la chance!

   _____

5. Vous réalisez des bénéfices.

   _____

6. Ils boivent de l'eau à table.

   _____

D. Complétez les phrases suivantes par *le, la, l', les, un, une, des, du, de l'* ou *de la*.

> **Exemple**
> Je voudrais ouvrir _____ compte courant.
> Je voudrais ouvrir **un** compte courant.

1. – Aimez-vous _____ sport?

   – Oui, j'ai _____ passion pour _____ automobile.

2. Nous faisons _____ ski tous _____ ans.

3. Vous avez _____ réunion avec _____ représentants du comité d'entreprise.

4. Il y a _____ annonce intéressante dans _____ journal d'aujourd'hui.

5. – Avez-vous _____ ordinateur chez vous?

6. Pour travailler à son compte, il faut avoir _____ idée, _____ métier et _____ compétences.

EXERCICES

7. _____ politique commerciale de cette société est mal définie.

8. Il voudrait retirer _____ argent, il cherche _____ distributeur automatique de billets.

9. _____ Internet permet de communiquer partout dans _____ monde.

10. Avez-vous vu _____ journal télévisé hier soir?

Exercices 22-23
Les Prépositions de Lieu et les Prépositions de Lieu Composées

A. Complétez les phrases suivantes par la préposition qui convient.

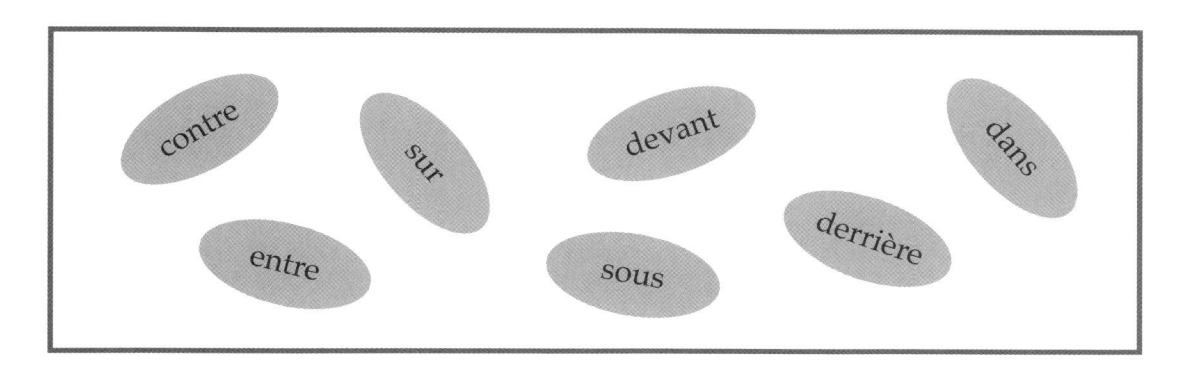

contre, sur, devant, dans, entre, sous, derrière

Exemple

Mes clefs sont _____ la poche de mon blouson.

Mes clefs sont **dans** la poche de mon blouson.

1. Le classeur noir est _____ le deuxième tiroir du bureau.

2. C'est un film _____ la conquête de l'espace.

3. Regarde _____ toi, il y a une marche, tu vas tomber!

4. Le cinéma se trouve _____ le restaurant et la banque.

5. Nous travaillons _____ la direction de Madame de Rougemont.

6. L'équipe française a joué _____ l'équipe écossaise et a gagné.

7. – Où est-ce qu'il y a une corbeille à papier?

   – _____ la table.

8. J'ai remis ton livre _____ l'étagère.

9. Il y a une voiture de police _____ nous depuis cinq minutes.

10. Je ne vois pas bien, il y a quelqu'un de très grand assis _____ moi.

B. Complétez les phrases suivantes par les prépositions ci-dessous et par un article (*le, la, l'*) quand il le faut.

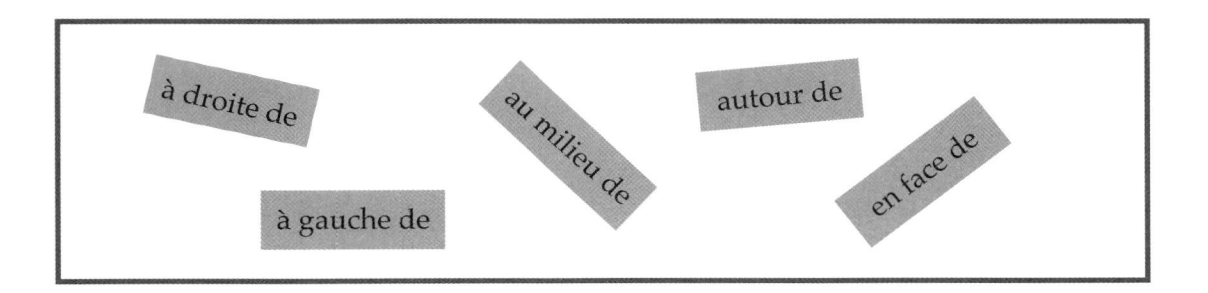

à droite de   au milieu de   autour de   à gauche de   en face de

Cinq personnes assistent à la réunion. Le P.D.G. et quatre employés ont pris place (1)_____ table. Alex, le responsable des ventes, est assis (2)_____ P.D.G. Michelle, la secrétaire, est assise (3)_____ Pierre et (4)_____ Sandra, la nouvelle attachée commerciale.

Pour tous, il y a du café, du thé et de l'eau sur un plateau placé (5)_____ table.

Exercices 24-26

Les Prépositions À, De et En

A. Complétez les phrases suivantes par *à*, *de* ou *en* selon le modèle.

> **Exemple**
> Je viens au bureau ____ pied.
> Je viens au bureau **à** pied.

1. C'est la voiture _____ Christine.

2. Dépêchons-nous ou nous serons _____ retard.

3. Ce train ne part jamais _____ l'heure.

4. – _____ où vient ce tapis?

   – _____ Chine.

5. Le car va du centre ville _____ l'aéroport _____ trente minutes.

6. Il ne peut pas venir _____ la réunion, il est malade.

7. Nous habitons _____ environ un kilomètre de la gare.

8. Ton foulard est joli, il est _____ soie?

B. Choississez la bonne réponse selon le modèle.

> **Exemple**
> Pierre habite _____ France.
> (a) à   **(b) en**   (c) au

1. Cette année je vais aller en vacances _____ Antilles.
   (a) en   (b) à   (c) aux

2. Nous allons fermer deux bureaux _____ Singapour.
   (a) à   (b) en   (c) du

3. Beaucoup d'artistes résident _____ Monaco pour des raisons fiscales.
   (a) en   (b) à   (c) de

4. Ils viennent _____ Mexique.
   (a) de la   (b) du   (c) au

5. Vous plaisez-vous _____ Paris?
   (a) au   (b) en   (c) à

6. Je suis très fatigué, j'arrive ce matin _____ Boston.
   (a) du   (b) de   (c) à

7. On peut maintenant vivre et travailler presque partout _____ Europe.
   (a) à l'   (b) au   (c) en

8. Cette société est basée _____ Hong Kong.
   (a) en   (b) à   (c) au

EXERCICES

C. Indiquez si les phrases suivantes sont correctes, et corrigez selon le modèle.

Exemple	Correct	Incorrect	Correction
Je suis responsable **aux** ventes.		X	des
1. Ce train partira **du** quai 18.			
2. Notre société offre une réduction **au** meilleurs clients.			
3. Je ne sais pas jouer **au** violon.			
4. Pourquoi est-il **de** colère?			
5. Cet avion arrive **du** Caire.			
6. Notre usine se trouve **en** banlieue.			
7. Avez-vous noté l'adresse **à** Mme Leclerc?			
8. Il court six kilomètres **à** vingt minutes.			
9. Ces marchandises sont **de** mauvais état.			

D. Complétez par la préposition *à* ou *de* selon le modèle.

> **Exemple**
> Notre société a l'intention ____ devenir numéro 1 en Europe.
> Notre société a l'intention **de** devenir numéro 1 en Europe.

1. Nicole et Charles pensent beaucoup _____ leur travail.

2. Nos clients ont accepté _____ payer les frais de livraison.

3. Nous avons envie _____ passer nos vacances en Dordogne.

4. Les jours commencent _____ rallonger en janvier.

5. Tous les employés ont offert un cadeau _____ la secrétaire.

6. Je ne parle pas _____ politique _____ mes amis.

7. Nous finissons _____ travailler à six heures.

8. Madame Barrault s'occupe _____ mon dossier.

E. **Complétez le texte suivant par les prépositions suivantes. Utilisez les prépositions plusieurs fois si nécessaire.**

de	d'	du	de la	d'	des
à	au	à la	à l'	aux	en

Cette année, nous allons (1)_____ vacances (2)_____ Seychelles.

Notre avion part (3)_____ aéroport (4)_____ Orly le 15 juillet

(5)_____ dix heures. Nous allons prendre le R.E.R. (6)_____ gare

du Nord. Nous devrons nous présenter (7)_____ bureau

d'enregistrement deux heures avant le départ. Il faut quarante-cinq

minutes pour aller (8)_____ gare du Nord (9)_____ l'aéroport,

nous partirons donc (10)_____ chez nous (11)_____ sept heures.

Nous arriverons probablement très fatigués (12)_____ hôtel, mais

nous aurons deux semaines pour nous reposer et profiter (13)_____

soleil et (14)_____ plages.

Exercices 27-28 : Les Adjectifs Possessifs et les Adjectifs Démonstratifs

A. Complétez les phrases suivantes par l'adjectif possessif qui convient.

Exemple

J'ai perdu _____ cartes de crédit.   **mes** cartes de crédit
_____ porte-feuille.   **mon** porte-feuille
_____ carte d'identité.   **ma** carte d'identité

1. Nous allons quitter _____ pays.

    _____ ville.

    _____ amis.

2. Elle habite avec _____ frères et soeurs.

    _____ grand-mère.

    _____ mari.

3. Je vais te donner _____ adresse.

    _____ numéro de téléphone.

    _____ coordonnées.

4. Est-ce que vous aimez _____ travail?

   _____ collègues

   _____ quartier?

5. Tu me prêtes _____ vélo?

   _____ appareil-photo?

   _____ moto?

6. Les clients communiquent _____ besoins.

   _____ intérêt.

   _____ enthousiasme.

7. Notre société augmente _____ bénéfices.

   _____ chiffre d'affaires.

   _____ productivité.

B. Répondez aux questions suivantes en imitant le modèle donné ci-dessous.

> **Exemple**
> – Est-ce que cette calculatrice est à toi?
> (a) – Oui, _____
> (b) – Oui, _____
>
> (a) – Oui, **elle est à moi.**
> (b) – Oui, **c'est ma calculatrice.**

1. – Ces photos sont à Patricia?

    (a) – Oui, _____

    (b) – Oui, _____

2. – Est-ce que ces lunettes sont à vous?

    (a) – Oui, _____

    (b) – Oui, _____

3. – Cette clef est au gardien?

    (a) – Non, _____

    (b) – Non, _____

4. – Cet ordinateur est aux enfants?

    (a) – Oui, _____

    (b) – Oui, _____

5. – Ce livre est à nous?

    (a) – Non, _____

    (b) – Non, _____

6. – Cette écharpe est à vous?

    (a) – Oui, _____

    (b) – Oui, _____

C. **Complétez avec *ce, cet, cette, ces, ce...-ci* ou *ces...-ci*.**

> **Exemple**
> _____ voiture est trop petite pour cinq personnes.
> **Cette** voiture est trop petite pour cinq personnes.

1. Je n'aime pas beaucoup _____ homme.

2. Comment avez-vous rencontré _____ gens? Ils sont très sympathiques!

3. – Comment faites-vous _____ gâteau?

    – Je regrette, _____ recette est un secret!

4. Connaissez-vous _____ deux peintures de Chagall?

5. Combien coûte _____ dictionnaire?

6. Prenez _____ rue à droite.

7. _____ mois _____ les ventes ont augmenté de 3 pour cent, par rapport au mois dernier.

8. Nous ne voulons pas rester dans _____ hôtel.

9. – Quand Pierre revient-il de vacances?

    – _____ jours _____, je crois.

10. _____ passeport est à vous?

Exercices 29 — Les Adjectifs Qualificatifs

A. Complétez les phrases suivantes par les adjectifs entre parenthèses en respectant les règles d'accords.

> **Exemple**
> Ils sont montés dans une _____ voiture _____.
>   (GROS)   (BLANC)
> Ils sont montés dans une **grosse** voiture **blanche**.

1. Notre société est _____, elle est _____ dans tous les
   (INTERNATIONAL)   (PRÉSENT)

   pays de l'Union _____.
                   (EUROPÉEN)

2. La _____ secrétaire est _____.
      (NOUVEAU)   (HOLLANDAIS)

3. Je cherche un restaurant où la cuisine est _____ et pas trop _____.
                                               (BON)   (CHER)

4. L'année _____, Jean a souffert d'une _____ maladie.
           (DERNIER)   (LONG)

EXERCICES   407

5. Cette année les touristes _____ sont _____.
            (ÉTRANGER)   (NOMBREUX)

6. Elle est très _____ d'entrer en _____ année de faculté.
       (HEUREUX)   (PREMIER)

7. Préférez-vous les asperges _____ ou _____ ?
           (BLANC) (VERT)

8. Nous ne pouvons plus garder ces machines, elles sont trop _____.
                      (VIEUX)

9. Cette opération est _____ et _____.
         (AMBITIEUX) (COÛTEUX)

10. Notre _____ réunion aura lieu dans la _____ salle de conférence
       (PROCHAIN)   (GRAND)

    au _____ étage.
     (DERNIER)

B. Indiquez si la place de l'adjectif est correct ou incorrect, et corrigez si nécessaire.

Exemple

Nous avons eu une conversation longue.   Correct ☐   Incorrect ☒

Nous avons eu une longue conversation.

408   EXERCICES

		Correct	Incorrect

1. Le vol est annulé en raison du temps mauvais. ☐ ☐
   _____

2. Il a passé une très mauvaise nuit. ☐ ☐
   _____

3. Nous avons un urgent message à vous communiquer. ☐ ☐
   _____
   _____

4. Je travaille pour une entreprise grande. ☐ ☐
   _____

5. Notre objectif premier est l'expansion de la société. ☐ ☐
   _____
   _____

6. Ce sont des dossiers confidentiels. ☐ ☐
   _____

7. J'ai une opinion haute de cet homme. ☐ ☐
   _____

8. Je voudrais acheter une neuve voiture. ☐ ☐
   _____

C. Complétez le texte suivant avec les adjectifs qui conviennent.

bonne	choisis	commercial	compétitif
essentielles	étrangère	facile	flexibles
fréquents	impeccable	intéressants	intéressés
internationaux	jeunes	manuscrite	ouvert
récente	valide		

Nous cherchons pour notre service (1) **commercial** deux (2) **jeunes** vendeurs/vendeuses (25-30 ans) ayant une (3) **bonne** expérience des marchés (4) **internationaux**. Notre société offre des avantages (5) **intéressants** et un salaire (6) **compétitif**. Les candidats (7) **choisis** doivent connaître au moins une langue (8) **étrangère** et posséder un permis de conduire (9) **valide**. Les qualités (10) **essentielles** requises par le métier sont: une présentation (11) **impeccable**, de l'énergie, un esprit (12) **ouvert** et le contact (13) **facile**. Les candidats (14) **intéressés** devront aussi se montrer (15) **flexibles** en raison de voyages (16) **fréquents**. Pour obtenir un dossier, nous adresser une lettre (17) **manuscrite**, votre curriculum vitae et une photo (18) **récente**.

Exercices 30-31 : L'Expression de la Comparaison et le Superlatif

A. **Complétez les phrases suivantes avec une expression de la comparaison.**

> **Exemple**
> Sophie connaît (+) _____ Paris _____ moi.   (BIEN)
> Sophie connaît **mieux** Paris **que** moi.

1. Les appartements sont (+) _____ en province _____ à Paris.   (BON MARCHÉ)

2. Les ouvriers de l'atelier A travaillent (–) _____ _____ _____ ceux de l'atelier B.   (BIEN)

3. En raison de la récession, nos résultats sont (–) _____ _____ _____ l'année dernière.   (SATISFAISANT)

4. Nous ne voyageons pas (=) _____ _____ _____ vous.   (SOUVENT)

5. Les oranges sont (+) _____ en hiver _____ en été.   (BON)

6. Notre secrétaire parle (+) _____ l'anglais _____ l'espagnol. (BIEN)

7. Il fait (+) _____ _____ aujourd'hui _____ hier. (MAUVAIS)

8. Carole est (−) _____ _____ en mathématiques _____ en français. (BON)

9. La Côte d'Azur est (=) _____ _____ _____ la Costa Brava. (ENSOLEILLÉ)

10. Le train Eurostar ne coûte pas _____ _____ _____ l'avion. (CHER)

B. Construisez des phrases comparatives à partir des indications données.

> **Exemple**
> (=) Nos ouvriers / avoir / des congés payés / en Allemagne
> Nos ouvriers ont **autant de** congés payés **qu'**en Allemagne.

1. (=) Paul Durand / ne pas gagner / de l'argent / son frère

   _____

2. (+) Les jeunes / voyager / leurs parents

   _____

3. (−) Nous / réaliser / des bénéfices / nos concurrents

   _____

4. (=) Il / neiger / les autres années

   _____

5. (−) On / faire / du sport / en hiver / en été

   _____

6. (+) Nous / payer / des impôts / ici / chez nous

   _____

C. Construisez des phrases superlatives à partir des indications et des mots donnés.

> **Exemple**
> (+) février / être / mois / court / année
> Février est le mois **le plus** court **de** l'année.

1. (−) ce / être / produit / vendu / la gamme

   _____

2. (+) Michel / être / bon / sa classe

   _____

3. (+) Catherine / être / vendeuse / compétente / notre équipe

   _____

4. (–) le golf / être / sport / je / aimer

   _____

5. (+) nous / aller / souvent / en vacances / en France

   _____

D. Mettez au superlatif.

> **Exemple**
>
> De toutes les langues étrangères le russe est _____ (– FACILE) à apprendre mais aussi _____ (+ BELLE).
>
> De toutes les langues étrangères le russe est **la moins facile** à apprendre mais aussi **la plus belle**.

1. Parmi nos employés Marie Bernard est celle qui est _____ (+ PONCTUEL) et Sophie Lesourd celle qui arrive _____ (+ TARD).

2. – Vous avez bien trouvé nos bureaux?

   – Oui, nous n'avons pas eu _____ (– PETITE) difficulté.

3. Le portugais est la langue que je parle _____ (– BIEN).

4. La première idée est toujours _____ (+ BONNE).

5. Les fibres synthétiques sont celles qui résistent _____ (+ BIEN) au lavage.

6. De toutes ses chansons c'est celle que j'aime _____ (– PEU).

7. De toutes mes expériences, celle-ci est bien _____ (+ MAUVAIS).

8. De toutes les robes, la bleue te va _____ (– BIEN).

9. Voici le modèle qui présente _____ (+ BON) rapport qualité-prix.

10. Nous avons choisi la candidate _____ (+ EXPERIMENTÉE) et qui tape _____ (+ VITE).

11. Dans cette épicerie-fine, on trouve les produits _____ (+ DÉLICIEUX).

Exercices 32-34
La Fréquence, l'Habitude, la Quantité et les Adverbes de Manière

A. Complétez les phrases suivantes par:

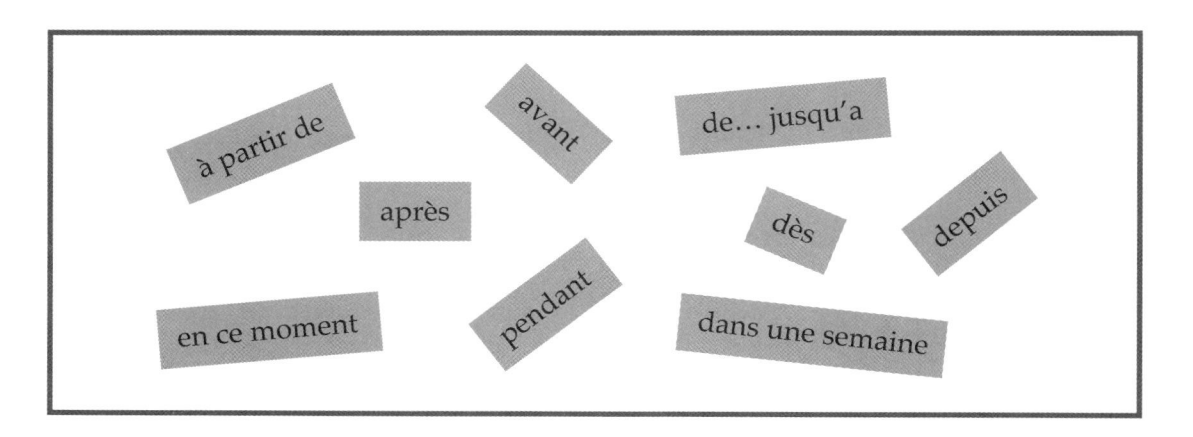

- à partir de
- avant
- de... jusqu'à
- après
- dès
- depuis
- en ce moment
- pendant
- dans une semaine

Exemple
Je connais Martine _____ trois ans.
Je connais Martine **depuis** trois ans.

1. J'habite à Paris _____ dix ans, _____ j'habite près de la gare St. Lazare.

2. Nous servons le petit déjeuner _____ huit heures.

3. Je demande aux enfants de ne pas rentrer _____ minuit.

4. La réunion aura lieu _____.

5. – Quand pouvez-vous commencer?

   – _____ le mois prochain.

6. Il est toujours en retard, il n'arrive jamais _____ dix heures!

7. Monsieur Chabrol est en vacances _____ premier juillet _____ deux août.

8. Il a plu _____ quatre heures hier!

B. Répondez aux questions suivantes à l'aide des adverbes entre parenthèses.

> **Exemple**
> – Invitez-vous des amis à dîner? (DE TEMPS EN TEMPS)
> – Oui, j'invite **de temps en temps** des amis à dîner.

1. – Faites-vous du sport? (RÉGULIÈREMENT)

   – Oui, _____

2. – Prenez-vous une douche le matin? (TOUJOURS)

   – Oui, _____

3. – Votre société licencie-t-elle des employés? (RAREMENT)

   – Non, elle _____

4. – Laissez-vous vos enfants seuls à la maison? (NE ... JAMAIS)

   – Non, _____

EXERCICES

5. Emmenez-vous vos clients déjeuner? (SOUVENT)

   – Oui, _____

C. Complétez avec *peu de, trop de, plusieurs,* ou *ne... pas assez de.*

1. Camille a vraiment _____ de chance, elle vient encore d'avoir un accident.

2. M. Lagarde est diplomate, il parle _____ langues.

3. Les ouvriers _____ ont _____ temps de repos dans la journée, ils ont _____ de travail et gagnent_____ argent.

4. N'allez pas dans ce café, il y a _____ monde.

5. J'aime bien Nathalie, car nous avons _____ goûts en commun.

6. Il _____ y a _____ heures dans la journée pour tout faire.

D. Complétez avec *beaucoup de, un peu de, assez de* ou *quelques.*

1. Si nous mettons encore _____ euros chacun, nous aurons _____ argent pour acheter un cadeau à Laura.

2. Il est très athlétique, il fait sûrement _____ sport.

3. Veuillez patienter _____ instants, je vous passe la secrétaire.

4. Je ne gagne jamais au loto, je n'ai pas _____ chance.

5. Après _____ minutes de conversation générale, nous commençons la réunion.

6. Est-ce que vous avez _____ pain pour finir votre fromage?

E. Retrouvez l'adverbe à partir de l'adjectif.

Exemple

Adjectif	Adverbe de manière
courant	*couramment*

Adjectif	Adverbe de manière
1. mauvais	
2. violent	
3. clair	
4. considérable	
5. fréquent	
6. faible	
7. suffisant	
8. bon	

F. Écrivez les phrases suivantes en utilisant les adverbes entre parenthèses.

> **Exemple**
> Il n'a pas compris. (VRAIMENT)
> Il n'a pas **vraiment** compris.

1. Elle a dormi. (BIEN)

2. Les prix augmentent. (LÉGÈREMENT)

3. J'ai oublié! (COMPLÈTEMENT)

4. Il parle l'anglais et le français. (COURAMMENT)

5. Nous avons refusé. (CATÉGORIQUEMENT)

6. Il n'a pas tort. (ENTIÈREMENT)

Exercice 35 — *On*

Transformez les phrases suivantes à l'aide du pronom *on*.

> **Exemple**
> Quelqu'un m'a prévenu de votre arrivée.
> **On** m'a prévenu de votre arrivée.

1. En Angleterre, les gens boivent beaucoup de thé.

   _____

2. Nous allons au cinéma ce soir, tu viens aussi?

   _____

3. Une personne m'a téléphoné au milieu de la nuit.

   _____

4. Certains disent que Monsieur Herbert va démissionner.

   _____

5. Ici les clients ne peuvent pas payer par carte de crédit.

   _____

Exercices 36-37
Les Pronoms Personnels et la Place des Pronoms

A. Répondez aux questions, en remplaçant le groupe de mots soulignés par les éléments entre parenthèses et l'un des pronoms suivants:

me	te	le	la
nous	vous	les	

Exemple
–Vous apprenez <u>le français</u> depuis longtemps?
– _____
(OUI, DEPUIS TROIS ANS)
– Oui, je l'apprends depuis trois ans.

1. – Écoutez-vous quelquefois <u>la radio</u>?

   _____

   (NON, NE... JAMAIS)

2. – Qui conduit <u>vos enfants</u> à l'école?

   _____

   (MA FEMME)

3. – Vous m'écoutez?

   _____

   (OUI, JE)

4. – Je vous retarde peut-être?

   _____

   (NON, VOUS)

5. – Votre femme comprend l'espagnol?

   _____

   (OUI, ASSEZ BIEN)

6. – Sais-tu que Bernard a été promu?

   _____

   (OUI, DEPUIS HIER)

7. – Thierry et Françoise, quand est-ce que nous vous reverrons?

   _____

   (VOUS, L'ANNÉE PROCHAINE)

8. – Quand vos locataires payent-ils leur loyer?

   _____

   (TOUS LES PREMIERS DU MOIS)

B. Complétez les phrases suivantes par les pronoms suivants:

| me | te | lui |
| nous | vous | leur |

> **Exemple**
> Pouvez-vous _____ prêter quinze euros, j'ai oublié mon portefeuille.
> Pouvez-vous **me** prêter quinze euros, j'ai oublié mon portefeuille.

1. Monsieur Dutourd, je _____ propose de continuer notre discussion à table.

2. Pouvez-vous donner cette lettre à taper à Madame Vaillant. Pouvez-vous aussi _____ remettre ce courrier.

3. Pouvez-vous _____ apporter l'addition s'il vous plaît, je suis très pressé. Merci.

4. Tu m'attends depuis une heure? Je _____ demande pardon, je vais _____ expliquer.

5. Madame, pourriez-vous _____ dire si le vol AF304 est arrivé?

6. – Écrivez-vous à vos amis pendant les vacances?

    –Oui, je _____ envoie des cartes postales.

7. – Qu'offrez-vous à votre femme pour son anniversaire?

    – Je _____ offre des fleurs et un bijou.

8. Ces résultats _____ indiquent que notre campagne publicitaire a porté ses fruits.

C. Lisez les phrases suivantes et choisissez la bonne réponse.

Exemple
Ces échantillons sont gratuits,
   (a)   vous les pouvez emporter.
   (b)   **vous pouvez les emporter.**
   (c)   vous pouvez emporter les.

1. Monsieur Schmidt arrive ce soir à huit heures,
   - (a) je le vais attendre à l'aéroport.
   - (b) je vais lui attendre à l'aéroport.
   - (c) je vais l'attendre à l'aéroport.

2. Ces documents sont très importants,
   - (a) ne pas les perdez!
   - (b) ne les perdez pas!
   - (c) ne perdez pas les!

3. Je suis en retard,
   - (a) m'excusez!
   - (b) excusez-le!
   - (c) excusez-moi!

4. Le directeur est là?
   - (a) Je dois lui parler.
   - (b) Je lui dois parler.
   - (c) Je dois parler à lui.

5. Entrez dans mon bureau et
   - (a) vous asseyez!
   - (b) vous asseoir!
   - (c) asseyez-vous!

6. S'il vous plaît madame,
   - (a) pouvez-vous me renseigner?
   - (b) me pouvez-vous renseigner?
   - (c) pouvez-vous renseigner moi?

Exercices 38 — Les Pronoms Toniques

A. Complétez les phrases suivantes à l'aide des pronoms.

moi	toi	lui	elle
nous	vous	eux	elles

Exemple

Christine est malade, elle voudrait rentrer chez _____.

Christine est malade, elle voudrait rentrer chez **elle**.

1. Monsieur et Madame Ramírez sont à Paris, nous allons déjeuner avec _____ demain soir.

2. – Tu connais François Morillon? Il a participé à notre conférence l'année dernière.

    – Non, je ne me souviens pas de _____.

3. Isabelle Moreau a beaucoup d'expérience, elle est compétente. Nous avons pensé à _____ pour diriger l'équipe.

4. – À qui est ce journal?

   – Il est à _____ , je viens de l'acheter.

5. – Nous ne connaissons pas la Turquie, et vous?

   – _____ non plus, mais nous pensons y aller l'année prochaine.

6. – Comment vas-tu rentrer chez _____ si ta voiture est en panne?

   – En métro.

7. Monsieur le Directeur, il y a un message pour _____ à la réception.

8. Mes filles ont réussi leur baccalauréat, je suis fier d'_____.

B. Répondez aux questions suivantes selon les indications et en remplaçant les groupes de mots soulignés par un pronom tonique.

> **Exemple**
> – Parles-tu aussi bien le français que ta soeur?
> _____
> (OUI)
> Oui, je parle français aussi bien qu'**elle**.

1. –Votre frère est plus jeune que vous?

   _____

   (OUI)

2. – Vous partez en vacances avec les Durand?

   _____

   (NON, NOUS)

3. – Ces factures sont pour le comptable?

   _____

   (OUI)

4. – Qui va s'occuper de mes clientes?

   _____

   (UN VENDEUR)

5. – Est-ce que vous travaillez avec nos collègues allemands?

   _____

   (NON)

6. – À quelle heure avez-vous rendez-vous avec Monsieur Lagrange?

   _____

   (À 14H00)

7. – Philippe! Marie-Thérèse! Comment rentrez-vous chez vous?

   _____

   (EN TAXI)

8. – Allez-vous commencer la réunion sans moi?

   _____

   (NON)

Exercices 39
Les Adjectifs Indéfinis: Quelqu'un/Quelque chose/Quelque part

A. Complétez les phrases suivantes par:

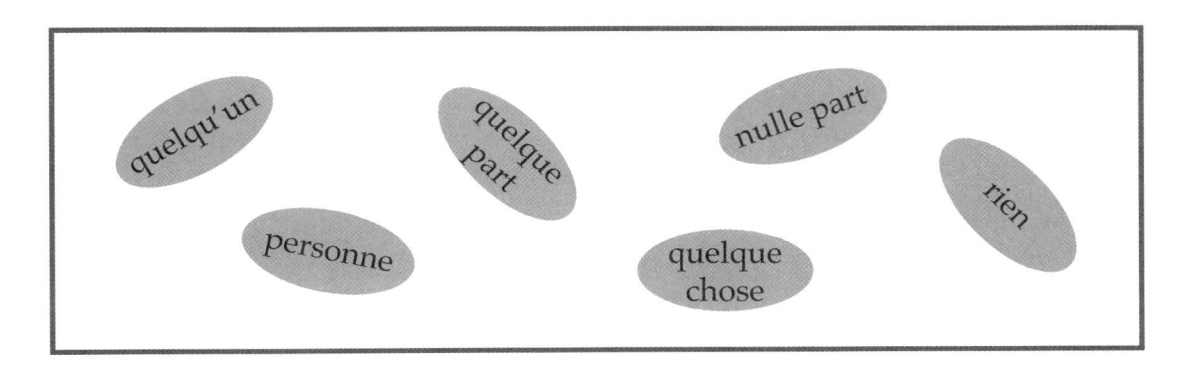

quelqu'un, personne, quelque part, quelque chose, nulle part, rien

Exemple
Pourquoi appelles-tu le médecin, il y a _____ de malade chez toi?
Pourquoi appelles-tu le médecin, il y a **quelqu'un** de malade chez toi?

1. Je suis fatigué, je ne veux _____ faire ce week-end. Je ne veux voir _____ et n'aller _____ .

2. Nous n'avons _____ à envier à nos concurrents.

3. _____ ne m'ennuie plus qu'une tragédie de Shakespeare!

4. Notre produit est unique, on ne le trouve _____ ailleurs!

EXERCICES

5. Est-ce que _____ peut m'aider à soulever cette table?

6. Nous cherchons Pascal, il n'est _____, et _____ ne l'a vu ce matin.

7. Une chambre à 110€, je n'ai _____ d'autre à vous offrir. Il y a peut-être _____ de libre à l'hôtel de l'Europe.

8. Les réfugiés n'ont _____ où aller, _____ ne veut les recevoir.

9. Avez-vous compris _____ à son discours?

10. Peut-on trouver cette marque de lunettes _____ à Paris?

11. – Connaissez-vous _____ dans cette ville?

    – Non, _____.

B. Répondez aux questions suivantes à la forme négative.

> **Exemple**
> – Vous entendez quelque chose?
> – **Non, je n'entends rien.**

1. – Quelqu'un veut prendre la parole?

   _____

2. – Allez-vous quelque part ce soir?

   _____

3. – Voulez-vous boire quelque chose?

   _____

4. – Avez-vous prévenu quelqu'un de mon arrivée?

   _____

5. – A-t-il dit quelque chose d'important?

   _____

6. – Vois-tu mes clefs quelque part?

   _____

7. – Avez-vous encore quelque chose à dire?

   _____

8. – Le dimanche, y a-t-il quelquefois quelqu'un au bureau?

   _____

Exercices 40 — Y et En

A. Répondez aux questions par *y* ou *en*.

Exemple
– Pierre a un ordinateur?
– Oui, il **en** a un.

1. – Est-ce que vous avez une réunion cet après-midi?

    – Oui, nous _____

2. – Tout le monde vient à la conférence demain?

    – Oui, tout le monde _____

3. – Tu mets du sucre dans ton café?

    – Non, je _____

4. – Est-ce qu'il y a un restaurant dans cet hôtel?

    – Non, il _____

5. – Vos enfants pensent à leurs vacances?

    – Oui, ils _____

6. – Est-ce que j'ai une augmentation cette année?

   – Oui, vous _____

7. – Vos amis viennent chez vous ce soir?

   – Non, ils _____

8. – L'entreprise SEMCA perd beaucoup d'argent?

   – Oui, elle _____

9. – Vous intéressez-vous à la peinture moderne?

   – Non, je _____

10. – Avez-vous un bureau de représentation en France?

    – Oui, nous _____

B. Complétez les phrases suivantes par *y* ou *en*.

> **Exemple**
> L'Irlande est un très beau pays, je voudrais _____ retourner.
> L'Irlande est un très beau pays, je voudrais **y** retourner.

1. La poste ferme dans dix minutes, allez-_____ tout de suite!

2. – Il y a combien d'employés ici?

   – Il y _____ a 250.

3. – La banque est ouverte?

   – Oui, j'_____ viens.

4. Le bridge? Non, je ne sais pas _____ jouer.

5. Vous aimez le tennis? Vous pouvez _____ faire, il y a un court de tennis derrière l'hôtel.

6. Cette proposition est intéressante, réfléchissez-_____!

C. Terminez les phrases suivantes en posant la question qui convient, selon les indications données.

> **Exemple**
> Thomas va à l'école internationale, et votre fille, elle ...
> (ALLER, AUSSI) _____?
>
> Thomas va à l'école internationale, et votre fille, **elle y va aussi**?

1. Vous avez une nouvelle voiture, vous ...
   (ÊTRE, SATISFAIT) _____?

2. J'ai préparé du café, tu ...
   (VOULOIR) _____?

3. Le restaurant est ouvert, on ...
   (ALLER) _____?

4. Le sport maintient en forme, vous ...
    (FAIRE) _____ ?

5. Une conférence a lieu le mois prochain en Floride, vous ...
    (NE... PAS, ALLER) _____ ?

6. Je pense à ma retraite, et toi, tu ...
    (PENSER) _____ ?

Exercices 41

Le Futur Proche

A. Complétez les phrases.

> **Exemple**
> L'année prochaine je _____ chang_____ de voiture.
> L'année prochaine je **vais** chang**er** de voiture.

1. Cette année, je _____ arrêt_____ de fumer, ma femme _____ commenc___ un régime et ensemble nous _____ fai_____ du sport.

2. J'espère que vous _____ ven_____ en vacances chez nous cet été?

3. Isabelle _____ av_____ 30 ans, je _____ lui offr_____ des fleurs.

4. Où est-ce que tu _____ déménag_____?

5. Notre parti _____ gagn_____ les élections et vos impôts _____ diminu_____.

6. Notre société _____ amélior___ les conditions de travail. Les horaires _____ êt_____ modifiés, et une crèche _____ ouvr_____ en avril. Les syndicats _____ approuv_____ les décisions.

7. Il est six heures, les magasins _____ bientôt ferm_____.

8. – Comment _____ -vous financ_____ vos projets d'expansion?

– Par une augmentation de capital.

B. Qu'est-ce qu'elle va faire? Complétez les phrases.

> **Exemple**
> 20h30 / dimanche / chez Nathalie / dîner
> **Dimanche à 20h30 elle va dîner chez Nathalie.**

1. lundi / rendez-vous / chez le coiffeur / 14h00 / avoir

   _____

2. avec Pierre / restaurant 'le Gourmet' / déjeuner / 12h30 / mardi / à / au

   _____

3. réserver / chambre d'hôtel / mercredi / une / à Alicante

   _____

4. au tennis / 16h00 / avec Sophie / jouer / jeudi

   _____

5. 10h00 / achat / vendredi / chèques de voyages / faire / un / de

   _____

6. pour / Alicante / prendre / vol AF321 / 15h00 / samedi / à

   _____

EXERCICES

Exercices 42 — Le Futur Simple

A. Conjugez les verbes entre parenthèses au futur simple.

> **Exemple**
> Je pense que tu _____ (ÊTRE) content de voir Isabelle.
> Je pense que tu **seras** content de voir Isabelle.

1. Quand _____ (ALLER) -vous à Paris la prochaine fois?

2. Nous _____ (ÊTRE) bientôt en été.

3. Les consommateurs _____ (AVOIR) confiance quand le chômage _____ (COMMENCER) à diminuer.

4. Tu crois que le P.D.G. _____ (VENIR) à la conférence?

5. J'espère que nous _____ (RECEVOIR) nos marchandises en bon état, sinon vous _____ (DEVOIR) nous rembourser.

6. Pour assurer la survie de notre société, il _____ (FALLOIR) réduire les dépenses et peut-être aussi supprimer des emplois.

7. L'année prochaine, notre société _____ (ouvrir) son premier bureau à Hong Kong.

8. Je _____ (savoir) demain si le financement du projet est accepté.

9. Quand tu _____ (venir) à Paris, nous t'_____ (emmener) au musée d'Orsay.

10. Vous _____ (voir) nos installations lors de votre prochaine visite.

B. Conjuguez les verbes entre parenthèses au futur ou au présent selon la phrase.

> **Exemple**
> Si les bénéfices _____ (BAISSER) l'année prochaine, nos actionnaires _____ (ÊTRE) mécontents.
> Si les bénéfices **baissent** l'année prochaine, nos actionnaires **seront** mécontents.

1. Nous _____ (REPARLER) de cette affaire quand nous _____ (SE REVOIR).

2. Si vous _____ (FUSIONNER) avec cette société, vous _____ (AVOIR) accès au marché financier.

3. Je _____ (RAPPELER) quand Monsieur Lebrun _____ (ÊTRE) de retour.

4. Si vous _____ (AVOIR) des questions, j'y _____ (RÉPONDRE).

EXERCICES

5. Je _____ (COMMENCER) mon discours quand tout le monde _____ (ÊTRE) là.

6. Si nous _____ (EMPRUNTER) cet argent, il _____ (FALLOIR) le rembourser avant la fin de l'année prochaine.

7. Votre société _____ (FAIRE) faillite, si elle _____ (NE PAS ÊTRE) restructurée.

Exercices 43 — L'Impératif

A. Complétez le tableau de conjugaisons ci-dessous. Retrouvez l'infinitif de ces verbes et conjuguez-les à l'impératif.

	écouter				
(tu)	écoute!			sois!	
(nous)	écoutons!	ayons!			
(vous)	écoutez!		allez!		asseyez-vous!

B. Complétez les deux textes suivants en utilisant et conjugant les verbes ci-dessous à l'impératif.

Texte 1

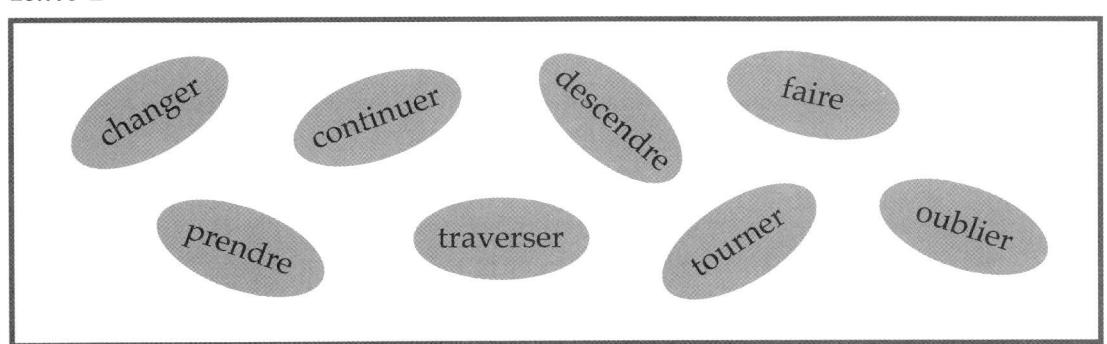

- changer
- continuer
- descendre
- faire
- prendre
- traverser
- tourner
- oublier

EXERCICES 441

Salut Pierre!

Voici, comme promis, les directions que tu devras suivre pour venir dimanche. (1)_____ le métro direction château de Vincennes, (2)_____ à Bastille pour la direction Place d'Italie, (3)_____ au terminus. Quand tu sors, (4)_____ la place et (5)_____ à gauche dans la rue du 8 Mai, (6)_____ tout droit! C'est le numéro 25, j'habite au deuxième étage. (7)_____ attention, il n'y a pas de lumière dans la cage d'escalier! N'(8)_____ pas d'apporter les photos de ton voyage au Népal. À dimanche.

Laura

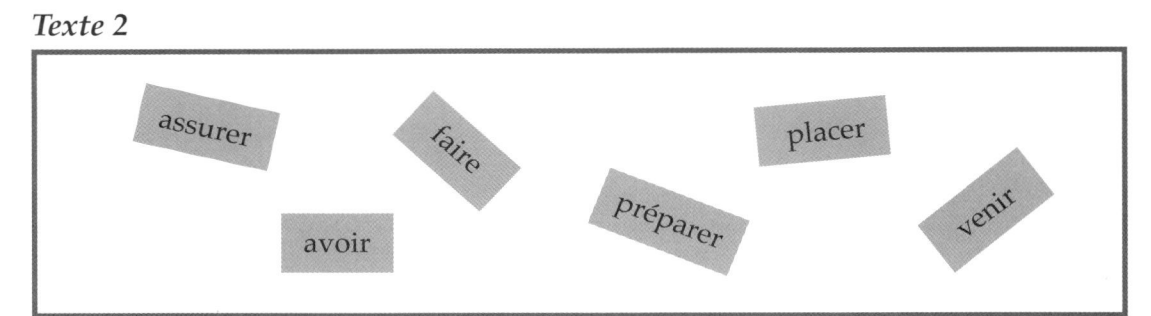

Texte 2

assurer   faire   placer
avoir   préparer   venir

(1)_____ votre retraite, (2)_____ prêts pour l'avenir; (3)_____ votre argent chez nous et (4)_____ de nos taux exceptionnels. (5)_____ nous rencontrer et (6)_____ confiance à nos experts et nos conseillers financiers!

C. Complétez les phrases à l'impératif.

Exemple

Avant de composer le numéro _____ (attendre) la tonalité et _____ (faire) l'indicatif du pays.

Avant de composer le numéro **attendez** la tonalité et **faites** l'indicatif du pays.

1. Isabelle, tu n'as pas l'air en forme? _____ (PRENDRE) des vitamines, _____ (MANGER) des fruits et _____ (VENIR) faire un jogging avec nous!

2. _____ (NE PAS DONNER) à manger aux animaux et _____ (NE PAS JETER) les papiers par terre!

3. Si vous prenez l'avion à Roissy, _____ (ALLER) à la gare du Nord, _____ (PRENDRE) le R.E.R. ligne B3 et _____ (DESCENDRE) à Roissy Charles de Gaulle.

4. Isabelle et Sylvie, vous êtes libres ce soir? Alors, _____ (MANGER) ensemble et _____ (ALLER) voir un film.

5. Automobilistes! _____ (ÊTRE) prudents. En cas de brouillard _____ (RALENTIR) et _____ (RESPECTER) les distances de freinage!

6. Nous sommes en avance, le film ne commence que dans une heure. _____ (ALLER) prendre un verre en attendant.

7. _____ (NE PAS ASSEOIR) sur cette chaise, elle est cassée, je vais vous en apporter une autre.

8. Nous discutons depuis déjà deux heures, _____ (PRENDRE) une décision et _____ (CHOISIR) la date de notre prochaine réunion.

9. Tu sors? Alors, _____ (METTRE) ton manteau et _____ (PRENDRE) tes gants, il fait très froid.

Exercices 45

Le Passé Composé

A. Complétez le tableau ci-dessous. Indiquez la forme infinitive des verbes et leur conjugaison au passé composé.

Infinitif	je/j'	tu	il	elle	nous	vous	ils	elles
			s'est levé					
		as pris						
					avons pu			
	suis allé/ allée							
						avez eu		
finir								ont fini
		as ouvert						
						êtes sorti/ sortis/ sortie/ sorties		

444

B. Conjuquez les verbes entre parenthèses au passé composé.

> **Exemple**
> En 1988 nous _____ (DÉMÉNAGER) à Bordeaux.
> En 1988 nous **avons déménagé** à Bordeaux.

1. Corinne _____ (NE PAS OBTENIR) son baccalauréat en raison de sa longue maladie.

2. Notre société _____ (VERSER) des dividendes aux actionnaires.

3. Qu'est-ce que vous _____ (OFFRIR) à vos enfants pour Noël?

4. Pierre et sa femme _____ (ALLER) en vacances en Autriche l'année dernière.

5. Pourquoi est-ce que tu _____ (NE PAS RÉPONDRE) à mon e-mail?

6. Le Directeur Commercial _____ (NE PAS POUVOIR) assister à la réunion, il _____ (DEVOIR) partir d'urgence en Australie.

7. J'_____ (TOUJOURS VIVRE) dans le même quartier.

8. Elle _____ (MOURIR) l'année dernière, mais nous _____ (JAMAIS SAVOIR) de quelle maladie.

9. Est-ce que vous _____ (LIRE) Sartre?

10. Il y _____ (AVOIR) un grave accident sur l'autoroute ce matin. Plusieurs voitures _____ (SE TÉLÉSCOPER), quatre personnes _____ (ÊTRE) blessées.

EXERCICES

C. Complétez le texte à l'aide des verbes suivants (au passé composé).

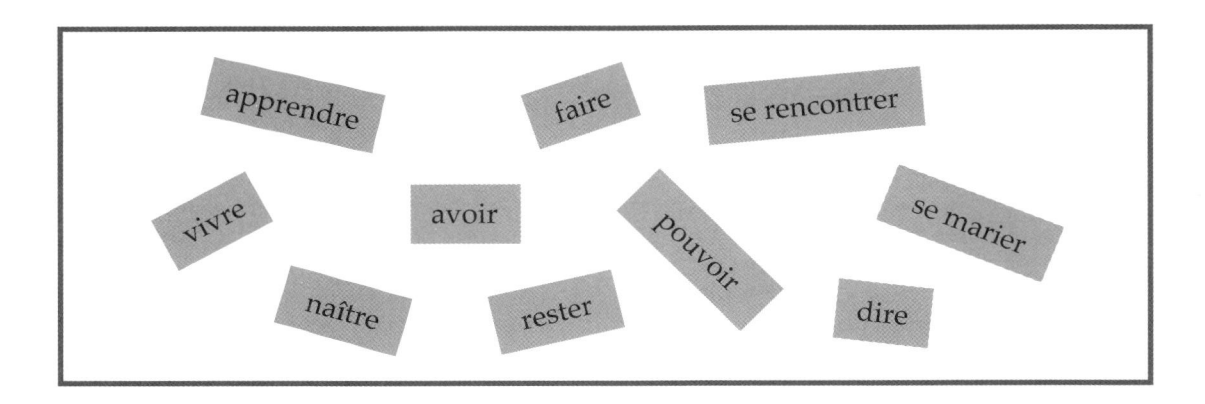

Verbes : apprendre, faire, se rencontrer, vivre, avoir, pouvoir, se marier, naître, rester, dire

Ma femme et moi, nous (1)_____ à l'université en 1978. Nous y (2)_____ pendant trois ans, nous (3)_____ les mêmes études. Nous (4)_____ en 1982, et en 1984 nous (5)_____ notre premier enfant. Grâce à mon travail nous (6)_____ voyager partout dans le monde. Notre deuxième enfant (7)_____ en Malaisie ou notre famille (8)_____ pendant sept ans. La semaine dernière j'(9)_____ mon prochain transfert au Canada, mais je ne l'(10)___ pas encore _____ à ma femme, c'est une surprise!

D. Mettez les phrases suivantes au passé composé.

> **Exemple**
> Nous embauchons deux stagiaires pour l'été.
> Nous **avons embauché** deux stagiaires pour l'été.

1. Elle reçoit un client à seize heures.

   _____

2. Nous suivons vos conseils, nous vendons nos actions.

3. Ils vivent en Californie.

4. Un client se plaint des retards de livraison.

5. Pourquoi voulez-vous partir?

6. Est-ce que tu crois ce qu'il dit?

7. Je sors du bureau à six heures.

8. Isabelle et Nathalie ne vont pas à la réunion cet après-midi.

9. Monsieur Barnier reste à Paris du premier au quinze mars.

10. Je préviens le directeur de votre arrivée.

Exercices 51-65

Actes de Parole

A. Reliez les éléments des deux colonnes ci-dessous de manière à formes des phrases cohérentes.

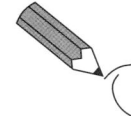

1. Au revoir et   a. je présume?

2. Ça va?   b. notre adjointe, Anne Leclerc.

3. Bonnes vacances!   c. à demain.

4. Bernard Lacombe,   d. Très bien, et vous?

5. Je suis   e. Ça peut aller.

6. Je vous présente   f. Toi aussi!

7. Comment allez-vous?   g. enchanté de faire votre connaissance.

B. Complétez les dialogues suivants à l'aide des expressions figurant ci-dessous selon le modèle.

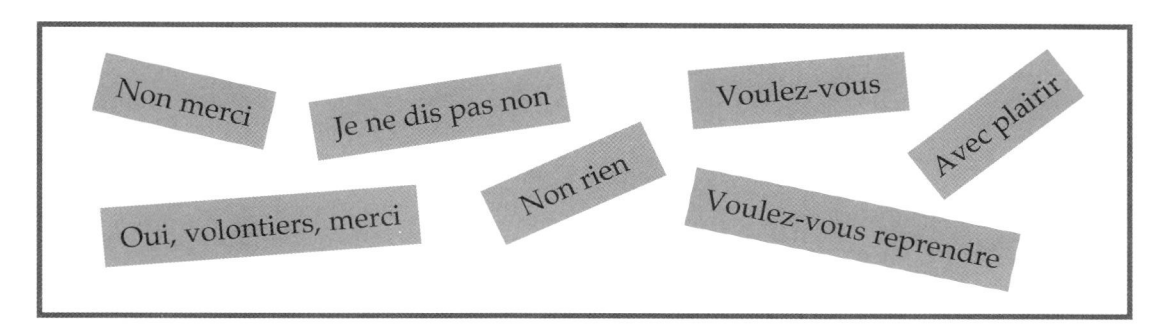

Non merci   Je ne dis pas non   Voulez-vous   Avec plaisir
Oui, volontiers, merci   Non rien   Voulez-vous reprendre

Exemple

– _____ une cigarette?
– Non merci, je ne fume pas.

– **Voulez-vous** une cigarette?

1. – Monsieur Berger, voulez-vous un autre cognac?

   – _____.

2. – Tu veux un verre d'eau?

   – _____, il fait tellement chaud!

3. – _____ du fromage?

   – Non merci, c'est gentil.

4. – Voulez-vous goûter à ce vin, il est exceptionnel!

   – _____, j'apprécie beaucoup le vin rouge!

5. – Voulez-vous prendre autre chose?

   – _____, je vous remercie.

6. – Tu veux un café?

   – _____, je viens d'en prendre un.

EXERCICES 449

C. **Analysez les situations suivantes et selon le contexte choisissez l'expression ou la question qui convient.**

> **Exemple**
> - [ ] Je vais t'aider.
> - [ ] Je peux t'aider?
> - [x] Je peux vous aider?
>
> – Oui, je cherche le bureau de Madame André.

1. - [ ] Tu veux un coup de main?
   - [ ] Je peux vous aider?
   - [ ] Je peux vous renseigner?

   – C'est sympa, je te remercie, ce document est en anglais et je ne comprends pas tout.

2. - [ ] Je vais vous aider.
   - [ ] Je peux vous renseigner?
   - [ ] Je peux t'aider?

   – Oui, je voudrais des renseignements sur le stage d'informatique.

3. - [ ] Puis-je vous aider?
   - [ ] Je peux vous aider?
   - [ ] Je peux t'aider?

   – Oui, je veux bien, tu peux porter ce carton là, devant toi.

4. ☐ Puis-je vous aider à porter quelque chose?

☐ Tu veux un coup de main?

☐ Je peux vous renseigner?

– Non, je vous remercie, ce n'est pas très lourd.

D. Lisez les phrases suivantes et choisissez l'expression qui convient.

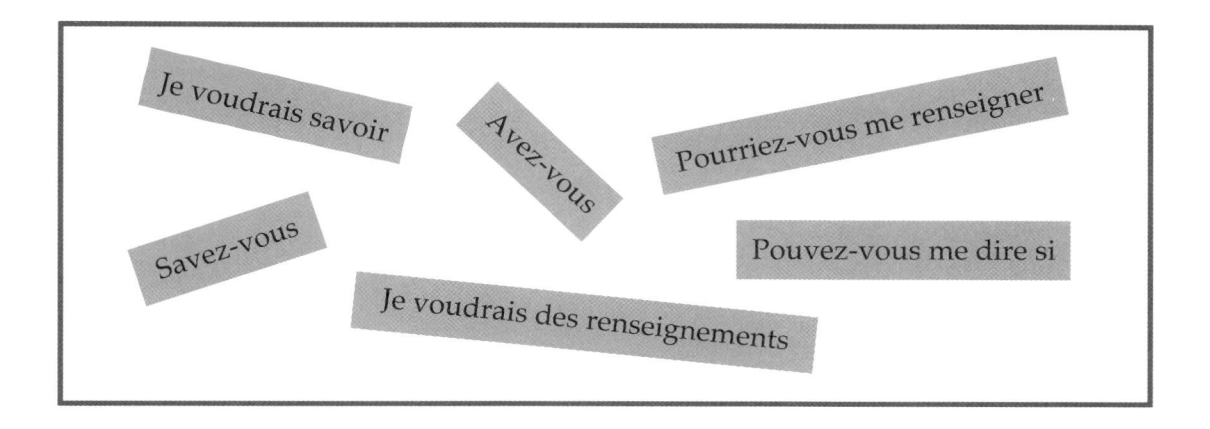

> Je voudrais savoir
> Avez-vous
> Pourriez-vous me renseigner
> Savez-vous
> Pouvez-vous me dire si
> Je voudrais des renseignements

1. – _____ à quelle heure ouvrent les boutiques?

   – Oui, elles ouvrent à neuf heures.

2. – _____ il y a encore des places pour la représentation de vendredi soir?

   – Oui, il en reste trois.

3. _____ sur la société EXTEL: son chiffre d'affaires, ses effectifs, ses filiales.

4. – _____ un plan du métro, s'il vous plaît?

   – Oui, voilà monsieur.

5. – _____ si nous pouvons remettre notre rendez-vous à la semaine prochaine?

   – Oui c'est possible, disons mercredi, à la même heure.

6. – _____ ; j'ai une réservation sur le vol AF311 mais je voudrais…

   – Asseyez-vous monsieur, quelqu'un va s'occuper de vous.

E. Retrouvez la réponse correspondant à l'invitation.

1. **Vous êtes libre demain soir? Vous voulez venir avec nous au cinéma?**

   a. Volontiers, je n'ai rien de prévu, je vous remercie.

2. J'aimerais vous inviter à l'inauguration du centre commercial HT, beaucoup de promoteurs et architectes seront présents.

   b. C'est très gentil de ta part, à quelle heure?

3. Je voudrais vous inviter à la projection du film réalisé par l'équipe de marketing. Elle aura lieu lundi prochain.

   c. J'y viendrai avec plaisir, je vous remercie.

4. Tu veux venir prendre un verre, on va au Café des Artistes.

   d. D'accord, je veux bien. Je vous rejoins dans cinq minutes.

5. Voudriez-vous rester à dîner, ma femme a préparé des escargots.

   e. Malheureusement ce n'est pas possible, je serai en Tunisie la semaine prochaine.

6. Je viens de recevoir une promotion, je t'invite à dîner ce soir.

   f. Je regrette, je ne peux pas, je rentre cet après-midi en Autriche. C'est dommage.

F. **Analysez les situations suivantes et choisissez la réponse qui convient. Cochez la case correspondante selon l'exemple.**

> **Exemple**
>
> Merci beaucoup.
> - a. ☐ Pas de problème!
> - b. ✓ À votre service!
> - c. ☐ Pas du tout!

1. Je suis désolé, j'ai oublié ton livre!
   - a. ☐ Ne vous inquiétez pas!
   - b. ☐ Ça m'est égal.
   - c. ☐ Ça ne fait rien.

2. Je ne vous dérange pas, j'espère?
   - a. ☐ Pas du tout!
   - b. ☐ Ce n'est pas grave.
   - c. ☐ Je vous en prie.

3. Je vous prie de m'excuser, je dois sortir un instant.
   - a. ☐ Pas de problème.
   - b. ☐ Ne vous inquiétez pas.
   - c. ☐ Je vous en prie.

4. Je vous remercie, monsieur.
   - a. ☐ Ça ne fait rien.
   - b. ☐ Je vous en prie.
   - c. ☐ Ce n'est pas grave.

5. Excuse-moi, je suis en retard.
   - a. ☐ Ça m'est égal.
   - b. ☐ Tant pis!
   - c. ☐ Ne t'inquiète pas.

G. Complétez les phrases suivantes par les expressions figurant dans l'encadré. Conjuguez les verbes à la forme qui convient.

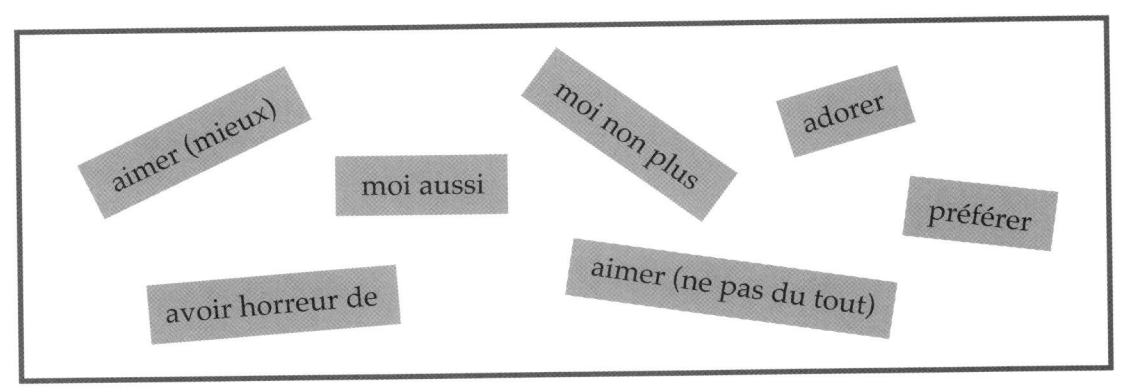

- aimer (mieux)
- moi aussi
- moi non plus
- adorer
- préférer
- avoir horreur de
- aimer (ne pas du tout)

Exemple
– Moi, j'adore voyager, et vous?
– _____ , et surtout hors de saison, on ne rencontre pas de touristes!
– **Moi aussi**, et surtout hors de saison, on ne rencontre pas de touristes!

1. Je ne veux pas aller dans ce restaurant, _____ manger en musique.

2. Vous pouvez lui offrir des truffes, elle _____ le chocolat!

3. En été nous n'allons pas au bord de la mer, nous _____ la montagne.

4. Mon fils n'est pas très sportif, il _____ la lecture au football!

5. Nous avons montré les plans de l'immeuble au directeur, malheureusement il _____ le style ni l'emplacement.

6. – Je ne vais pas à ce concert. Je n'aime pas le rock, et toi?

   – _____ , j'écoute plutôt du jazz.

H. Étudiez le plan et remettez les phrases du dialogue dans l'ordre.

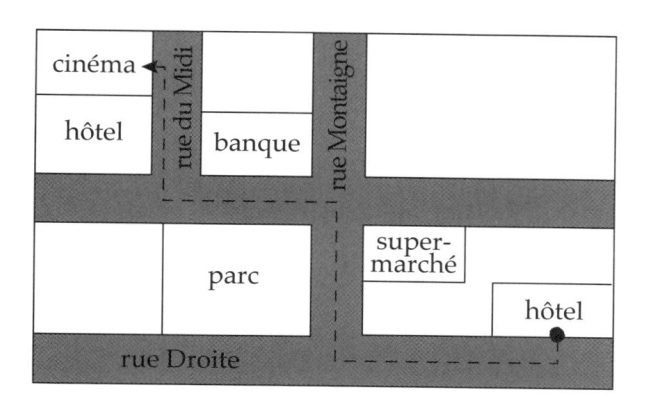

a. Tournez à gauche.
b. Continuez jusqu'au carrefour.
c. Dans la rue du Midi, je vais vous expliquer.
d. Prenez la première à droite.
e. Où se trouve le cinéma, s'il vous plaît?
f. Tournez à droite dans la rue Montaigne.
g. Quand vous sortez, tournez à droite.
h. Le cinéma se trouve à gauche, à côté de l'hôtel.
i. Merci beaucoup.

Ordre

1 2 3 4 5 6 7 8 9

I. Complétez les phrases suivantes par l'expression qui convient.

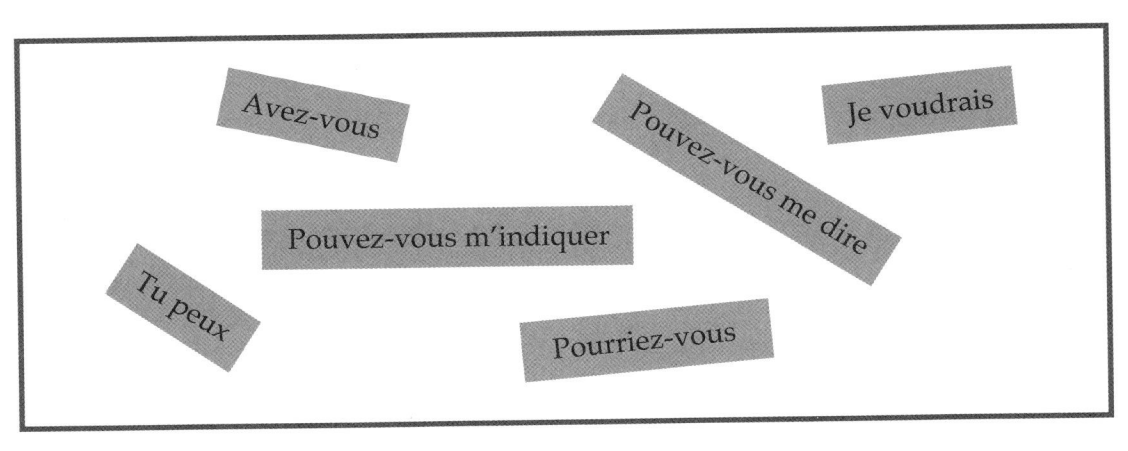

- Avez-vous
- Pouvez-vous me dire
- Je voudrais
- Pouvez-vous m'indiquer
- Pourriez-vous
- Tu peux

Exemple

– _____ la copie de la facture des Établissements Forget?
– Oui je l'ai, tenez.
– **Avez-vous** la copie de la facture des Établissements Forget?

1. – _____ poster cette lettre en sortant?

   – Oui, bien sûr, mets-la avec les autres sur mon bureau.

2. – _____ nous apporter une bouteille de champagne, chambre 36?

   – Tout de suite, monsieur.

3. – _____ envoyer ce colis en recommandé, s'il vous plaît.

   – Oui tenez, remplissez ce formulaire.

4. – _____ s'il y a une pharmacie près d'ici?

   – Je regrette monsieur, je ne suis pas du quartier.

5. – _____ comment aller à la gare d'Austerlitz, s'il vous plaît?

– Il faut prendre le métro direction Place d'Italie.

J. Complétez le dialogue suivant à l'aide des mots figurant dans l'encadré.

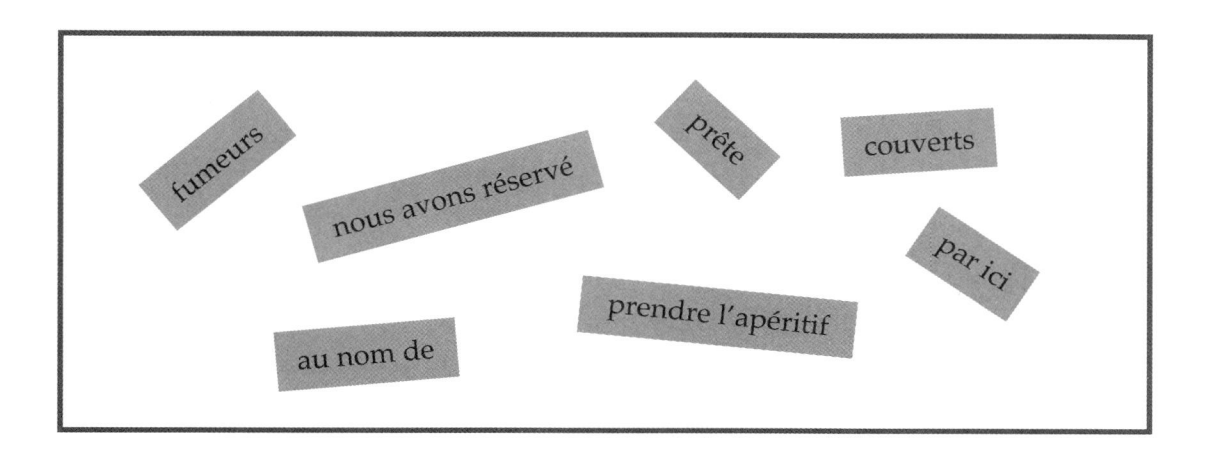

> fumeurs   nous avons réservé   prête   couverts   par ici   prendre l'apéritif   au nom de

– Bonsoir, messieurs-dames.

– Bonsoir (1)_____ une table (2)_____ Barrault.

– Monsieur Barrault, oui, quatre (3)_____ en salle (4)_____, n'est-ce pas?

– Oui, c'est exact.

– Votre table est (5)_____ , (6)_____ s'il vous plaît... Voici la carte. Désirez-vous (7)_____ ?

– Oui, une bouteille de champagne, s'il vous plaît.

K. Complétez le dialogue suivant à l'aide des expressions suivantes.

apporter	pour madame	avez-vous choisi?
comme boisson	désirez-vous	commander
quelle est la garniture	ensuite	pouvez-vous
pour moi	pour commencer	prendre

- ● Serveur
- ▼ Client

● (1)_____ prendre l'apéritif?

▼ Oui, un kir royal et une coupe de champagne...

● (2)_____ ?

▼ Oui, (3)_____ la terrine de sanglier pour madame et (4)_____ les escargots.

● Très bien, et ensuite?

▼ (5)_____ l'entrecôte bordelaise (6)_____ et je vais (7)_____ la lotte au safran.
(8)_____ ?

● Des haricots verts et des pommes vapeurs.

▼ Bien.

● Et (9)_____ ?

▼ Une bouteille de Chablis.

● Bien messieurs-dames. Désirez-vous (10)_____ les desserts maintenant?

▼ Non, nous les commanderons plus tard....Ah, s'il vous plaît, (11)_____ nous (12)_____ une bouteille d'eau minérale?

● Gazeuse?

▼ Non, plate merci.

L. Complétez le dialogue à l'aide des expressions suivantes.

c'est à quel nom	vous la prenez	je la prends
elle donne	je voudrais réserver	douche
une chambre avec bains	pour combien de nuits	il me reste
pouvez-vous confirmer	c'est combien	je confirmerai

- ● Concierge
- ▼ Client

● Hôtel Drakkard, bonjour.

▼ Bonjour, (1) je voudrais réserver une chambre pour deux personnes pour demain soir.

● (2) pour combien de nuits ?

▼ Pour trois nuits.

● Une chambre avec douche ou bains?

▼ (3) une chambre avec bains.

● (4) il me reste une chambre double mais avec (5) douche, (6) elle donne sur le jardin.

▼ (7) c'est combien ?

● Cent dix euros. (8) vous la prenez ?

▼ Oui, (9) je la prends.

● D'accord, (10) c'est à quel nom, s'il vous plaît?

▼ Darrieux. Michel.

● Bien (11) pouvez-vous confirmer votre réservation demain matin par fax et noter votre numéro de carte de crédit?

▼ D'accord, (12) je confirmerai.

● Merci, au revoir.

Exercices 66-68

Communiquer au Téléphone

Complétez les trois dialogues suivants à l'aide des mots et expressions qui conviennent.

1. – Cabinet Legrand, je _____ _____.

   – Bonjour, je _____ _____ à Carmen López, s'il vous plaît.

   – Qui _____ _____ _____ ?

   – C'est Robert Lefranc.

   – Ne _____ _____, je vous _____ _____ tout de suite.

2. – Établissements Sicoma, bonjour.

   – _____, je _____ _____ à Sylvain Blanchard, s'il vous plaît?

   – C'est _____ _____ _____ de _____ ?

   – De Gérard Charrier de la société Desroches.

   – Un _____ s'il vous plaît, je vais _____ _____.

   – Merci.

460 EXERCICES

3. – Allô Pierre?

– Non, _____ Nicolas _____.

– Ah bonjour, c'est Stéphane Duhamel, Pierre n'est pas là?

Non, il _____ de sortir. _____-vous _____ un message?

– Non. _____-vous quand il _____ de _____?

– Après déjeuner.

-Alors, je _____ vers deux heures.

– Entendu, au revoir.

EXERCICES

Corrigés

1-3 Être, Avoir et Il y a

A. 1. êtes, sommes, sommes
    2. es, suis, ai
    3. suis, êtes
    4. sommes, avons
    5. sont, ont
    6. est
    7. avez, sont
    8. es
    9. est, a

B. 1. elles sont
    2. il est, il est
    3. ce sont
    4. elle est
    5. c'est
    6. c'est, ce sont
    7. c'est
    8. elle est
    9. c'est
    10. il est, c'est

C. 1. elle a mal au genou
    2. tu as tort de critiquer
    3. j'ai sommeil
    4. avez-vous faim?
    5. j'ai trop chaud
    6. il a l'air
    7. où a lieu la conférence?

D. 1. (b)
    2. (a)
    3. (b)
    4. (a)
    5. (b)

E. 1. Combien d'employés est-ce qu'il y a dans votre société?
    2. Il y a beaucoup de circulation sur les autoroutes.
    3. Il y a un message pour vous à la réception.
    4. Y a-t-il un bureau de change près d'ici?
    5. Il n'y a pas de place dans l'avion de midi.
    6. Aujourd'hui, il n'y a pas de réunion.
       Il n'y a pas de réunion aujourd'hui.

4 Les Verbes Usuels au Présent

A.
	parler	acheter	appeler	choisir	attendre
je	parle	achète	appelle	choisis	attends
tu	parles	achètes	appelles	choisis	attends
il/elle	parle	achète	appelle	choisit	attend
nous	parlons	achetons	appelons	choisissons	attendons
vous	parlez	achetez	appelez	choisissez	attendez
ils/elles	parlent	achètent	appellent	choisissent	attendent

B. 1. pensez
    2. déjeunes
    3. préfèrent
    4. garantissent
    5. mettent
    6. n'entends pas
    7. remplissez
    8. présente, travaille
    9. arrive
    10. vend, fournissons
    11. commençons, finissons
    12. réfléchissons

C. 1. aller: je vais, tu vas, il va, nous allons, vous allez, ils vont
    2. dire: je dis, tu dis, il dit, nous disons, vous dites, ils disent
    3. connaître: je connais, tu connais, il connaît, nous connaissons, vous connaissez, ils connaissent
    4. venir: je viens, tu viens, il vient, nous venons, vous venez, ils viennent
    5. boire: je bois, tu bois, il boit, nous buvons, vous buvez, ils boivent
    6. sortir: je sors, tu sors, il sort, nous sortons, vous sortez, ils sortent
    7. écrire: j'écris, tu écris, il écrit, nous écrivons, vous écrivez, ils écrivent
    8. recevoir: je reçois, tu reçois, il reçoit, nous recevons, vous recevez, ils reçoivent

D. 1. obtenez
    2. m'assieds
    3. paraît
    4. faisons
    5. ouvrent
    6. comprenez
    7. meurent
    8. pouvez, vient
    9. est, traduit
    10. ne produit pas, devons
    11. ne vois pas
    12. ne pouvons pas, pleut, n'avons pas
    13. viennent
    14. dit, comprends
    15. atteint

E. 1. habitent
    2. travaille
    3. part
    4. reste
    5. vont
    6. vient

5-7 Faire, Mettre et Prendre

A. 1. font
    2. fait, prendre
    3. suis, fait, prends
    4. prenons, faire
    5. fait, avez, prendre
    6. a, fait
    7. met, faire, est

B. 1. fait, mettre, prends
    2. faites, prends
    3. fait, met
    4. mettez, faire
    5. prend
    6. fais

C. 1. Que fait-elle?
    2. Qu'est-ce que vous prenez?
    3. Combien de temps est-ce que tu mets pour aller du bureau à l'aéroport?
    4. Pourquoi font-ils une étude de marché? Ils font une étude de marché, pourquoi?
    5. Est-ce que tu mets un costume pour travailler?
    6. Quelle ligne de métro prenez-vous? Vous prenez quelle ligne de métro?
    7. Qui fait la cuisine chez vous?
    8. Prenez-vous souvent des photos? Vous prenez souvent des photos?

8-11 Pouvoir, Vouloir, Falloir et Devoir

A. 1. dois
    2. faut
    3. voulez, faut
    4. pouvez
    5. devons
    6. peuvent
    7. doivent
    8. voulez
    9. faut
    10. veux, peux

B. 1. (c)
    2. (g)
    3. (h)
    4. (f)
    5. (i)
    6. (b)
    7. (j)
    8. (d)
    9. (a)
    10. (e)

12 Savoir et Connaître

A. 1. savez
    2. connaissez
    3. savez
    4. connaît
    5. sait
    6. connais
    7. connaissons
    8. connaît
    9. sait

B. 1. savez   qui
    2. sais   ce que
    3. sais   quelle
    4. savez   si
    5. savent   où
    6. sais   pourquoi
    7. sais   que
    8. savons   quand

13 Les Verbes Pronominaux

A. 1. il se dépêche, il appelle
    2. les clients se servent
    3. nous nous installons, ... et nous regardons
    4. est-ce que vous vous couchez, vous vous réveillez
    5. servez
    6. se marient
    7. pour vous préparer
    8. tu te lèves
    9. s'ennuient

B. 1. Je m'endors quelquefois dans le métro.
    2. Nous nous installons dans le salon pour regarder la télévision.
    3. Je ne me souviens pas de votre nom.

CORRIGÉS

4. Je m'intéresse à la politique et à la littérature.
   Je m'intéresse à la littérature et à la politique.
5. Qui s'occupe du marketing?
6. Je m'assieds à ma place.
7. La secrétaire s'occupe de mon agenda.
8. À quelle heure est-ce que vous vous levez le matin?

14 L'Emploi du Présent de l'Indicatif

A.
1. Ils passent (sens futur)
2. Cet article décrit (analyse/critique)
3. Il neige (action commencée dans le passé)
4. La capitale ... est (vérité générale)
5. j'obtiens...j'offre (condition)
6. nous nous promenons (habitude)
7. J'attends (action en cours)

B.
1. Il est en train de poser un interrupteur.
2. Il est en train de réparer une pièce.
3. Je suis en train de classer des factures.
4. Ils sont en train de décorer l'arbre de Noël.

15 La Phrase Négative

A.
1. Il ne met pas de lait dans son café.
2. Nous n'avons pas écouté les informations ce matin.
3. Ce n'est pas vrai!
4. Je n'ai pas trouvé d'appartement.
5. Wolfgang ne comprend pas bien le français.
6. Je n'irai pas en vacances dans deux semaines.
7. Je ne m'intéresse pas à la politique.
8. Je ne vais pas rentrer au bureau.
9. Je ne vous donnerai pas de coup de fil demain.

B.
1. Nous ne prenons que deux semaines de cogés en été.
2. Ils n'ont qu'une filiale à l'étranger.
3. Ce modèle ne coûte que 90€.
4. Nous ne travaillons que pour l'industrie automobile.
5. Il n'est arrivé qu'à minuit.
6. Nous n'avons qu'une voiture.

C.
1. Elle regrette de ne pas venir à la conférence.
2. Je promets de ne pas oublier notre rendez-vous.
3. Il est ennuyé de ne pas trouver de logement.
4. Ils préfèrent ne pas faire grève.
5. Nous avons décidé de ne pas nous installer en banlieue.

D.
1. Non, les magasins ne sont pas encore ouverts.
2. Non, je ne vais jamais à l'opéra.
3. Non, il ne pleut plus.
4. Moi non plus.
5. Non, je n'ai pas encore fini mon livre.

16 Questions et Réponses avec Être

A.
1. Qui est-ce?
2. Est-ce que votre numéro de carte de crédit est le 0123770404?
3. Qu'est-ce que c'est?
4. Est-ce que ce sont des clients?
5. Est-ce que vous êtes/tu es libre?
6. Qui est-ce?
7. Est-ce que le 02 34 06 15 05 est votre/ton numéro de téléphone?
8. Est-ce que c'est Julien?

B.
1. Non, je ne suis pas français.
2. Ce sont les inspecteurs de police.
3. Non, ce n'est pas mon adresse.
4. Ce sont les rapports de la Commission.
5. Oui, ce sont mes lunettes.
6. Non, je ne suis pas cadre.
7. Non, ce n'est pas un nouveau client.
8. C'est Monsieur Laporte./Monsieur Laporte est le Directeur de la société.

C.
1. Est ce que c'est votre voiture?
2. Qui est-ce?/Qui sont-ils?/Qui sont ces personnes?
3. Est ce que ce sont vos meilleurs résultats?
4. Est ce qu'il est agent d'assurance?
5. Est ce que je suis à l'heure?
6. Qu'est-ce que c'est?
7. Est-ce que vous êtes satisfait de votre travail?

17 Les Trois Formes de Question

A.

	Inversion	Est-ce que	Intonation
1.	Où dois-je signer?	Où est-ce que je dois signer?	Je dois signer où?
2.	Va-t-on chez toi à pied?	Est-ce qu'on va chez toi à pied?	On va chez toi à pied?
3.	Que faites-vous ce weekend?	Qu'est-ce que vous faites ce weekend?	Vous faites quoi ce weekend?
4.	Quand allons-nous à la conférence?	Quand est-ce que nous allons à conférence?	Nous allons à la conférence?
5.	A-t-elle besoin d'aide?	Est-ce qu'elle a besoin d'aide?	Elle a besoin d'aide?
6.	Combien coûtent les cigarettes?	Combien est-ce que les cigarettes coûtent?	Les cigarettes coûtent combien?
7.	Pourquoi êtes-vous en retard?	Pourquoi est-ce que vous êtes en retard?	Vous êtes en retard pourquoi?
8.	Vous fâchez-vous souvent?	Est-ce que vous vous fâchez souvent?	Vous vous fâchez souvent?

B.
1. À quelle heure est-ce que vous prenez le train?
2. Je peux ouvrir la fenêtre?
3. Où a lieu la réunion?
4. La chambre coûte combien?
5. Qu'est-ce que vous prenez au petit déjeuner?
6. Comment vient-elle au bureau?
7. Pourquoi est-ce que vous allez à la poste?
8. Avec qui avez-vous rendez-vous?

CORRIGÉS

18 Les Mots Interrogatifs

A. 1. quel
   2. pourquoi
   3. quelle
   4. combien
   5. comment
   6. où
   7. qu'
   8. qui
   9. quand

B. 1. i
   2. e
   3. h
   4. f
   5. j
   6. c
   7. b
   8. a
   9. g
   10. d

19-21 Les Articles

A. 1. l'
   2. les
   3. une
   4. la
   5. une, des
   6. le
   7. des
   8. une
   9. les
   10. une
   11. une
   12. les
   13. l', la
   14. un
   15. un, une, un, un

B. 1. des
   2. du
   3. de l'
   4. du
   5. de la
   6. du

C. 1. Elle ne prend pas de thé le matin.
   2. Nous n'achetons pas de matières premières.
   3. Je n'ai pas d'ennuis financiers.
   4. Il n'a pas de chance!
   5. Vous ne réalisez pas de bénéfices.
   6. Ils ne boivent pas d'eau à table.

D. 1. le, une, l'
   2. du, les
   3. une, les
   4. une, le
   5. un
   6. une, un, des
   7. la
   8. de l', un
   9. l', le
   10. le

22-23 Les Prépositions de Lieu et les Prépositions de Lieu Composées

A. 1. dans
   2. sur
   3. devant
   4. entre
   5. sous
   6. contre
   7. sous
   8. sur
   9. derrière
   10. devant

B. 1. autour de la
   2. à droite du P.D.G.
   3. à gauche de Pierre
   4. en face de Sandra
   5. au milieu de la table

24-26 Les Prépositions À, De et En

A. 1. de
   2. en
   3. à
   4. d', de
   5. à, en
   6. à
   7. à
   8. en

B. 1. c
   2. a
   3. b

4. b
   5. c
   6. b
   7. c
   8. b

C. 1. Correct
   2. Incorrect   Correction: aux
   3. Incorrect   Correction: du
   4. Incorrect   Correction: en
   5. Correct
   6. Correct
   7. Incorrect   Correction: de
   8. Incorrect   Correction: en
   9. Incorrect   Correction: en

D. 1. à
   2. de
   3. de
   4. à
   5. à
   6. de, à
   7. de
   8. de

E. 1. en
   2. aux
   3. de l'
   4. d'
   5. à
   6. à la
   7. au
   8. de la
   9. à l'
   10. de
   11. à
   12. à l'
   13. du
   14. des

27-28 Les Adjectifs Possessifs et les Adjectifs Démonstratifs

A. 1. notre
      notre
      nos
   2. ses
      sa
      son
   3. mon
      mon
      mes
   4. votre
      vos
      votre
   5. ton
      ton
      ta
   6. leurs
      leur
      leur
   7. ses
      son
      sa

B. 1. Oui, elles sont à elle.
      Oui, ce sont ses photos.
   2. Oui, elles sont à moi.
      Oui, ce sont mes lunettes.
   3. Non, elle n'est pas à lui.
      Non, ce n'est pas sa clef.
   4. Oui, il est à eux.
      Oui, c'est leur ordinateur.
   5. Non, il n'est pas à nous.
      Non, ce n'est pas notre livre.
   6. Oui, elle est à moi.
      Oui, c'est mon écharpe.

C. 1. cet
   2. ces
   3. ce, cette
   4. ces
   5. ce
   6. cette
   7. ce mois-ci
   8. cet
   9. ces jours-ci
   10. ce

29 Les Adjectifs Qualificatifs

A. 1. internationale, présente, Européenne
   2. nouvelle, hollandaise
   3. bonne, chère
   4. dernière, longue
   5. étrangers, nombreux
   6. heureuse, première
   7. blanches, vertes
   8. vieilles
   9. ambitieuse, coûteuse
   10. prochaine, grande, dernier

B. 1. Incorrect   Correction: en raison du mauvais temps
   2. Correct

3. Incorrect   Correction: Nous avons un message urgent
4. Incorrect   Correction: pour une grande entreprise
5. Incorrect   Correction: Notre premier objectif
6. Correct
7. Incorrect   Correction: J'ai une haute opinion
8. Incorrect   Correction: Je voudrais acheter une voiture neuve.

C.
1. commercial
2. jeunes
3. bonne
4. internationaux
5. intéressants
6. compétitif
7. intéressés
8. étrangère
9. valide
10. essentielles
11. impeccable
12. ouvert
13. facile
14. choisis
15. flexibles
16. fréquents
17. manuscrite
18. récente

30-31 L'Expression de la Comparaison et le Superlatif

A.
1. meilleur marché en province qu'à Paris
2. moins bien que
3. moins satisfaisants que
4. aussi souvent que
5. meilleures en hiver qu'en été
6. mieux l'anglais que l'espagnol
7. plus mauvais aujourd'hui qu'hier
8. moins bonne en mathématiques qu'en français
9. aussi ensoleillée que
10. plus cher que

B.
1. Paul Durand ne gagne pas autant d'argent que son frère.
2. Les jeunes voyagent plus que leurs parents.
3. Nous réalisons moins de bénéfices que nos concurrents.
4. Il neige autant que les autres années.
5. On fait moins de sport en hiver qu'en été.
6. Nous payons plus d'impôts ici que chez nous.

C.
1. C'est le produit le moins vendu de la gamme.
2. Michel est le meilleur de sa classe.
3. Catherine est la vendeuse la plus compétente de l'équipe.
4. Le golf est le sport que j'aime le moins.
5. Nous allons le plus souvent en vacances en France.

D.
1. la plus ponctuelle   adjectif
       le plus tard   adverbe
2. la moindre   adjectif
3. le moins bien   adverbe
4. la meilleure   adjectif
5. le mieux   adverbe
6. le moins   adverbe
7. la pire   adjectif
8. le moins bien   adverbe
9. le meilleur   adjectif
10. la plus experimentée   adjectif
        le plus vite   adverbe
11. les plus délicieux   adjectif

32-34 La Fréquence, l'Habitude, la Quantité et les Adverbes de Manière

A.
1. depuis, en ce moment
2. à partir de
3. après
4. dans une semaine
5. dès
6. avant
7. du … jusqu'au
8. pendant

B.
1. Je fais/nous faisons régulièrement du sport.
2. Je prends toujours une douche le matin.
3. Non, elle licencie rarement des employés.
4. Je ne laisse jamais/Nous ne laissons jamais nos enfants seuls à la maison.
5. J'emmène/Nous emmenons souvent nos clients déjeuner.

C. 1. peu de
2. plusieurs
3. n'...pas assez de, trop de, peu d'
4. trop de
5. plusieurs
6. n'... pas assez de

D. 1. quelques, assez d'
2. beaucoup de
3. quelques
4. beaucoup de
5. quelques
6. assez de

E. 1. mal
2. violemment
3. clairement
4. considérablement
5. fréquemment
6. faiblement
7. suffisamment
8. bien

F. 1. Elle a bien dormi.
2. Les prix augmentent légèrement.
3. J'ai complètement oublié!
4. Il parle couramment l'anglais et le français.
5. Il n'a pas entièrement tort.

35 On

1. En Angleterre, on boit beaucoup de thé.
2. On va au cinéma ce soir, tu viens aussi? On va au cinéma ce soir?
3. On m'a téléphoné au milieu de la nuit.
4. On dit que Monsieur Herbert va démissionner.
5. On prend un verre?
6. Ici on ne peut pas payer par carte de crédit.

36-37 Les Pronoms Personnels et la Place des Pronoms

A. 1. Non, je ne l'écoute jamais.
2. Ma femme les conduit à l'école.
3. Oui, je vous écoute.
4. Non, vous ne me retardez pas.
5. Oui, elle le comprend assez bien.
6. Oui, je le sais depuis hier.
7. Vous nous reverrez l'année prochaine.
8. Ils le payent tous les premiers du mois.

B. 1. vous
2. lui
3. m'
4. te, t'
5. me
6. leur
7. lui
8. nous

C. 1. (c)
2. (b)
3. (c)
4. (a)
5. (c)
6. (a)

38 Les Pronoms Toniques

A. 1. avec eux
2. de lui
3. à elle
4. à moi
5. moi non plus
6. chez toi
7. pour vous
8. d'elles

B. 1. Oui, il est plus jeune que moi.
2. Non, nous ne partons pas avec eux.
3. Oui, elles sont pour lui.
4. Un vendeur va s'occuper d'elles.
5. Non, nous ne travaillons pas avec eux.
6. J'ai rendez-vous avec lui à 14h00.
7. Nous rentrons chez nous en taxi.
8. Non, nous n'allons pas commencer la réunion sans vous.

39 Les Adjectifs Indéfinis: Quelqu'un/Quelque chose/Quelque part

A. 1. rien, personne, nulle part
2. rien
3. rien
4. nulle part
5. quelqu'un

6. nulle part, personne
  7. rien, quelque chose
  8. nulle part, personne
  9. quelque chose
  10. quelque part
  11. quelqu'un, personne

B. 1. Non, personne ne veut prendre la parole.
  2. Non, je ne vais nulle part ce soir.
  3. Non, je ne veux rien boire.
  4. Non, je n'ai prévenu personne de votre arrivée.
  5. Non, il n'a rien dit d'important.
  6. Non, je ne vois tes/vos clefs nulle part.
  7. Non, je n'ai plus rien à dire.
  8. Non, le dimanche il n'y a jamais personne au bureau.

40 Y et En

A. 1. Oui, nous en avons une.
  2. Oui, tout le monde y vient.
  3. Non, je n'en mets pas.
  4. Non, il n'y en a pas.
  5. Oui, ils y pensent.
  6. Oui, vous en avez une.
  7. Non, ils n'y viennent pas.
  8. Oui, elle en perd beaucoup.
  9. Non, je ne m'y intéresse pas.
  10. Oui, nous en avons un.

B. 1. allez-y tout de suite
  2. il y en a 250
  3. j'en viens
  4. je ne sais pas y jouer
  5. vous pouvez en faire
  6. réfléchissez-y!

C. 1. vous en êtes satisfait?
  2. tu en veux?
  3. on y va?
  4. vous en faites?
  5. vous n'y allez pas?
  6. tu y penses?

41 Le Futur Proche

A. 1. je vais arrêter, ma femme va commencer, nous allons faire
  2. vous allez venir
  3. va avoir, je vais lui offrir
  4. tu vas déménager
  5. Notre parti va gagner, vos impôts vont diminuer
  6. Notre société va améliorer, les horaires vont être, une crèche va ouvrir. Les syndicats vont approuver
  7. les magasins vont bientôt fermer
  8. Comment allez-vous financer ...?

B. 1. Lundi à 14h00, elle va avoir un rendez-vous chez le coiffeur.
  2. Mardi à 12h30, elle va déjeuner avec Pierre au restaurant 'le Gourmet'.
  3. Mercredi, elle va réserver une chambre d'hôtel à Alicante.
  4. Jeudi à 16h00, elle va jouer au tennis avec Sophie.
  5. Vendredi à 10h00, elle va faire un achat de chèques de voyages
  6. Samedi à 15h00, elle va prendre le vol AF321 pour Alicante.

42 Le Futur Simple

A. 1. irez
  2. serons
  3. auront, commencera
  4. viendra
  5. recevrons, devrez
  6. faudra
  7. ouvrira
  8. saurai
  9. viendras, emmenerons
  10. verrez

B. 1. Nous reparlerons ... quand nous nous reverrons
  2. Si vous fusionnez ... vous aurez
  3. Je rappellerai quand M. Lebrun sera de retour.
  4. Si vous avez ... j'y répondrai
  5. Je commencerai .... quand tout le monde sera là
  6. Si nous empruntons ... il faudra
  7. Votre société fera ... si elle n'est pas restructurée

43 L'Impératif

A. avoir   aller   être   s'asseoir

aies! va! sois! assieds-toi!
ayons! allons! soyons! asseyons-nous
ayez! allez! soyez! asseyez-vous!

B. (1) Prends (2) change (3) descends
(4) traverse (5) tourne (6) continue
(7) fais (8) n'oublie pas
(1) Préparez (2) soyez (3) placez
(4) bénéficiez (5) Venez (6) faites

C. 1. Prends, mange, viens
2. Ne donnez pas, ne jetez pas
3. allez, prenez, descendez
4. mangeons, allons
5. Soyez, ralentissez, respectez
6. allons
7. Ne vous asseyez pas
8. prenons, choisissons
9. mets, prends

45 Le Passé Composé

A. **se lever**
je me suis levé/levée, tu t'es levé/levée, il s'est levé, elle s'est levée, nous nous sommes levés/levées, vous vous êtes levé/levée/levés/levées, ils se sont levés, elles se sont levées

prendre
j'ai pris, tu as pris, il a pris, elle a pris, nous avons pris, vous avez pris, ils ont pris, elles ont pris

pouvoir
j'ai pu, tu as pu, il a pu, elle a pu, nous avons pu, vous avez pu, ils ont pu, elles ont pu

aller
je suis allé/allée, tu es allé/allée, il est allé, elle est allée, nous sommes allés/allées, vous êtes allé/allée/allés/allées, ils sont allés, elles sont allées

avoir
j'ai eu, tu as eu, il a eu, elle a eu, nous avons eu, vous avez eu, ils ont eu, elles ont eu

finir
j'ai fini, tu as fini, il a fini, elle a fini, nous avons fini, vous avez fini, ils ont fini, elles ont fini

ouvrir
j'ai ouvert, tu as ouvert, il a ouvert, elle a ouvert, nous avons ouvert, vous avez ouvert, ils ont ouvert, elles ont ouvert

sortir
je suis sorti/sortie, tu es sorti/sortie, il est sorti, elle est sortie, nous sommes sortis/sorties, vous êtes sorti/sortie/sortis/sorties, ils sont sortis, elles sont sorties

B. 1. n'a pas obtenu
2. a versé
3. avez offert
4. sont allés
5. n'as pas répondu
6. n'a pas pu, il a dû
7. ai toujours vécu
8. est morte, n'avons jamais su
9. avez lu
10. a eu, se sont télescopées, ont été

C. (1) nous nous sommes rencontrés
(2) sommes restés
(3) avons fait
(4) nous nous sommes mariés
(5) nous avons eu
(6) avons pu voyager
(7) est né
(8) a vécu
(9) j'ai appris
(10) je ne l'ai pas encore dit

D. 1. Elle a reçu un client à seize heures.
2. Nous avons suivi vos conseils, nous avons vendu nos actions.
3. Ils ont vécu en Californie.
4. Un client s'est plaint des retards de livraison.
5. Pourquoi avez-vous voulu partir?
6. Est-ce que tu as cru ce qu'il a dit?
7. Je suis sorti(sortie) du bureau à six heures.
8. Isabelle et Nathalie ne sont pas allées à la réunion cet après-midi.
9. Monsieur Barnier est resté à Paris du premier au quinze mars.
10. J'ai prévenu le directeur de votre arrivée.

51-65 Actes de Parole

A. 1. c
2. e
3. f
4. a
5. g
6. b
7. d

B. 1. Oui volontiers merci.
    2. Je ne dis pas non
    3. Voulez-vous reprendre
    4. Avec plaisir
    5. Non rien
    6. Non merci

C. 1. Tu veux un coup de main?
    2. Je peux vous renseigner?
    3. Je peux t'aider?
    4. Puis-je vous aider à porter quelque chose?

D. 1. Savez-vous
    2. Pouvez-vous me dire s'(il y…)
    3. Je voudrais des renseignements
    4. Avez-vous
    5. Je voudrais savoir
    6. Pourriez-vous me renseigner

E. 1. f
    2. c
    3. e
    4. d
    5. a
    6. b

F. 1. c
    2. a
    3. c
    4. b
    5. c

G. 1. j'ai horreur de
    2. adore
    3. aimons mieux
    4. préfère
    5. n'aime pas du tout
    6. Moi non plus

H. 1. e
    2. c
    3. g
    4. f
    5. b
    6. a
    7. d
    8. h
    9. i

I. 1. Tu peux
    2. Pourriez-vous
    3. Je voudrais
    4. Pouvez-vous me dire
    5. Pouvez-vous m'indiquer

J. 1. nous avons réservé
    2. au nom de
    3. couverts
    4. fumeurs
    5. prête
    6. par ici
    7. prendre l'apéritif

K. 1. Désirez-vous
    2. Avez-vous choisi?
    3. pour commencer
    4. pour moi
    5. Ensuite
    6. pour madame
    7. prendre
    8. Quelle est la garniture?
    9. comme boisson?
    10. commander
    11. pouvez-vous
    12. apporter

L. 1. je voudrais réserver
    2. Pour combien de nuits?
    3. Une chambre avec bains
    4. Il me reste
    5. douche
    6. elle donne
    7. C'est combien?
    8. Vous la prenez?
    9. je la prends
    10. c'est à quel nom?
    11. pouvez-vous confirmer
    12. je confirmerai

66-68 Communiquer au Téléphone

1. – Cabinet Legrand, je vous écoute.
   – Bonjour, je voudrais parler à Carmen López, s'il vous plaît.
   – Qui est à l'appareil?
   – C'est Robert Lefranc.
   – Ne quittez pas, je vous la passe tout de suite.

2. – Établissements Sicoma, bonjour.
   – Bonjour, est-ce que je pourrais parler à Sylvain Blanchard, s'il vous plaît?
   – C'est de la part de qui?
   – De Gérard Charrier de la société Desroches.
   – Un instant moment s'il vous plaît, je vais le chercher.
   – Merci.

3. – Allô Pierre?
– Non, c'est Nicolas à l'appareil.
– Ah bonjour, c'est Stéphanie Duhamel, Pierre n'est pas là?
– Non, il vient de sortir. Voulez-vous laisser un message?
– Non, savez-vous quand il sera de retour?
– Après déjeuner.
– Alors, je rappellerai vers deux heures.
– Entendu, au revoir.

Lexique

A

à	110-113
à bientôt	231, 234
à côté (de)	109
à droite (de)/à gauche (de)	108
à la prochaine	233-234
à moi/toi (possession)	124
à partir de	144-145
à plus tard	233-234
à votre service	248-249
au	13, 16, 92, 308-309, 328-329
de... à	115
heures	16
il y a	12-14
accepter	42
accord/désaccord	281, 287-289
acheter	18
addition	209
adorer	268-269
âge	8
aie	195
aimer	266, 271
aimerais	254-259, 345-346
aller	24
aller + infinitif (futur proche)	184-186, 338, 341
allez, allons	195
allô	318-320
an	8, 146-147
année	147, 215, 217
appeler (s')	18, 57
après	144-145
après-demain	216-217
après-midi	216-217
arrondissement	176
asseoir (s')	24, 56, 198
assez (de)	150-151, 266
assis	198
associer (s')	59
atteindre	24
atteint	198
attendre, attendu	198
au (aux)	13, 16, 92, 111-112, 308-309, 328-329
au bout (de)	144
au coin (de)	109
au milieu (de)	108
au printemps	216
au revoir	231, 233
aujourd'hui	21, 216-217
aussi	288-289
aussi... que	135-136
autant	
autant... que	135
autant de... que	136
autorisation	
donner l'autorisation	40
autour (de)	107
avant	144
avant-hier	216-217
avec	21
avec plaisir	243, 247, 254
avenir	184-185
avis	284-285
avoir	8-10, 198
besoin (de)	10, 94
envie (de)	10, 94
passé composé avec avoir	202
raison/tort	9
ayez, ayons	195

B

beaucoup	12, 30
beaucoup de	148-149
j'aime beaucoup	268-269
merci beaucoup	244, 247, 273-275
besoin	44
avoir besoin (de)	10, 94
bien	31, 42, 55, 81, 137, 141, 154-157
bien sûr	272, 275, 281, 283
bienvenue	343
bon	137-140, 155-157
bon appétit	304
bonjour	228-231, 318-320, 343
bonne nuit	232-234
bon retour	231-232
bonsoir	229-231
boire, bu	24, 198
bout	
au bout (de)	144

C

ça	
ça fait	30, 219
ça ne fait rien	260, 325-326
ça va?	230-231, 299
ça va bien	228, 301
cadre	335-336
capacité	41
car	122
ce	126-127, 216-217

ce...-ci	127
ce que	50
ce sont	74-75
cela	
cela m'est égal	270-271
cela vous dérange si...?	281-283
certainement	272, 275, 280, 283
ces	4, 126-127
ces...-ci	127
c'est	31, 74-76, 239-240, 322-323
c'est/il est. Contraste	5-6, 124
c'est bon	305
c'est défendu/interdit	40, 278-279
c'est dommage	256, 260
c'est gentil	255, 259
cet	12, 126-127
cette	15
chaque	146-147
chef	331
cher	155
chez	104, 167, 180
chez moi	21
choisir, choisi	22, 197, 302, 304
-ci	127, 216
coin	
au coin (de)	109, 291, 295
combien	8, 50, 88, 121, 252, 308, 311
combien de fois	146
commander	193
comme	13, 303-304
commencer (à)	18, 113
comment	21, 50, 87, 154-157, 228-231
comparaison	132-137
compter	338, 341
conclure	346-347
conduire	23
connaître	24, 53-54
connaître/savoir. Contraste	55
connu	195
conseiller	344
contre	102
côté	
à côté (de)	109
croire, cru	198, 286-287

D

d'accord	281, 283
dans	34, 80, 101
préposition de temps	144-145
dates	214-217

davantage	133
de	114-116, 182, 313-314
+ adjectif	178
à la forme négative	71-72
de... à	115, 144-145
de rien	251, 253
de temps en temps	145
le plus... de	138-143
préposition	114-116
défendu	278-279
déjà	31, 69
demain	216
demander (de)	116
la permission	40
un service	40
démonstratifs	
adjectifs démonstratifs	126-127
dépêcher (se)	56
depuis	62, 144-145, 331
dernier	216
derrière	103
des	181
article contracté	12
article indéfini	6, 31, 94-95
article partitif	33, 48, 72, 96-98
(le/la/les) plus... des	138-143
dès	144-145
désirer	
désirez-vous?	306
vous désirez?	319
désolé	251, 263-264, 294, 325-326
détester	266, 269
devant	103
deuxième	207
deuxièmement	345-346
devoir, dû	25, 46-47, 198
devoir/falloir. Contraste	48, 276-277
dire	24
directions	290-296
diriger	331-332
division	209
domaine	55
dommage	256, 259
donner (à)	113
des instructions	44
l'autorisation	40
sur	310
dormir	24
droite	
à droite (de)	108, 290, 295
du	182, 308-309
article contracté	92, 116
article partitif	21, 29, 33, 72, 96-98
du... au	144

(le/la/les) plus... du	138-143
dû	198
durée	33, 120, 201

E

écrire (à)	25, 113
écrit	198
égal	
ça m'est égal	270-271
elle	
pronom tonique	170-173
emprunter (à)	113
en	111, 118-121, 216
en face (de)	107, 290-291, 295
en retard/avance	37, 56, 119
en train de	64
en vacances	119
en voyage d'affaires	119
préposition de temps	144-145
pronom	180-182, 285, 287
enchanté	236, 240
encore	68
ne... pas encore	69, 72
endroit	54
ennuyer (s')	57
ensemble	16
ensuite	302, 304, 345
entendu	198
entre	102
envie	
avoir envie (de)	10
envisager (de)	340-341
-er (présent verbes réguliers)	16-18
espérer	339, 341
état	60
été	
être	198
saison	216
éteindre, éteint	198
être	2-6
c'est/il est	5-6
conjugaison (présent)	25
est-ce que	8, 74-75, 80, 82, 252, 322-323
être en train de	64
passé composé avec être	203-205
qu'est-ce que c'est	75-76
qui est-ce	76
eu (avoir)	198
eux	170-173
excuses	262-264
excusez-moi	262, 264, 293, 295

F

face	
en face (de)	107
faire	25, 28-31, 218-219, 222
fait	198
falloir	27, 44-45
falloir/devoir. Contraste	48
fallu	198
il faut	276-277, 292, 295
finir (de)	19, 116
fois	56, 146
combien de fois	146
quelquefois	145
une autre fois	257
forme	222-223
fort	155
fournir	333-334

G

gauche	
à gauche (de)	108, 290-296
gens	
beaucoup de/peu de	148-149
gentil	
c'est gentil	255, 259
gérer	330-332
goûts	271
grave	
ce n'est pas grave	263-264

H

habitude	61, 63, 146-147
hauteur	218, 221
heure	210-213
hier	216
hiver (en)	216
hypothèse	63

I

ici	14
il	
il est/c'est. Contraste	5-6
il y a	12-14, 313-314
temporel	62
infinitif	
aller + infinitif	184-186

devoir + infinitif	47
falloir + infinitif	45
ne... pas + infinitif	67
pouvoir + infinitif	41
savoir + infinitif	51
vouloir + infinitif	43
instructions	44, 192-193
intentions	184-185, 338-339
interdire (à)	113
interdit	
c'est interdit	40, 278-279
intéresser (s')	57
invitations	254-260
inviter	42
-ir (présent, verbes réguliers)	19

J

jamais	21, 145, 166
ne... jamais	70, 72, 145, 178
jouer à	113
jouer de	116
jours	147, 215
jusqu'à	144-145, 293, 295

L

la (l')	
article défini	6, 12, 90-92
pas la	72
pronom personnel	162-168
là	28, 322
largeur	218, 221
le (l')	
article défini	6, 12, 90-92
habitude	146-147
l'on	150
pas le	72
pronom personnel	162-168
les	90-92
habitude	146-147
pas... les	72
leur	
adjectif possessif	122-124
pronom indirect	163-168
leurs	123-124
lever (se)	18, 56
lire	26
lu	198
localisation	6
locutions verbales	
avoir... de	10

loin (de)	106, 292-295
longueur	218-221
lui	
pronom indirect	163-168
pronom tonique	170-173

M

ma	5, 6, 122-124
maintenant	144-145
mal	154-155
malheureusement	256, 260
manger, mangé	18, 196
matière (en)	121
matin	147, 216
mauvais	140
me	
pronom direct/indirect	162-168
pronom réfléchi	57
meilleur	136-137, 139-140
-ment (adverbes)	154-157
même	3
merci	42, 66, 228-231, 253, 272-275
mes	122-124
messages (téléphone)	324-239
mesures	218-221
mettre	22, 32-35
mis	198
mieux	136-137, 141, 270-271
milieu	
au milieu (de)	108
moi	167, 170-173
à moi (possession)	124
chez moi	21
moi aussi	66, 172, 268-269
moi non	66
moi non plus	66
moi si	268-269
pour moi	302-304
selon moi	285, 287
moindre	139-140
moins	
(le/la/les) moins... de	138-143
moins de... que	134-135
moins... que	134
mois	146, 215
mon	5, 6, 122-124
monde	
beaucoup de/peu de	148-149
mourir	26
multiplication	209

LEXIQUE

N

nationalité	2, 6
ne	
ne... jamais	70, 178
ne... nulle part	176-177, 179
ne... pas	67
ne... pas encore	69
ne... personne	174-175, 179
ne... plus	68, 177
ne... que	73
ne... rien	175-179
né	198
nécessité	44
nombres	
cardinaux	206-207
ordinaux	207
décimaux	207
fractions	208
non	66, 186
moi non plus	66
non plus	63
nos	123-124
notre	4, 6, 122-124
nous	
pronom direct/indirect	162-168
pronom réfléchi	57
pronom tonique	170-173
nulle	
ne... nulle part	176-177, 179

O

obligation	45, 46, 48, 276-277
occuper (s')	
s'occuper (de)	116, 333-334
offrir (à)	42, 113, 242-247
offert	198
on	9, 158-160, 276-279
l'on	160
ordres	193
origine	2, 114
opinions	189, 284-287
où	16, 86, 290-296
oublier (de)	116
ouvrir, ouvert	26, 198

P

par	29, 308-309
par ici	298
par semaine/mois	146
pardon	262, 264, 290-293, 295
parfois	31
parler	18
parler à	113
parler de	116
part	
de la part de	321, 323
ne... nulle part	176-177, 179
partir	23
pas	
ne... pas	67
ne... pas encore	69
pas... de	71, 73
pas de problème	273, 275
pas du tout	264, 288-289
pas mal	229-231
passé	
avec le présent	63
passé composé	69, 73
payer	18
pendant	144-145
penser (à)	113
perdre, perdu	198
permission	40, 280-283
personne	
ne... personne	174-175, 179
peser, pesé	222
petit	140
peu	12
peu de	148-149
un peu de	149
peut-être	257
phrase	
phrase subordonnée	50
phrase négative	66-73
pire	139-140
plaindre (se), plaint	198
plaire (à)	267, 269
s'il te/vous plaît	272-275
plaisir	
avec plaisir	24, 33, 247, 254
pleuvoir, plu	27, 198
plupart	12
pluriel	13
plus	
de plus en plus	90
le plus... (de)	138-143
ne... plus	68, 72, 177
plus... que	132-137
plus de... que	133
plusieurs	152
poids	222
porter	33
possessifs	

adjectifs possessifs	122-124
possession	
avoir	8-10
possibilité	41
possible	280-283
poste	330-332
pour	33, 285, 287, 292, 295, 300-302, 308
pourquoi	80, 81, 87
pouvoir	26, 40-41
pourrais (je)	321, 323, 328-329
pourriez-vous	248-249, 272, 275, 313-314
pouvez-vous	248-249
pu	198
préférences	266-271
préférer	18, 271
prendre	26, 36-38
pris	198
près (de)	14, 34, 106, 291, 295
présentations	28, 236-240
faire une présentation	342-347
présenter (se)	3
prêter (à)	113
prévisions	118
printemps	216
prie	
je vous en prie	249, 254, 262, 264, 280, 283
prix	30
prochain	216-217
à la prochaine	233-234
produire	23
profession	3, 6
projets	184-185, 338-341
puis-je	245, 247, 282-283, 327, 329

Q

quand	19, 50, 84, 189, 252
quand même	257-260
quantité	148-152
que	81, 85
je crois/pense que	284-287
je trouve que	284, 287
ne... que	73
savoir que	50
quel	8, 50, 90, 81, 86
quelque	
quelque chose	52, 53, 175, 179
quelquefois	145
quelque part	176-177, 179
quelques	151

quelqu'un	53, 174-175, 179
questions	
est-ce que	8, 74-75
formes de questions	78-82
qu'est-ce que	21, 75-76
qui	55, 85
qui est-ce	76, 85
quitter	320-323
quoi	81

R

rappeler (se)	57, 327-329
rarement	145
ravi	237, 240, 347
-re (présent, verbes réguliers)	20
recevoir	26
réciproques (verbes)	58-59
réfléchis (verbes)	56-57
refuser (de)	116
regretter	256, 260, 283, 294, 319, 324, 326
régulièrement	145
remercier	242-247, 253-254
rendez-vous	41
rendre	
rendre compte (de)	335-336
répétition	61
répondre	22
réservation	
hôtel	308-313
restaurant	298-301
résoudre, résolu	198
retard	
en retard	37, 56
réussir	22
réveiller (se)	56
rien	
de rien	251, 253
ne... rien	175, 179
rôle	333-334

S

sa	122-124
saisons	215
salut	230-231
savoir	27, 50-52
savoir/connaître. Contraste	55
su	198
se	56, 59
selon	285, 287

semaine	146-147
service	332
ses	122-124
si	
condition	63
savoir si	50
si + futur	190
s'il te/vous plaît	273-275, 306
singulier	13
sois	195
son	6, 122-124
sortir	23
sous	35, 101, 335-336
soustraction	209
souvenir (se)	57
se souvenir (de)	116
souvent	21, 145
soyez, soyons	195
su (savoir)	198
suggestions	193
suivi	198
sur	34, 100, 147, 309-310, 339
sûr	
bien sûr	272, 275, 281, 283
surface	220
superlatif	138-143

T

-t- (entre voyelles)	8, 10, 79
ta	123-124
taille	220
tant	
en tant que	333-334
tant pis	257-260, 267
tard	56
te	
pronom direct/indirect	162-168
pronom réfléchi	57
téléphoner (à)	22, 113
tenir	23
temps	30, 144-145
de temps en temps	145
durée	33
quand	84
terme	339
tes	122-124
tiens (tenez)	273, 275
toi	168, 170-173
toujours	68, 145-146
tous	61
habitude (tous les)	146-147

tout	
tout à fait	287, 289, 319-320
tout à l'heure	185
tout d'abord	345-346
tout droit	291, 295
tout de suite	272, 275, 290
pas du tout	264, 266, 269
toutes	
habitude (toutes les)	147-148
train	
être en train de	64
travailler	16, 17
très	
très bien	299
très gentil	255, 259
très heureux	236, 240
troisièmement	345-346
trop	126
trop de	150-151
trouver (se)	57, 60
je trouve que	284, 287
ton	6, 122-124
tôt	56
tu	
tu/vous. Contraste	226

U

un	
article indéfini	6, 94-95, 182
à la forme négative	72
un peu (de)	149
une	
article indéfini	6, 94-95, 181
à la forme négative	72

V

va	195
vendre	20
venir (de)	23, 114
venu	198
verbes	
irréguliers (présent)	21-27
les verbes dans les questions	78-82
pronominaux	56-59
réguliers (présent)	16-20
verbe + je (inversion)	79
vérité	60
vite	155
vivre, vécu	198
voici	274, 275

voilà	309-310
voir	27
vu	198
volonté	42
volontiers	242, 247, 254, 255, 259
volume	220
votre	4, 123-124
vos	4, 123-124
vouloir	27, 42-43
voudrais	9, 244, 247, 250, 274-275, 300-302, 313, 345
voudriez-vous	256-259
voulu	198
vous	227-228
pronom direct/indirect	162-168
pronom tonique	170-173
réfléchi	57
vous/tu. Contraste	226

Y

y	68, 180-182, 347
allez-y	282-283
il y a	12-14
y a-t-il?	14

Linguarama International

Linguarama est une société de dimension internationale possédant plus de 20 centres de formation linguistique répartis dans six pays. Ces établissements proposent des cours et des stages de qualité destinés à l'apprentissage d'un large éventail de langues étrangères. Pour de plus amples renseignements ou conseils, contactez l'un des centres figurant ci-dessous.

UK

Linguarama
BPP House
70 Red Lion Street
London WC1R 4NG

Tel: (020) 7405 7557
Fax: (020) 7430 8372

Linguarama
Cheney Court
Ditteridge
Box, Corsham
Wiltshire SN13 8QF

Tel: (01225) 743557
Fax: (01225) 743916

Linguarama
1 Elm Court
Arden Street
Stratford-upon-Avon
Warwickshire CV37 6PA

Tel: (01789) 296535
Fax: (01789) 266462

FRANCE

Linguarama France
7e Etage, Tour Eve
La Défense 9
92806 Puteaux Cedex
Paris

Tel: (01) 47 73 00 95
Fax: (01) 47 73 86 04

Linguarama France
Tour Crédit Lyonnais
129 rue Servient
69326 Lyon Cédex 03

Tel: (04) 78 63 69 69
Fax: (04) 78 63 69 65

ESPAÑA

Linguarama Ibérica
Edificio Iberia Mart II
Orense 34, entplta
28020 Madrid

Tel: (91) 555 04 85
Fax: (91) 555 09 59

Linguarama Ibérica
Edificios Trade
Torre Norte
Gran Vía de Carlos III 98-2
08028 Barcelona

Tel: (93) 330 16 87
Fax: (93) 330 80 13

DEUTSCHLAND

Linguarama Deutschland
Linguarama Haus
Goetheplatz 2
60311 Frankfurt/Main
Tel: (069) 28 02 46
Fax: (069) 28 05 56

Linguarama Deutschland
Atrium Friedrichstrasse
Friedrichstrasse 60
10117 Berlin
Tel: (030) 203 00 50
Fax: (030) 20 30 05 15

Linguarama Deutschland
Hopfenburg
Hopfensack 19
20457 Hamburg
Tel: (040) 33 50 97
Fax: (040) 32 46 09

Linguarama Deutschland
Lipsia-Haus
Barfussgässchen 12
04109 Leipzig
Tel: (0341) 213 14 64
Fax: (0341) 213 14 82

Linguarama Deutschland
Steinstrasse 30
40210 Düsseldorf
Tel: (0211) 867 69 90
Fax: (0211) 13 20 85

Linguarama Deutschland
Marzellenstrasse 3-5
50667 Köln
Tel: (0221) 16 09 90
Fax: (0221) 160 99 66

Linguarama Deutschland
Rindermarkt 16
80331 München
Tel: (089) 260 70 40
Fax: (089) 260 98 84

Linguarama Deutschland
Leuschnerstrasse 3
70174 Stuttgart
Tel: (0711) 99 79 93 30
Fax: (0711) 99 79 93 44

ITALIA

Linguarama Italia
Via S Tomaso 2
20121 Milano
Tel: (02) 89 01 16 66
Fax: (02) 89 01 16 52

Linguarama Italia
Via Tevere 48
00198 Roma
Tel: (06) 85 35 57 07
Fax: (06) 85 35 57 13

Linguarama Italia
Via E. de Sonnaz 17
10121 Torino
Tel: (011) 562 03 35
Fax: (011) 562 21 63

NEDERLAND

Linguarama Nederland
Arlandaweg 16
1043 EW Amsterdam
Tel: (020) 428 05 28
Fax: (020) 428 06 28

Linguarama Nederland
Bleijenburg 1
2511 VC Den Haag
Tel: (070) 364 58 38
Fax: (070) 365 43 81

Linguarama Nederland
Amersfoortsestraat 18
3769 AR Soesterberg
Tel: (0346) 33 25 75
Fax: (0436) 33 25 79

Vous pouvez aussi consulter notre site internet: www.linguarama.com